互联网+股票投资

——互联互通时代成长股操盘精要

丁 峰 著

INTERNET + STOCK INVESTMENT

地震出版社

图书在版编目（CIP）数据

互联网＋股票投资：互联互通时代成长股操盘精要 / 丁峰著 . — 北京：
地震出版社，2016. 1
ISBN 978-7-5028-4703-6

Ⅰ. ①互⋯ Ⅱ. ①丁⋯ Ⅲ. ①互联网络 — 应用 — 股票投资 — 研究
Ⅳ. ① F830.91-39

中国版本图书馆 CIP 数据核字（2015）第 287733 号

地震版 XM3704

互联网+股票投资
——互联互通时代成长股操盘精要

丁　峰　著
责任编辑：朱向军
责任校对：孔景宽

出版发行　地震出版社
　　　　　北京市海淀区民族大学南路9号　　　　　邮编：100081
　　　　　发行部：68423031　68467993　　　　　传真：88421706
　　　　　门市部：68467991　　　　　　　　　　 传真：68467991
　　　　　总编室：68462709　68423029　　　　　传真：68455221
　　　　　证券图书事业部：68426052　68470332　E-mail: dz_press@163.com
　　　　　http://www.dzpress.com.cn
经销：全国各地新华书店
印刷：北京鑫丰华彩印有限公司

版（印）次：2016年1月第一版　2016年1月第一次印刷
开本：787×1092　1/16
字数：262千字
印张：21
书号：ISBN 978-7-5028-4703-6/F（5399）
定价：58.00元

前 言 Preface

2015年，李克强总理在政府工作报告中提出制订"互联网+"行动计划，这意味着"互联网+"已被纳入顶层设计，成为国家经济社会发展的重要战略。

2013年底，在复旦大学举办的"三马同台对话"（马云、马化腾、马明哲）论坛上，马化腾较早公开提出了"互联网+"的说法，他将互联网对人类的影响和贡献比作电，认为互联网对现有行业既是颠覆，更是改良。2015年10月初，马云在致股东的公开信中称，未来阿里巴巴提供的服务会是企业继水、电、土地以外的第四种不可缺失的商务基础设施资源。由此可见，互联网对人类的影响将是长久而深远的，绝不是一个短期的概念炒作；在资本市场，"互联网+股票"将会在一个相当广阔的空间里有着长期的表现。

本书所涉及的"互联网+股票"投资聚焦于位于产业链下游、与普通居民生活息息相关的"互联网+生活服务"消费领域。事实上，从我国"互联网+"的实际发展路线来看，互联网普及时间的先后顺序以及普及率的高低顺序，呈现出从下游产业向上游产业传递的特点。直接面向普通居民的"互联网+生活服务"消费领域有更高的投资价值。

基于此，本书选取了最具投资价值和潜力的"互联网+教育"、"互联网+医疗"、"互联网+文体娱乐"、"互联网+金融"和"互联网+旅游"五大典型行业，重点进行阐述和分析。

在某一具体行业中，以下因素决定和影响着"互联网+"的发展空间和市场前景：

一是这个行业本身的市场容量，以及互联网的渗透速度和渗透率。细分市场容量越大越好，不能轻易触碰容量天花板，最好能以比国民经济更快的增速扩张，这样才可以给"互联网+"充分的施展空间。

二是"互联网+"所提供增值服务的内容和可行性。互联网与其说是一个高科技行业，不如说是一个以技术为依托的服务业，其本质是提供更为便捷和优质的服务。因此，"互联网+"能解决多少现存的"痛点"、在这个行业中的优势和瓶颈障碍、实施可行性如何，就成为"互联网+"股票投资关注的重点。

三是政策因素和外围环境。就像一粒种子，有了阳光、水、土壤及空气，才能长成参天大树。当下，"互联网+"国家行动计划如火如荼，对中国全面互联网化起到了助推器和加速器的作用。因此，"互联网+"在特定行业中的具体政策指导和细则安排成为"互联网+"股票投资的重要影响因素。

本书各章节就是围绕以上影响因素来展开的。其中有最新的统计数据、严谨的预测数据、深入的比较分析及详细的政策解读，给读者一个全方位、多视角的展示，有助于做出有价值的投资判断和决策。

在以上每章中，均有不同行业不同盈利模式的解读及典型上市公司投资价值的分析，涉及30多家A股重点上市公司和国内几大互联网巨头，基本囊括了各细分市场龙头企业。就某一个股，不仅列出了关注要点，分析了投资价值，给出了估值参考数据，还提示了需要注意的风险因素。

本书单列一章着重阐述了国内几大互联网巨头，包括腾讯、阿里巴巴、百度、京东商城、乐视网、小米科技，在"互联网+"各领域的系统布局和各自核心竞争力。

由于"互联网+"是新生事物，"互联网+股票"股性不同于一般类股票，本书单列一章来详尽阐述"互联网+股票"的投资原则和实际操作办法。所涉及的观点有的可能已经在本人《上海证券报》栏目中有所涉及，但系统的总结、提炼和深化还没有做过，借此机会完成了该工作。

总之，简单讲，本书主要包括三大内容：行业可行研究、个股价值分析、投资操作原则。可对互联网产业界从业者及对互联网感兴趣的读者提供有益参考，有助于其了解"互联网+"全貌和实质；同时对广大股票投资者而言，可有助于其及时把握投资机会，是一本资料详尽的"互联网+"股票投资专业参考书。

本书所谈及股票仅作参考，不作为倾向性投资建议。本书在写作过程中参考了许多公开资料和数据，不一一列举，在此表示感谢。

衷心感谢地震出版社张宏社长对本书出版所给予的热情支持和细致到位的关心！特别感谢责任编辑朱向军老师的出色工作！非常感谢出版社董青编辑、樊钰女士及相关工作人员为此所付出的努力！

还要感谢《上海证券报》的专栏编辑沈飞昊，正是由于定期的写稿和编辑，才促使我不断学习、思考和研究，让我在思想上不能停滞不前。

最后谢谢妻子陈阳，谢谢她对我的理解和支持！

丁　峰

2015年11月

目　录content

第一章

不可不知的"互联网+股票"投资操盘基本原则

马化腾第一次公开提出了"互联网+"的说法，他将互联网对人类的影响和贡献比作电，认为互联网对现有行业既是颠覆，更是改良。马云称，未来阿里巴巴提供的服务会是企业继水、电、土地以外的第四种不可缺失的商务基础设施资源。由此可见，互联网对人类的影响将是长久而深远的，绝不是一个短期的概念炒作；在资本市场，"互联网+股票"将会在一个相当广阔的空间里有着长期的表现。

第一节　优选细分行业龙头，关注"互联网+白马"股

在传统消费品领域，由于品牌因素在消费者购买决策中的影响日益显著，使得市场竞争逐步呈现"马太效应"：即越有品牌影响力的产品就越会流行，越流行的产品就越会被更多人追随，品牌就会越深入人心，其市场份额就会越来越大。

在互联网领域，这种两极分化的现象更明显，具体体现为"赢者通吃"（Winner-Takes-All）的市场法则。

就拿最常用的网购来说，在淘宝、京东这些网站上，SKU（Stock Keeping Unit，库存量单位）达到几百万甚至上千万个，任何一类常见商品都至少有数百种可供选购，用户往往没有过多的时间、精力和耐心一一查看，一般只会看前几页中的前几项。其结果便是，少数几个知名的品牌和大众化种类的商品往往获取了大多数的销量。

就拿BAT来说，百度在搜索领域，阿里在电商领域，腾讯在社交领域，都获取了绝对的优势，占据了市场大多数份额。基本可以掌控定价权，形成寡头垄断的局面。当然，这种垄断并不一定是坏事，它是市场自然竞争的结果，消费者和用户从中获得了更大的便利，并享受了更为质优价廉的服务。

之所以在互联网领域形成这种"赢者通吃，大者恒大，输家出局"的逻辑，这和互联网产业特殊的成本结构密切相关。

互联网企业一般固定成本高，但复制成本低。用户越多，成本分摊越明显。平均成本随用户数量的增加而下降得非常快，单位边际成本趋近于无限小，规模效应可以得到淋漓尽致的体现。

于是，互联网企业会充分利用平均成本和边际成本随规模加速下降的特性，尽可能多地发展用户，推出相关产品，以取得绝对市场地位。当用户超过一定容量时，其带来的网络效应又会自发传播并增加产品的用户数量，最终导致市场高度集中在龙头企业手中，形成一种类似于传统行业的寡头垄断的局面。

然而，这种局面并不必然导致垄断行为的产生。因为在互联网领域，消费者年轻化特征明显，对新鲜事物接受度高，消费偏好变化快，相关技术日新月异，拥有优势地位的龙头企业为了在竞争中不致落败，往往要不断提高自己的科研创新能力。市场地位的维系，很大程度上取决于技术创新速度的快慢和创新水平的高低。

因此，互联网行业会呈现出竞争越充分，垄断程度越高，竞争就越激烈的局面，体现出一种动态的垄断和竞争并存，并不断推动产业发展的特点。从世界范围来看，各行业中互联网的第一名往往就占了七八成的利润。

由此可见，做互联网股票投资，抓住细分行业龙头股非常关键。这是一条风险相对较小，而收益相对保证的办法。

当然，如果能在早期投资于名不见经传的冷门股，指望其逆袭超越，成为该细分行业佼佼者，这样做的回报当然很大。但从整体来看，这种事件基本上属于小概率事件，风险很大，不值得尝试。

在竞争和淘汰过程中，互联网界有种说法是：要么是1，要么是0，即要么全胜，要么全败。这听起来虽然有些片面和绝对化，因为实在做不了龙头企业还可以被龙头企业兼并收购掉，不至于颗粒无收。但相较之下，当然还是龙头企业更有投资价值，被贱卖掉毕竟是下策，

不得已的办法。

在互联网细分市场，一家企业如果做不到第一第二，基本上就没有多大的投资价值了。哪怕是第三，也很可能会被淘汰，难以获得理想投资回报。

在本质上，互联网不会彻底颠覆传统经济，只是对传统经济进行改善升级和优化。互联网人需要遵循基本的经济规律，任何一种互联网商业模式，如果不能够降低行业的交易成本，不能够提升交易效率，不能够提升用户体验的话，那么最后往往是失败的结局。

因此要关注那些在本细分行业已经是龙头，并积极拥抱互联网的白马股票，即"互联网+白马"股。这样的公司，本身就具有一定的盈利能力和资本实力，可以为创新产品输血，其最终胜出的概率会更大一些。当然，如果市值基数较高，在短时间已涨幅巨大，最好暂时回避，尽量找些低估的品种。

值得注意的是，对那些单讲故事、盈利模式单一、亏损速度大于获取收入速度、单靠不接地气的概念产品生存的互联网公司，即使其在一个新的细分市场做到了暂时领先，也需要回避。互联网领域淘汰率非常高，试错成本很大，没有一定资本实力很难坚持下去。再加上中国资本市场惯于忽悠，做套儿击鼓传花炒作小盘股的"劣根性"一时半时难改，因此，投资者最好远离这些概念性股票。

第二节 以"互联网+生活服务消费"为主做组合投资

目前，在互联网风险投资领域，直接面向广大用户提供服务的B2C公司远比企业对企业的B2B公司"性感"，更受青睐，是资本投资的宠儿。

在融资上形成鲜明对照的是，B2B初创公司为了获取资金四处奔走，忙得焦头烂额，筹钱筹得很辛苦。而B2C公司相对轻松多了，经常是资本找上门来，各投资方甚至为了项目，不惜竞相抬高入股价来获取投资份额。

之所以出现这种一边倒的局面，一方面是因为目前中国互联网宽带和移动互联网用户庞大，构成了世界最大的消费者群体，其中蕴含的商机无限。

中国互联网络信息中心（CNNIC）发布的第36次《中国互联网络发展状况统计报告》显示，截至2015年6月，我国网民规模达6.68亿，互联网普及率为48.8%，半年新增网民共计1894万人。

其中，手机网民规模达5.94亿，较2014年12月增加3679万人。网民中使用手机上网的人群占比由2014年12月的85.8%提升至88.9%。

这是一个归属于经济总量上递增的因素。

另一个重要的原因，在于中国经济结构已经发生了巨大变化，消费已经超越投资成为国民经济发展主要的增量因素。

这个因素是一个归属于经济结构转型的因素。

我国最终消费率在2011年停止了连续11年的下降趋势，开始呈现稳步上升态势，基本形成了一个拐点。在经济增量权重中，最终消费因素开始超越资本形成因素成为主导力量。

2013年最终消费支出对国内生产总值的贡献率达到了50%，同比提高4.1个百分点。

2014年最终消费支出对国内生产总值增长的贡献率为51.2%，延续提高的势头。

2013年国民经济总量中，服务业占比46.1%，第三产业增加值占比首次超过第二产业。

2014年全年第三产业增加值占国内生产总值的比重为48.2%，比上年提高1.3个百分点，高于第二产业5.6个百分点。

2015年上半年统计数据显示，消费支出对GDP贡献率为60%，比上年同期提高5.7个百分点。第三产业增加值占国内生产总值的比重为49.5%，比上年同期提高2.1个百分点，高于第二产业5.8个百分点。

由此可见，经济资源的优化配置，逐步从生产领域转向服务领域，从粗放投入驱动转向品牌文化驱动上来，这标志着中国经济的"消费时代"已经来临。以食品饮料、医药健康、日化用品、文化教育、传媒娱乐、旅游、3C产品、零售连锁等为三的生活服务消费产业成为市场主流，占据主要权重，这预示了资本市场未来发展的脉络。

因此，资本市场"互联网+"投资也要顺势而为，遵循这个脉络来进行。

具体而言，投资者要定位好所投领域，不要眉毛胡子一把抓，把鸡蛋放到个别篮子里，然后小心看好它。这个篮子，就是生活服务消费领域，应当以"互联网+生活服务消费"为主做组合投资。

在政策层面，国家也将生活服务作为现阶段实施"稳增长、调结构、惠民生"的重点领域。2015年11月，国务院发布《关于加快发展生活性服务业促进消费结构升级的指导意见》。意见指出，今后一个时期，重点发展贴近服务人民群众生活、需求潜力大、带动作用强的生活性服务领域，推动生活消费方式由生存型、传统型、物质型向发展型、现代型、服务型转变，促进和带动其他生活性服务业领域发展。发展方向主要包括：居民和家庭服务、健康、养老、旅游、体育、文化、法律、批发零售、住宿餐饮、教育培训服务等。

就"互联网+"，具体而言，生活服务消费领域可以关注以下几个细分市场。

住房、医疗、教育这三个市场曾经由国家全包，是每个居民和家庭整个生命周期最关心、消费支出最多的领域。在人生不同阶段的时间分布和先后秩序上，对于个体的人而言，二三十岁时收入不多，但生活重担在于购房支出方面；三四十岁时生活趋于稳定，生活重担在于子女教育方面，家长最受折腾，消耗精力很大；四五十岁时身体开始老化，逐渐出现问题，生活重担在于医疗保健支出方面。

自从房地产领域市场化后，经过10多年，形成了一个总量达10万亿以上的巨大连带市场。但医疗和教育领域由于公益性特点，突破力度一直不大。不过，说到公益性，居民住房难道没有吗？既然房产可以市场化或半市场化，医疗和教育当然也可以走这条革新之路，必然要以提供差异化和个性化的服务来更好地满足市场需求和社会需求。

有趣的是，中国资本市场里，这三个领域呈金字塔形结构。

塔基是房地产股，数量众多，市值庞大。上市公司有约140家，合计总市值2万多亿，占沪深总市值的4%左右。

但中国绝大多数房地产公司都未上市，当然有很多公司在香港上市了。2014年，中国商品房销售面积约12亿万平方米，商品房销售额

约7.6万亿元，远远高于上市房企销售总额。全国存量住房约200亿平方米，合计总市值约100多万亿元。如果算上农村房产、小产权房和城市商用房产，总值约200万亿元。

金字塔的塔身是医药生物股。目前中国医疗医药行业还没有完全市场化，主要以国有医院和国有药企为主，带有一定的行政色彩，只能算是半市场化。上市公司有约210多家，集中了一批中国最优秀的医药企业，合计总市值约3万亿，占沪深总市值的5%左右。

金字塔塔尖是教育股，数量上寥寥无几。相较医疗医药行业，教育行业在中国更是一个管制严格的市场。学历教育市场几乎全部是公办教育，民营资本难有插足机会。民营资本主要集中在非学历培训市场，这同样是一个潜在的庞大广阔市场。

金字塔结构预示了未来市场扩容的方向：房地产行业虽然庞大，但绝大多数不需要上市；医药骨干企业基本上都上市了，今后这些上市药企会更强更大；教育企业未来将有一大批会上市，随着市场化的深入，企业发展速度会加快进行。

这是一条重要的"互联网+"投资主线。

而其他领域，诸如上游行业的物流、制造、农业等行业，虽然也有一定的"互联网+"改造升级的机会，但总体来看，投资机会不如生活服务消费类领域多。

事实上，从我国"互联网+"的实际发展路线来看，互联网普及时间的先后顺序，以及普及率的高低顺序，呈现出从下游产业向上游产业传递的特点。

2014年底，我国网民规模约6.5亿，互联网普及率约48%，可以近似看作是中国居民的互联网化程度。

广告营销是中国最早互联化的产业。2013年，百度总营收为319

亿，超过中央电视台广告收入，凸显互联网广告营销威力。2014年底，我国互联网广告产业规模达1535亿，占整体广告产业的28%，这可以看作是广告行业的互联化程度。

在商品零售环节，2014年我国网上零售额同比增长约50%，达约2.8万亿，占同期社会消费品零售总额的约11%，这可以看作是零售行业的互联化程度。

在商品批发和分销市场，互联化比例估计约为1%~2%。

在制造业，互联化比例更小，约为0.1%。

比较以上数字，从用户、广告业、零售业、批发业到制造业，顺着下游产业到上游产业的路径，互联化程度约为48%、28%、11%、1%~2%、0.1%，依次大幅度递减。

这表明，根据互联网产业发展特点，下游产业较上游产业有更多发展机会，下游产业的互联网化会带动和倒逼上游产业向互联网转型。

目前阶段，锁定下游产业，特别是生活服务消费领域内的细分市场，进行"互联网+股票"投资，是比较稳妥靠谱儿的办法。

比如说，大健康领域，就是一个非常值得关注的主题。我们不妨来借鉴一下国内最大的互联网公司阿里巴巴和最大的民营投资机构复星集团是如何选择他们的投资主题的。

阿里认为，以后的机会就蕴藏在健康和快乐这两大产业里。健康与快乐，是阿里巴巴内部所称的"DoubleH"计划，阿里接下来的投资方向，都是围绕这些主题展开的。目前阿里在纽交所的市值1.2万多亿，其2014年净利润约234亿，静态市盈率约50倍，要支撑起这样的市盈率，单靠电商业务的盈利显然已不够。得益于2014年的上市融资，阿里账上现金储备高达千亿，通过联合旗下资产规模可达数百亿的私募基金云峰基金，借助投资并购，阿里已培育、衍生出投资集团的

"航母战斗群"，正从最大的互联网企业转型为最大的新兴产业生态投资集团。

比如，阿里在香港资本市场控股运营两家独立的公司：阿里健康和阿里影业，市值都在400亿人民币以上；在沪深A股市场所控制的恒生电子市值也有400多亿。其实，阿里在纽交所股价的涨落，在很大程度上是与其投资的公司群市值或估值的涨落联系在一起的，其利润来源不仅来自于电商平台业务，还来自于所投资企业群的投资收益。

阿里2015年10月公布的财季报告中有一个有趣的现象，就是净利润超过了总营收，原因是在该季报表中新计入了独立上市公司阿里健康的业绩，阿里获得其186.03亿元人民币的持股收益，使得集团该财季利息和投资利润达到181.5亿元人民币，大大超过去年同期的4.68亿元。同样在上一财季，阿里的净利润大增得益于阿里影业估值的提升。阿里影业完成融资后剥离出报表，并推高阿里巴巴集团持有阿里影业股权的估值，带来247.34亿元人民币的处理收益计入。

复星集团目前的合并总资产高达3000多亿，其中旗下保险板块总资产规模已超过1100多亿。通过资金成本低廉的保险资金大举进行多元化投资，迄今为止，已成为我国规模最大的，并且最像"股神"巴菲特掌控的伯克希尔投资集团的民营投资集团。复星的投资主题，聚焦长期甚至永续存在的健康和快乐时尚两大需求，着力生态圈布局和全球产业整合。比如围绕健康需求，复星已从健康环境、健康饮食、健康生活方式切入，包括在医药产业链（研发、生产、物流、批发、零售）、医疗（培训、医院）、养老和健康金融服务等方面广为布局，目标是尽早成为以高成长、弱周期为特点的中国健康和快乐时尚产业的龙头或领先企业。

两相对比后可见，阿里、复星两大投资集团的交集，就汇聚在

"健康"两字上。在国家规划层面，继"互联网+"后，"健康中国"已在"十三五"规划中上升至国家战略，成为"十三五"期间我国卫生计生事业发展的一项全局性、综合性、战略性的中长期总体规划。

做投资，需要面对方方面面的问题，唯一可以确定的事情就是不确定性——风险。在专业术语定义上，风险就是指不确定性。做投资很像赛马：你要找到好的马，还要找到好的骑手，好马和好骑手组合在一起才能获胜。但是，如果两者不能兼得，那么是好的马重要，还是好的骑手重要？放到投资上，是好的行业或主题重要，还是项目公司好的创始人或管理团队重要？有一句话说，"站在风口上，猪都会飞"，说的是"风口"很重要，找到对的"风口"，连"猪"都能飞起来。但也有人说，好的"猪"比好的"风口"更重要，因为一旦风没了，"猪"就会摔成肉饼。所以，要找到聪明的"猪"，因为它会自己找"风口"。

其实，相对来说，好的马比好的骑手更重要。因为骑到好的马，就算骑手不高明，成绩也不会差到哪里去；反过来，就算骑手骑术再高，如果碰到瘸马病马，再怎么样也不会取得好成绩。因此，相较而言，"好马+差骑手"组合比"差马+好骑手"组合的不确定性更小一些，或者说风险更小一些。

所以说，找到正确的投资主题很重要，应该把你的大部分资产配置到确定的主题上，少部分资产配置在特别牛的创业者或企业家上。可以说，"健康中国"这一主题是一条宽阔的跑道。把握基本面，立足中长期投资，如果跑错了跑道，哪怕你开的是宝马，也不一定比开上正轨的富康更早到达终点。

第三节　收入是估值第一考量指标

买东西时，我们看重的是价格，会掂量是不是贵了，值不值得买。买股票也是如此，买之前也要用专业的办法来考量一下贵不贵，是不是值得买，这就是估值。

看估值是门学问。很多普通投资者简单看绝对价格，也就是看一股标价多少钱。在他们看来，工农中建四大行和钢铁股股价也就是三五块钱一股，似乎很便宜，买这样的股票比较放心。而茅台股票要200多元一股，如此高的股价让人似乎有点望而生怯。不过，真的是这样吗？

其实，看股票值不值投资不能只单纯看股价。好的东西价格总是高一些，比如爱马仕的包价格比地摊上的包要高很多，其价值当然也高很多。

很多初到香港股市的投资者，看到有的股票才几毛几分钱一股，觉得非常便宜，于是专拣这些股票买，殊不知这些公司已没有多少投资价值，其投资回报很不理想。今天股价几毛钱一股，以后可能会几分钱一股。投资这样的低价股，风险比高价蓝筹股要大很多。

巴菲特旗下的投资公司伯克希尔·哈撒韦是纽交所上市公司，截至2015年7月底，总市值为1800多亿美元，其股价为21万多美元/股，是世界上价格最高的股票。但其回报也相当惊人：50年前，伯克希尔股价只有约19美元/股，至今50年的时间股价上涨了1万多倍，年均上涨约20%，远超同期标准普尔指数9.9%的增长率（约上涨了110倍）。目前，伯克希尔公司市盈率约20倍，万倍的涨幅全是由业绩所贡献的。

特别是，其股价年均涨幅虽只比标准普尔指数多约10%，但累积50年后，在复利的神奇作用下，累计涨幅却超出了百倍。

可见，评判股价贵不贵，估值如何，关键是看其内在价值和盈利能力。

对于机构投资者和专业投资者来说，投资前必先估值，在当前股价低于评估值以下才会买入持有，而且低估得越多，投资的力度会越大。估值高了，哪怕公司不错，也不会轻易买进，会暂时放入股票池中观望，待估值降下来才会购买。

一般来讲，从财务的角度，估值体系中主要有净利润、净资产和收入等几大要素，对应的专业参考指标分别用市值来除，得出市盈率、市净率和市销率。那么，对于当下的"互联网+股票"，这些指标适用吗？

首先，市盈率（PE）不完全适用。截至2015年10月底，创业板股票整体市盈率约为90倍，有种说法认为这意味着90年后才能收回投资。其实这种说法有些片面，其前提假设是业绩在未来90年中不增不减，股价不升不降，全部靠股利分红取得回报，到时累计分红正好等于投资本金。但事实上没有人把股票当国债来持有，大家买股票是来获取公司成长并以此赚取买卖差价的。

传统企业和新兴企业，以及一家企业在初创期、成长期、成熟期和衰落期的不同阶段，其盈利水平都会呈现各自特点。简单以某一个盈利水平，即市盈率来判断不同企业在不同时期的价值，可能犯了用"静态标准"套用"动态企业"的错误。

工业时代的传统企业成长性有限，能超过同期GDP的增长速度就已经算是好公司了。然而，互联网时代新兴企业的增长速度要参照的

是摩尔定律，优秀的企业可能是几何级增长的。比如类似BAT的巨无霸公司，可能只需要不到十年的时间就成长出来了。

因此，市盈率不能够一概而论，起码要根据不同企业的类型、行业特征、特定发展阶段而灵活运用。

况且，股票做的就是预期，太倚重市盈率就会不自觉地盯着历史业绩而忽视了未来潜力。对于"互联网+"新兴企业而言，如果单纯用传统企业静态市盈率的办法来估值，显然不是完全适用的。

其次，市净率（PB）也不适用。印钞机的好坏应看能印多少钞票，并不是购买成本。市净率高并不意味着股票低估了。

比如2015年10月底贵州茅台PB约为4.5倍，看似高估了，但是其净资产收益（ROE）却高达30%多，仍然具有很高的投资价值。贵州茅台的ROE/PB约为6.5%，6.5%的倒数约为15倍，也就是贵州茅台在2015年10月底的PE值，这是会计指标之间的内在勾稽恒等关系。所以说，PB指标和PE指标是相通的，主要适用于经营比较稳定的传统企业。

心理学上有个很著名的实验，是格式塔派心理学家苛勒对黑猩猩做的"接竹竿实验"：苛勒将黑猩猩关在笼子里，里面有两根能接起来的竹竿，外面有香蕉。黑猩猩先用手去够香蕉，再用一根竹竿去够，均够不到。之后黑猩猩停下来，把两根竹竿在手里摆弄，偶然接了起来，并用它够到了食物。苛勒认为，这是黑猩猩的一次顿悟行为，从而提出了"苛勒顿悟学习理论"。

与之对应，对创新创业企业价值的判断，也需要类似于这样的"顿悟"。对于新兴经济，尤其在互联网领域，传统估值理论和定价方法已不适用。如一味再用市盈率和市净率等标准来判断创新企业的价值，无异于用八股文来写现代科研论文。

说到底，市盈率着眼的是会计利润，而会计核算永远是过去时态，必是先有经营成果再有账面数据；市净率着眼投入成本，只算过去投了多少，却不管能有多少回报。

创新企业往往是对原有商业模式的颠覆，所能激活的市场容量往往在事前难以估量，如果机械地用会计数据做判断，可能会成为投资界里的"遗老遗少"。

君不见，市值2000多亿美元的亚马逊和2000多亿人民币的京东，至今尚未盈利，但能否认其商业价值及对人们生活方式和认知理念的巨大影响吗？

最后，来看看市销率（PS）。市销率是市值和收入的比值，一般而言，数值越小，说明企业营收相对较大，投资价值相对较高。市销率着眼于企业营收指标，比前两个指标更适用一些。毕竟，除了金融投资企业以外，盈利总归来源于收入。比如说贵州茅台，每卖100元可以净赚约50元，利润率高达约50%，但利润不可能超越收入，卖100元的东西赚不出101元的利润。

因此，创新创业企业哪怕目前不盈利，但起码收入要说得过去，即在收入的绝对数和增长率两个维度，都要体现出较好的成长性来。

事实上，概括讲，新兴产业尤其是其中的互联网公司，从投资人的角度看，其发展阶段可以划分为以下三个阶段：

第一阶段：看用户数或注册数。先期有大量投入，包括通行的买流量等办法，先把用户拉进来。当然，如果能把用户留住就更好了。如果产品足够好，用户体验足够好，自然就会产生用户黏性。"酒香不怕巷子深"这句话，恐怕不太适合互联网产业。互联网行业更新快，首先要吸引尽可能多的用户和体验者，才能快速传播，产生聚合效应。

第二阶段：看收入增长速度。这一阶段，由于用户的爆发增长，

收入随之快速增长。先开始，收入的增长速度可能不如用户增长快，但到了中后期，如果产品足够好，付费用户会越来越多，比例也会越来越大，因此，收入的增长速度会慢慢赶超用户的增长。这预示着好的开端，也是企业能否继续融资，进而成功的关键。

第三阶段：看盈利增长速度。用户不断注册，使用频率加大，收入自然会快速增长，这时离盈利就不远了。由于固定资产投入、研发投入、先期市场拓展投入、资金的成本等已投入的摊销需要较大的基数才会显得更经济，加上日常的管理成本也是一笔固定的支出，即规模效应在达到一定体量后会逐步显现出来。这时，单位边际成本逐步下降，体现在报表上就是收入会逐步覆盖成本，进而减少亏损，直至达到盈利，甚至暴利的地步。

在以上三个阶段中，第一阶段是基础，比如说烧钱大战主要目的就是争取用户；第二阶段是关键，最重要；第三阶段只要做好内部管理，就是水到渠成的事情。

投资人在考察企业的成长性和风险时，要特别注意收入的增长情况。目前，所谓的独角兽公司——这个词流行于硅谷，指那些估值达到10亿美元以上的初创企业——目前全球已达约140家，投资人之所以给其如此高的估值，归因于其收入的高增长上。

事实上，亚马逊突出营收，将不盈利作为长期基本战略，具体来讲就是不惜以牺牲利润为代价，尽可能地扩大规模，即"top-line growth"战略（营收会计科目位于利润表的第一行，营收增长第一的策略）。有报道称，亚马逊内部专门聘用了一些人，他们的职责就是确保亚马逊的净利润为零。亚马逊通过投资获取市场领导地位，通过保持零利润甚至是负利润的状态把自己打造成一个超级巨无霸。如今的亚马逊更像一家科技公司，而非传统的电商企业。借此，2014财年，亚马逊营收达890亿美元，过去的十年营收的年均复合增速高达约29%。

换句话说，亚马逊不是不能盈利，并没有无底线地亏损。比如，亚马逊2015年第三季度财报显示，亚马逊第三季度净营收为254亿美元，同比增长23%；净利润为7900万美元，较上年同期净亏损4.37亿美元实现扭亏。

2004年以来，亚马逊仅在2012年和2014年出现亏损，净亏损还不到当期营收的百分之一。其他年份则基本维持在盈亏平衡的状态。

在不断优化、降低成本的同时，亚马逊以相对低的价格向市场提供产品及服务，尽可能地扩张规模，使得其在电商领域一马当先并强有力地冲击着传统零售业。在亚马逊的攻势下，百思买等传统商业行业已经回天无力。

亚马逊市值在2015年7月一举突破2400亿美元，超越了沃尔玛，成为新兴行业赶超传统行业的标志事件。当然，在利润提升等方面，亚马逊还有很多工作要再接再厉接续努力下去。

2014年沪深上市公司总收入约29万亿（沪市公司共实现营业收入22.73万亿，深市公司共实现营业收入6.31万亿），2015年9月底沪深总市值约41万亿，A股整体市销率约1.4倍。

市盈率=市销率/利润率，这是市销率和市盈率之间的会计勾稽恒等关系。2014年A股整体利润率约为8.3%，用市销率除以利润率，比值为约17倍，也就是2015年9月底A股的整体静态市盈率（以2014年净利润为基数计算）。

可见，如果一个行业利润率较高，那么市销率可以稍高些，即较少的收入可以提供相对较多的盈利，把估值降下来；反之，行业利润率较低，市销率就不能高。

中国企业利润率普遍为5%~10%，以20倍市盈率倒推，1~2倍的市销率比较合理。

拿两家互联网公司阿里巴巴和京东商城作为参照样本：京东2014年净收入为1150亿元，交易额为2602亿元（自营+平台流量），目前尚未盈利。但根据商业行业5%的平均利润率水平，以1倍的市销率匡算，京东的合理估值约为2000多亿元，与2015年7月底在纳斯达克约450亿美元的市值基本吻合。

但京东有自己的发达的自建自营物流体系：截至2014年末，京东拥有7大物流中心和分布在40个城市的123个仓库（总面积超过200万平方米）。运营着3210家配送站，覆盖全国范围内的1862个区县。快递员、保管员、客服人员数分别达到3.5万、1.26万和7758。凭借强大的物流体系，可为134个地区提供当天送达的"211限时达"服务，并在另外866个地区提供次日达的配送服务。

因此，考虑到物流因素，京东实质上是"1家商业公司+0.5家物流公司"，在商业流通全产业链上可获取更多的盈利。因此目前京东的市值可能被低估了。

阿里巴巴2011年后才开始盈利，2014年阿里巴巴实现商品成交总额约2.3万亿元。由于阿里巴巴的商业模式是从交易中收取佣金（或营销费），2.3万亿并非是其净收入，但如果以商品成交总额拟合净收入，考虑到阿里巴巴要和卖家平分产业链环节利润，大约只能享受一半的行业利润率，以市销率0.5倍匡算，阿里巴巴的市值约为1.2万亿。2015年7月底其在纽交所的市值约为2000亿美元，与前述估值基本相当。但考虑到阿里巴巴已成为一家集金融、娱乐、影视、旅游、教育、医疗等业态的超级生态公司，其目前的市值也可能被低估了。

可见，对某些互联网公司，市销率虽不能决定一切，但可以用来作参考。需要特别说明的是，此类互联网公司必须是在存量的盘子里，与传统企业争抢市场份额的公司。比如说电子商务，改变了产品销售模式，却基本没改变产品本身，所以可以以这个行业的利润率水平为基准来估值。美国本土企业利润率普遍较中国企业高，所以亚马逊的市销率约为2倍，尽管基本不算盈利，但不妨碍其股价达到420多美元/股。

但目前还有大量因新产业的出现而衍生出市场增量需求的互联网公司，如视频业、网游、手游业等企业，其本身就是一个全新产业，没有旧有模式可供参考。对此类的互联网公司进行估值，市销率的重要性有所降低，也不一定完全适用，还要结合其他因素综合考量。

2014年创业板公司合计收入为3678亿元，加上2015年上半年上市的五六十家，预计2015年整体收入可达5000亿以上。截至2015年10月底，创业板总市值约4.3万亿，整体市销率约8倍。撇开利润不说，单从收入的角度来看，这个指标不算低估。

不过，高估总有高估的理由。企业家刚开始创业时，同样也会对前景高度乐观，对自己高度自信。资本市场的高估，如果利用得当，合理引导，也会成为牵引新经济增长的引擎。这个过程可能会比较残酷，甚至有点血腥，但大浪淘沙后，资本的力量会让伟大的公司得以诞生。就像经过纳斯达克泡沫的洗礼，苹果、微软、谷歌、英特尔等会更加强大。

第四节　不借贷、不用杠杆，用自有闲置资金投资

牛市中，很多人的逻辑就是，既然股市天天涨，何不借些钱来投资呢，空手套白狼，加了杠杆以后收益不是会更可观吗！大好形势下，不借杆儿往上爬，岂不可惜了！

其实未必，很多悲剧就是从借钱炒股开始的。

先说借钱炒股的成本。目前，按要求资产达到50万以上净值的客户才允许在证券公司开立融资融券账户。融资利息一般为年化8%左右。而在2015年股灾中声名狼藉的配资资金，其年化利息高达20%以上，数倍于银行贷款利息，称其为高利贷也不为过。

试想，如果你凭100万自有资金，承担高利贷高息，从配资公司借来200万、300万，甚至400万、500万，全仓买入股票，怎么可能会淡定从容地从价值投资角度，分析研究公司基本面，中长期持有业绩良好的公司？——你八成会买那些短期题材吸引眼球的股票，关注大盘及股票每天每时每刻的走势，必定会以快进快出的手法追涨杀跌。

如此一来，股票买卖便成了击鼓传花的游戏，买卖依据要么是所谓的内幕消息（世上哪有那么多让公司一下子乌鸦变凤凰的内幕消息呢，况且，如果连一般投资者都轻易获知的"内幕消息"，到底能有多大程度上算是真正的"内幕"呢），要么朋友圈、微信圈里的推荐，自己的独立思考和独立判断则抛到了九霄云外。这也难怪，在一个火爆的牛市里，大家都急吼吼地赚快钱，有谁肯安静下来，踏踏实实地做足功课，进行独立的思考和分析呢？

特别是微信圈里，买了某只股票的人，或许因短暂的盈利，或许因为高高在上的股价心里不踏实，显得特别兴奋和激动，于是没完没了地发起对该只股票的大讨论。"不识庐山真面目，只缘身在此山中"，能进入其法眼的，全是这只股票的好消息，坏消息则一概否认、无视。真可谓："好话"全都听、全都信，照单全收；"坏话"全不听、全不信，掩耳盗铃。

这样一来，在随众效应和羊群效应下，反复出现、反复被提及的股票，微信圈里的其他朋友便跟进买入。其实，他们也没有其他靠谱儿的渠道来获取有价值的信息，既然认识的朋友都买进了，那就一起买吧，似乎跟着买踏实一些。

说到底，在行情火爆的时候，很多人过度乐观，稀里糊涂地买股票。随着股价的上涨，一个个喜不自禁，更加把股票代码当作赌场筹码来炒作，乐此不疲，自觉不自觉地助推这个游戏循环继续下去。

最为危险的是，随着账面财富的日益增长，投资者的风险意识一日日淡化，把这样的增长当作了股市里的当然状态。以至于到最后，谁要是说股市要回调，准会被别人所耻笑，觉得真是花岗岩脑袋，不识时务。这时，头脑发热的投资者便会想尽一切办法，借来资金，大举追加进入股市。正常1∶1的融资额度用尽已不算是激进的投资者了，高杠杆如1∶3、1∶4，甚至5倍以上杠杆的配资不断出现，有人还抵押了房子冲进股市。

当这些短期逐利资金涌进来的时候，资本市场就进入了阶段性高估状态。况且，这些投机资金主打中小市值股票中的热点，这些股票前期涨幅巨大，翻倍的都不好意思说了，几倍，甚至10倍以上涨幅的屡见不鲜。当然，有些股票长期看还是有投资价值的，但短期内被过

多的投机资金推动，价格严重背离了其价值，呈现出高估值、高溢价的不正常状态，蕴藏着巨大的风险。

在这种情况下，一旦股市发生调整和波动，后果不堪设想。牛市的特征之一就是，涨得快，调整也快，而且调整来的时候正好是大家毫无防备的时候，当回过神的时候，已经覆水难收，别说收益难保，本金能保住就是万幸了。虽然从中长期来看调整后还会再创新高，但那些用高杠杆的投资者，依杠杆的比例由高而低，依次被平仓的后果在所难免。平仓意味着本金几乎全赔进去了，日后连翻本的本钱都没有了。

发生于2015年夏季的股灾给市场、给投资者一个深刻的教训，那就是不能借钱炒股，不能用高杠杆。

一旦借钱投资，那么投资者必然深切关注股价的短期涨跌，但事实上，股价的短期走势是无法预测的。借钱炒股者总是盘算：拿这笔借的钱，短期做个价差，赚一笔就跑，空手套白狼，做一笔无本买卖。

但实际的情况是，如果侥幸上涨了，杠杆投资者是不舍得变现的，总是想再等一等，多等一天要好多钱呢，收益率说不定又多了几个百分点。如果不幸下跌了，杠杆投资者也不会轻易认输的，他会想再等等吧，说不定明天就是一个涨停，把此前亏的钱一下子全补回来。

如果你是一个清醒的局外人，看到这些景象，是不是觉得这简直就是一个赌来赌去的游戏，股票代码就是大家炒来炒去的筹码，局中的人不关心公司的实际运营和基本面，只在乎股票代码今天是翻红了还是变绿了。每个人都觉得自己比别人聪明，行情好时可以优先一步捞到收益，行情不妙时抢先一步溜之大吉——但事实上，任何人都难以做到，因为每个人都在人性的驱使下，成了贪欲的奴隶，失去了最起码的理性判断。

归根到底还是一句话，坚守不融资、不借钱炒股的原则，只用自有闲置资金来投资。而且，最好不要以该项投资作为解决家庭短期财务目标的手段，如指望其来解决出国度假、买车、买房等大额消费支出。

投资做到最后，其实是和自己进行博弈，和潜藏在自己内心深处的人性进行对决。好心态是投资第一要义，而当你拿闲置资金来投资时，在投资心态上你就基本上胜出了，在人性的角斗场上你也就掌握了主动。反之，如果拿借来的钱做投资，从一开始就处于被动局促的局面，不知不觉先输了一步。

第五节　投资比例要有所限制

作为新经济和新兴产业的代表，互联网产业的前景无疑是非常广阔的。

就拿互联网+消费来说，互联网+消费可以降低消费者搜寻成本、议价成本、资金成本、决策成本等，提高产品和服务消费过程中的便捷性。比如，电子商务使消费行为突破了时空和地域上的限制，有力拓展了消费的人群、地域、产品边界，充分挖掘了消费潜力。

互联网必将影响和改善人们的生活方式和工作方式，使之变得更加便捷和高效，并使资源消耗更加节约，资源配置更加优化。正如马化腾所说，就像电一样，在人类没使用电之前，有传媒、娱乐、金融等传统业态，但电却大大改良了上述产业，"互联网+"对社会的影响和电所起的作用很类似。"互联网+"必将使生活越来越美好，社会和经济发展越来越进步，少部分行业将被颠覆，大部分行业将被彻底改良。这是一个基本的判断，毋庸置疑。

只是，自古以来，一切创新都是有代价的。创新是对原有存在的重塑和改造，要一步步摸索，一次次试错，大多数，甚至是绝大多数尝试都可能以失败告终。

心理学上有个很著名的对猫做的"迷笼实验"：把一只饥饿的猫放入迷笼，外有一盘食物。在猫第一次偶然打开门闩逃出笼子后，又将它放回，重复多次后，猫逃出笼子的时间越来越少。最后，猫一进迷笼，就能打开门闩，跑出笼子。美国心理学家桑代克认为，猫在进行"尝试错误"的学习，从而引出了著名的"桑代克试错学习理论"。

互联网产业的发展，以及对"互联网+"的投资，也是一个"试错"的过程。历史上看，每次新经济业态的成长，都离不开不断"试错"。创新创业之所以备受鼓励，在于其具有很大的不确定性，鲜有人敢于付出机会成本予以尝试和探索。经常是大浪淘沙，经历残酷的淘汰后，才可以看到几颗闪光的金子。

对于投资人来讲，投资的本质是尽可能回避风险，减少不确定性。从2014年到2015年上半年，我国创业和股权投资市场获得A轮投资的企业有1800多家，而其中继续获得B轮投资的只有220多家，仅占10%多一点。B轮尚且如此，就更不用说C轮、D轮了。

但凡最后能成功上市的，在全部新注册企业中，真可谓万里挑一。创业是"九死一生"，优秀的企业是"九死一生"再加"九死一生"。做投资，风险同样也很大。好在绝大多数投资资金是向社会募集的私募基金，通过这种摊大饼、大水漫灌的方式，创业的风险被高度分散了，基本上由宏观层面的社会资金来承担，这大大减少了微观层面的动荡。所以说，只有投资资本发达了，创新创业才会踊跃起来。资本时代的发展趋势，就是回报率的平均化和平稳化。在资本时代后期，所谓的资本暴利是不存在的。

因此我们可以看到，专业的风险投资机构如种子基金和风险基金等，往往把成功赔率设定在几倍比一、几十倍比一，甚至上百倍比一，即投资几个、几十个、上百个项目，只要有一个成功了，就可以实现几十、几百倍甚至上千倍的收益，弥补其他项目损失。

虽然风险和收益总是相对应的，投资互联网股票风险虽然高，但潜在收益也很大。但是，如果把全部身家都用来投资新兴企业，这种

做法也是不可取的。毕竟，由于投资数量相对较少，最后成功的把握性不是很大。

稳妥的办法，是拿出一少部分资金来适当参与一下"互联网+股票"投资，投资比例要有所限制。

对于普通投资者来说，"互联网+股票"只能是其全部投资组合里的"副业"：做好了锦上添花，万一做不好也不会伤筋动骨、一败涂地。

如果把"互联网+股票"投资做成了"主业"，由于毕竟资金有限，不可能持有一揽子"互联网+股票"，无法像风险投资基金那样充分分散风险。即使"互联网+"产业整体向上，"互联网+股票"整体表现良好，但由于非常高的淘汰率，投资者一旦持有了表现不佳的股票，最终也不能取得理想回报。

事实上，以"互联网+股票"为主的创业板市场是一个少数人拿出少部分资金来参与的小众市场。就连专业机构投资者如券商、保险的自营盘也只是拿出比例很小的头寸来投资创业板，其主要资金基本上还是放在业绩稳定的大盘股上。

对普通投资者而言，切忌拿出主要资金参与这个市场，更不要以主要资金重仓一两只股票。这种孤注一掷的做法不是投资，而是拿自己的身家性命玩运气游戏。哪怕有一次侥幸成功了，但次次不可能都是好运气，一次失误就很可能把此前赚的全还回来，一下子回到解放前。

第六节 适当配置"互联网+ETF指数基金"

ETF（Exchange Traded Funds）基金，即交易型指数基金，又被称为交易所交易基金。

ETF指数基金代表一揽子股票的所有权，可以像股票一样在股市交易，其交易价格、基金份额净值走势与所跟踪的指数基本一致。因此，投资者投资ETF，就等同于投资其所跟踪的指数，可取得与该指数基本一致的收益。

目前，国内ETF指数基金主要分为开放式指数基金和可以即时成交的交易型指数基金。

开放式指数基金的交易要通过基金的申购和赎回来进行，银行是最常见的买卖渠道。开放式ETF基金买卖中间费用和佣金高，但却可以使投资者养成不频繁交易、长期投资的好习惯。

交易型指数基金可以像股票一样即时交易，在行情交易软件里就可以完成买卖，而且中间费用和佣金标准与股票一样很低，但却给频繁交易创造了便利条件。很多投资者自以为可以预测短期市场走势，频繁买卖交易型ETF基金，反而不如长期持有开放式ETF基金的投资者获利丰厚。

由中国基金业协会设计的一份含67个问题的调查问卷，再组织82家基金公司、13家独立销售机构历时数月调查收集，最终在56890份大样本上统计分析而成的《基金投资者情况调查分析报告（2014年度）》显示，自投资以来，有盈利的基民占比高达62%，此外有20%的

基民盈亏不大，也就是说亏损人群仅占18%左右。

可见，与一般所认为的"七亏二平一盈"的股市定律相比，从长期来看，基金投资的收益在总体上是显著高于股票投资的。主要原因在于，基金持有时间较股票持有时间更长，交易的频率较股票交易的频率更少，而经济持续不断增长向好，于是基民比股民更能获取经济增长的红利，投资回报更有保障。

在美国，股民数量远远小于基民。

据统计，美国养老金总量占该国GDP超过120%，在这些养老金资产中，约有40%以上的比例投资股市，美国资本市场中养老基金的实际占比高达60%。美国共同基金的个人持有比例接近90%，约有50%的美国家庭持有共同基金，基金持有人接近1亿人，约占美国总人口数的1/3，70%的基金投资者至少有10年的投资经历。绝大多数人购买基金主要是为了退休后的支出。

然而，美国只有约1000万户家庭自己进行股票证券交易。股票市场发展的历史，既是不断开发股民的历史，也是不断消灭股民的历史。如今，欧美股市最终都变成以机构投资者为绝对主流，一般小散户股民则大都选择了投资基金。

据说科学家曾对蚁群获取食物后，如何在最快时间里找出最佳路线，并将食物迅速搬回蚁穴很感兴趣。观察后发现，蚁群采取的是"人海"战术，第一个将食物搬到蚁穴的蚂蚁会将信息传达给其他蚂蚁，于是，蚁群就会循着这只蚂蚁的路线来搬运食物。可见，这只蚂蚁并非是最有远见、最聪明的蚂蚁，它只不过是在本能驱使下一路狂奔，碰巧第一个到达而已，一不留神就成了"英雄"。就这样，无数只蚂蚁的"试错"试出了最佳的搬运路线。

创业创新、科学实验乃至人类社会的每一个进步，无不是从错误中吸取教训，不断试错而试出成功的。相比其他类股票，投资创业板，收益可能很高，但风险即试错成本同样很高，投资者必须清醒认识这一点。

在PE投资市场，即风险投资和股权投资界里，一些大的PE基金，每年要看几百个、上千个投资项目。筛选后会投资几十个、上百个项目。之所以投资范围这么广，数量这么多，原因就在于创新创业企业风险比较高，而且越是初创阶段，风险就越高。创投资金不得不以类似于遵循大数法则的办法来回避风险，获取合理回报。

比如，国内创投界的领先企业深圳市创新投资集团公司，其投资规模达百亿以上，投资了500多家企业，其中约1/5的企业实现了上市。同样，知名投资机构达晨创投成立15年来，累计投了近300家企业，其中也只有40多家企业实现了上市。还有，曾在早期投资过百度、腾讯、携程等的IDG公司投资了400多家公司，成功的有80多家。这几家是行业中的佼佼者，虽然上市成功率在同行中名列前茅，但毕竟还有大多数投资项目不能上市。这其中的一部分需要考虑通过挂牌新三板、股权转让、回购合并等方式实现退出；还有一部分项目是失败的，或许不但永远收不回原始投资，连本金都将全部打水漂儿。

其实，创投基金这种做法，本质上投资的是整个创新创业产业。换言之，如果把整个创新创业产业看作一个大盘的话，创投基金投资的就是这个大盘的ETF基金。只不过这个基金是虚拟的，没有上市，也不能交易，创投基金谋求的是获取这个大盘的平均回报。

这是因为，就单个投资项目而言，初期的风险高，但入股价格低，未来潜在收益大；反之，后期的风险小，但入股价格高，投资回报相对低。然而，对整个创新创业产业而言，其整体回报是两者之间的中位数水平。分散投资的结果必然是接近于中位数水平，虽然难以

获取暴利，但却可以享受整体行业回报水平。

这种手法和公募基金经理的操作有些相像：基金经理一般投资于几十乃至于上百只股票，由此，其基金回报接近于大盘水平。当然，各基金之间收益率会有不同程度的差异，但从统计学上来看，由于采取分散投资，大多数基金在大多数时间总是和大盘基本一致的。

需要特别指出的是，在目前阶段的中国，经济尚处于快速发展阶段，改善改造传统产业的商机比比皆是，在互联网大潮的冲击和大众创业、万众创新的感召下，中国创新创业产业整体回报远大于传统行业投资回报是一件基本确定的大概率事件。

于是我们会看到，近些年创投基金如雨后春笋般出现，不但拓展了存量闲置资金投资渠道，还降低了中国金融体系居高不下的间接融资比例，进而改善了整体融资结构。重要的是，这些基金的的确确获取了不菲的投资回报，在盈利驱使下，风险基金和PE基金队伍不断壮大，不断为创新创业企业输送血液、提供资金支持，从而孕育出了更多、更优秀的创新创业企业。这就形成了一个非常好的"投资—回报—再投资"的良性循环机制，不但促进了经济的增长，还大大优化了经济的结构，这也是包括政府在内的各方都希望看到的景象。

可见，创业投资在整个国民经济体系中的重要性，以及创业板在中国资本市场的重要性是不言而喻的。中国的"互联网＋"行动计划，如果没有资本的助力和资本市场的配合，要想取得理想的预期也是有一定难度的。

普通投资者对于创新创业企业的把握和判断，在专业性上显然相距专业投资机构甚远。虽然普通投资者购买的是已经上市的创新创业公司股票，投资风险较未上市公司小很多，但目前创业板体量还不大，众多资金追逐这个小众市场，反而很容易把这个市场的估值推升到一个有较多泡沫的高度。

当然，资本市场有时需要一定的泡沫，一个没有泡沫的市场，反而很可能是一个死气沉沉的市场，丧失了本应该有的基本功能。放眼世界上各大资本市场，哪一个在牛市时没有过些许泡沫呢？所以问题的关键，不是要不要泡沫，而是如何释放和引导泡沫，以及如何充分利用泡沫来为新经济和新兴产业铺路搭桥。

目前，中国资本市场还没有过渡到注册制，估计不久后，注册制就会施行，届时亏损公司也可以登录创业板甚至主板。到那时，选股的难度和风险会变大。

既然连创投基金这样的专业机构买的都是整个创新创业产业的大盘，那么，在专业上处于劣势的普通投资者，比较稳妥的投资方式，就是购买创业板ETF指数基金。而且，与创投基金相比，这只基金有充分的流动性，每天都可以交易。不像创投基金，所投项目上市退出短则三五年，长则也要10年；如果投错了一个项目，连折价贱卖的机会都没有。

可能会有人说，投资创业板ETF指数基金也有风险啊，纳斯达克指数不是一个活生生的样本吗。

翻看历史，纳斯达克指数从1991年4月的500点起步，在10年的时间里，截至2000年3月，创下了5048点的阶段高点，期间上涨了约10倍。但此后一路下跌，至2002年10月，耗时2年零7个月，纳斯达克综指从5048点大跌至1273点，跌幅约75%，同期标普500指数也跌了约一半。

不过，到2015年4月24日，纳斯达克指数又创下了5056点的新高。截至2015年7月底，纳斯达克指数上涨到5100多点。

虽然时间漫长，但是纳指毕竟又创新高了。投资者如果一直持有

纳斯达克ETF指数基金的话，哪怕在2000年3月最高点5048点买进，也不会亏本。反之，如果在2002年10月最低点1273点买进，到现在涨幅也有约5倍了。

况且，在当时高点5048投资的人毕竟是少数，大多数人还是在10年上涨期间进来投资的。如果用一个不严谨的办法大体匡算，取中位数作为参照基准，来衡量投资回报，即假设投资者平均持仓成本是2500点的话，截至目前为止，投资回报也有一倍了，年投资算术平均回报约7%。

然而，如果投资者当初买的不是大盘，而是个股的话，估计损失可能很严重。因为在纳指下跌的15年中，在约5000只成分股中，有一半的股票，已经退市或破产了，投资者如果买了这样的股票，很可能是颗粒无收。

回到我国的创业板。创业板指数基日为2010年5月31日，基点为1000点。2012年12月，创业板创出585点的历史最低点，此后开始一路上扬，并于2015年6月5日创出4038点的阶段新高，短短2年半的时间，上涨近6倍。

这两年多，在中国历史上是创新创业最为红火的黄金时代。资本市场中的创业板以不可思议的暴涨，来积极拥抱这个时代。但不可否认的是，其短期内催生的泡沫相当大。比如2015年股灾前，创业板整体市盈率达约150倍，整体市销率达约15倍，但创业板上市公司的成长性却难以与如此高的估值相匹配。

2015年的股灾受冲击最大的就是创业板：短短一个月的时间，创业板从阶段高点4038点下跌至7月8日的阶段低点2304点，期间最大跌幅约43%。经历了为期约半个月的反弹后，创业板又掉头向下，进一步扩大跌幅，至9月初跌到1779点，已经低于2000点。

经过这次的大调整，创业板的泡沫被挤去了很多，很多股票的投资价值也凸显出来。如果能开始在这个期间有秩序、有步骤地投资创业板ETF指数基金，从中长期来看，或是一个不错的做法。

况且，今后随着注册制的实行，会有更多的优秀创新创业公司到创业板上市，补充新鲜血液。长江后浪推前浪，后续创新企业的迭代更新，也会引领创业板不断前进。只要不断有创新企业登陆创业板，哪怕淘汰率再高，创业板也不会倒下。

根据公布的2015年上半年年报，上半年创业板上市公司实现营业收入2095亿元，同比增长29.40%。368家公司营收实现同比增长，占比3/4。报告期创业板公司合计实现净利润228.08亿元，同比增20.53%，约2/3的公司净利润增长。

其中第二季度创业板净利润同比增长37%，大幅高于2015年第一季度仅约8%的增速，表现出明显反弹，接近2014年第四季度的历史增速高点。如果剔除因并购重组产生的外延增长效应的影响，创业板二季度单季净利润增速仍然有30%以上。

据测算，沪深股市主板和中小板2015年二季度单季的盈利同比增速分别约为-2.4%和22.8%。相较之下，创业板体现出了良好的成长性。

2015年上市公司整体三季报又进一步佐证：统计显示，前三季度A股上市公司营业总收入21.11万亿元，较去年同期的21.65万亿微降2.5%，净利润1.99万亿元，比上年同期的1.96万亿增长了1.53%。

但中小板三季度总营收为1.63万亿元，比上年同期的1.49万亿增长了9.40%；净利润1153.37亿元，比上年同期的935.94亿增长了23.23%。而创业板三季度总营收为3343.08亿元，比上年同期的2577.18亿增长了29.72%；净利润357.39亿元，比上年同期的291.35亿增长了22.67%。

综合看，创业板成长性大于中小板，中小板大于主板，这一趋势

有望继续延续。

不过，从某种程度上来讲，中国目前的创业板还不是真正意义上的创业板。如果像京东商城那样的尚处于亏损期，但成长性良好的公司群体也可以在创业板上市了，这才是真正的创业板。这样的创业板才可以最大程度上满足创新创业企业的融资需要，为创新创业提供激励机制和优胜劣汰机制，从而激发整体社会创新热情，优化社会资源配置，提升创新效率和创新水平。

说到底，创业板是一部分专业投资者拿出一部分闲置资金参与的市场。如果普通投资者耐不住寂寞和诱惑的话，最好适当配置"互联网+ETF指数基金"，即创业板ETF基金或类乎ETF基金。

我们可以看到，2015年以来，创业板指数先是从年初开盘的1470点一路飙升，至6月5日的上升至阶段高点4038点，期间涨幅约为175%；其后一路暴跌至9月2日最低点1779点，跌幅约为56%；但之后两个多月，指数又升至11月中下旬的约2800点，涨幅约为60%。如此过山车行情，不但让持有创业板的投资者悲喜交加，也让他们失去了方向，不知下一步如何操作。如果难以把握个股的话，建议还是关注大盘吧。在2015年的过山车行情中，如果一直持有的话，创业板大盘（ETF）自年初到11月底不是涨了约90%吗？

中国人做事情不会比别人差，中国创业家不会输给别人，如果创业板能真正成为中国创新创业的载体，那么乐观的期望是值得付出的。

下面给出易方达创业板ETF的K线图做参考。

易方达创业板ETF月K线：

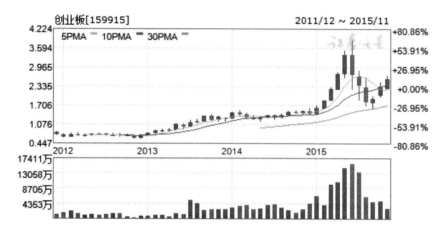

第二章

"互联网＋教育"股票投资：亟待整合的万亿蓝海市场

　　我国教育培训市场10年实现了约10倍的增长，如今已达万亿，但教育培训机构却没有实现集中化，现存数量达10万多家。教育消费已成为中国家庭消费的重头，但却没有像其他万亿量级产业如医疗医药行业、房地产行业那样形成巨无霸企业。20世纪90年代，中国家电企业，大大小小的有几千家，如今市场上大家能记得的品牌也就那么几家了。这说明，任何产业都会有一个由自然竞争过渡到自然垄断甚至是寡头垄断的过程。以"互联网＋"为手段，教育产业里的优胜劣汰、合纵连横和资源整合的过程在未来几年会加速，品牌和资本可能会是决定因素，这对中国教育培训类企业既是挑战也是机遇。

第一节　市场状况：目前互联网教育市场规模仅约千亿

教育市场容量

我国教育培训机构数量众多，2015年已达上万家。教育培训业是少数几个市场容量达万亿以上的生活服务消费行业。

在针对少年儿童的未成年人教育培训市场，中国家庭在子女教育上的年度花销，少则几千元，多则几万元。

在成人教育培训市场，包括各种语言培训、职业培训、技能培训、认证培训、高端管理培训等，个人年度花销从几百元、几千元，到几万元、几十万元不等。

教育消费与衣食住行消费一样，已经成为居民日常消费品。数据显示，居民用于文化教育的支出已大大超越消费总支出的增长幅度，而且比衣食住行用的消费增长更快。如最近几年，上海地区的教育消费支出额每年均递增40%以上。

教育消费已成为中国家庭消费的重头。调查显示，教育消费约占中国社会中间阶层家庭收入的1/7，并且该比例预期还将持续增长。

未来几年，我国教育培训市场整体规模将达万亿元量级，并将高速发展，而在10年前，这一市场的容量只有约1000亿元。现在教育培训市场已达10000亿元规模，在10多年的时间里实现了10倍的增长。

互联网教育市场容量

落脚到互联网教育产业。资料显示，2014年互联网教育市场规模达约1000亿，预计2015年将达1200亿以上。虽然在整个教育培训产业里占比只有约10%，但在未来有望保持约30%的年均增速，高于教育行业的平均增速。

从细分市场来看，在2014年约1000亿在线教育的盘子里，约有500亿为高等网络教育，约260亿元为职业在线培训，约70多亿为在线语言培训，约60多亿为K12（K12是kindergarten through twelfth grade的简写，是指从5～6岁的幼儿园到17～18岁的12年级的阶段，用作对基础教育阶段的通称）在线教育，约30亿为在线教育平台及工具软件。

预计未来几年，高等在线教育、在线职业教育和在线K12教育将是在线教育三大主力。其中，高等在线教育规模将达50%以上，占比最高，在线职业教育和在线K12教育次之。

近年来，尤其是过去的两年，大量资本不断涌入在线教育领域，其中K12教育最受追捧。数据显示，我国K12人群的总数约达2.83亿，对应教育市场整体规模达2500亿以上，其中在线教育的人群达1500多万人，约占总体人群的5%。

目标市场群体容量

仅学历教育学生群体，2015年我国的学前教育、九年义务教育、高中阶段教育、高等教育人数分别约为3400万、1.61亿、4500万、3350万；另外，网络本专科生学生数约770万，成人本专科学生数约830万。2015年成人继续教育人次高达2.9亿，2013年在线教育用户人数达6720万。在K12教育领域，2014年整体人群数达约2.8亿，对应市场规模达到2500多亿，其中在线教育的人群达约1600万人。

目前我国在线教育企业已达到2500家以上，其中从事中小学在线教育的企业约在700～800家，而且绝大多数是近两三年成立的新企业。

第二节 行业状况和政策支持：教育法修改允许兴办营利性教育机构

民办教育行业背景

2002年开始我国相继出台了鼓励民办教育的政策。

2004年4月《民办教育促进法实施条例》的出台，促使教育培训行业进入了发展快车道。该条例规定，民办学校出资人可以"取得合理回报"，取得合理回报的民办学校依法遵守国家相关部门制定的税收政策，但该条例对合理回报的定义没有明确。

2006年9月新东方教育登陆纽交所，外资股东老虎基金首日回报率0.85倍，其后股价稳步上涨，目前总市值约35亿美元。2007年9月，诺亚舟登陆纽交所，外资股东雷曼兄弟首日回报率3.7倍。另一外资股东霸陵亚洲首日回报率2.6倍。

新东方上市后的高回报，极大刺激了资本对教育行业的投资热情，酝酿了几年的我国教育市场终于开始进入了快速发展的时期。2006年和2007年成为中国教育行业投资高峰期，共约30亿资金投资了20多家较大的教育类公司。

目前，在美国资本市场已经上市的教育类公司主要有：新东方、好未来、学大教育、正保远程教育、弘成教育、ATA、诺亚舟、达内科技等。

但是，由于政策阻碍，教育培训企业多年来无缘A股。主要原因有以下几点：

第一，公益性和营利性的矛盾。《教育法》规定，任何组织和个人不得以营利为目的举办学校及其他教育机构。《民办教育促进法实施细则》中则写道，民办学校出资人可以从办学结余中取得合理回报，但何为"合理"的标准没有明确。

第二，主体身份的尴尬。现有法规规定，民办教育培训机构须在民政部门登记，属于非企业法人，使其无法成为上市主体。

第三，多头管理，监管模糊。在我国各地方，民办教育培训机构处于教育部门、工商部门的双重管理之下，有些细分领域还涉及到商委、民政等部门，关系错综复杂，监管模糊。

在线教育分类

在线教育按照教育对象可分为学前教育、基础教育、高等教育、职业培训四大类别。

1. 学前教育

学前教育对象由于学习对象尚不具备自我管理能力，因此互联网学习产品以学习工具为主，还有一些针对家长的知识普及和资讯服务产品。

2. 基础教育

基础教育，即K12领域，学习对象是中小学生，自控力和自觉性不强，因此互联网产品主要以网校远程课堂为主，提供课外辅导和教育资讯，典型的如好未来。

数据显示，课外辅导领域市场规模2015年可达2500亿元，但在线产品比例很小，几亿到几十亿不等，有一定市场潜力。

3. 高等教育

高等教育领域以大学网络公开课为主，典型的如网易公开课，以及考研服务产品。

4.职业培训

职业培训领域主要包括考证认证服务、技能学习和素质拓展。考证认证服务如会计证、律师证、建筑类证书以及公务员考试等；技能学习典型的如IT培训；素质拓展包括声乐、健身等课程的学习。

政策解读

2010年7月，我国正式发布《国家中长期教育改革和发展规划纲要（2010—2020年）》，积极推进国家开发大学的建设，进一步明确提出了"教育信息网络化"的概念，并通过了制定《国家开放大学章程》。与此同时，教育部也在积极推进MOOC课程内容建设。

《关于促进信息消费扩大内需的若干意见》和《国务院关于印发"宽带中国"战略及实施方案的通知》的出台，也为互联网教育市场的基础建设提供了政策支持。

更为重要的是，自2013年以来，对教育培训类资产上市的限制政策被逐步打破，A股将迎接一轮教育类资产上市的风潮。

在国家层面，一系列针对教育行业法律法规的修改为教育类公司资产证券化扫清道路。2013年9月5日，国务院法制办公布《教育法律一揽子修订草案（征求意见稿）》，向公众征求意见，拟对《教育法》《高等教育法》《教师法》和《民办教育促进法》进行统一的修改，以配合《国家中长期教育改革和发展规划纲要（2010—2020年）》的推进。

当前的教育法律体系对各类民办教育机构的性质未加区分，一方面规定办学不得以营利为目的，另一方面又允许出资人获得"合理"回报。导致一些机构在享受政府支持政策的同时，打着"非营利"的

旗号获得高额利润；另一些机构却又碍于非营利组织不得分红的要求，无法让投资人取得回报，从而抑制了社会资本进入。

这次《教育法》的修订取消了教育机构"不得以营利为目的"的表述，区分出财政性经费、捐赠资金举办或参与举办的教育机构，明确该类机构不得设立为营利性组织。

与此对应，《民办教育促进法》允许民办学校自主选择，登记为非营利性或者营利性法人，删除了对"合理回报"的模糊规定。同时，《高等教育法》也删去了设立高等学校"不得以营利为目的"内容。

由此可见，"对民办学校实行分类管理，允许兴办营利性民办学校"，这是一项重大法律突破。

2010年12月国务院曾印发了《关于开展国家教育体制改革试点的通知》，规定了在上海市、浙江省、广东省深圳市等地积极探索营利性和非营利性民办学校分类管理的办法。此后，全国各地也先后进行了相关改革，例如江苏省就在2015年初发布了相关规定。

此外，2015年11月，党的十八届五中全会决定：坚持计划生育的基本国策，完善人口发展战略，全面实施一对夫妇可生育两个孩子政策，积极开展应对人口老龄化行动。这是继2013年十八届三中全会决定启动实施"单独二孩"政策之后的又一次人口政策调整。该政策对教育行业将是长期利好。

第三节 互联网教育的优势和瓶颈障碍：学习效果的确定性是关键

互联网教育的优势

与传统教育培训相比，互联网教育的优势在于：

1. 成本优势

互联网教育可以有效缓解传统线下教育培训机构房租支出和人工成本过快上升的压力，解决教育培训行业面临的高成本、低利润、难复制等现存问题。

2. 方式便捷

互联网教育突破时空限制、师资限制，知识获取方式更为便捷。

比如线上教学和线下课堂结合的形式（O2O），可以优化受众的时间匹配、精力匹配和成本匹配，让受众成本尽量最小化，学习效果尽量最大化。

互联网教育可以改变教育资源的优化配置，以及消费者的资源配置和时间配置等，从而形成最优化，对传统教育行业进行改善或者局部范围的颠覆。

3. 长尾效应

长尾效应（Long Tail Effect），指在需求正态曲线两边相对平缓的"尾部"，分布着个性化的、零散的、差异化的、少量的需求，但在数量上将其累加起来就会形成一个比流行市场还要大的市场。

随着电信基础设施流量通道的大额投资，网速提升幅度大幅突

破，移动互联网高速发展，移动设备便携性和碎片化学习的优势大大加强。

在线教育主要以图片、音频、视频等形式进行，对基础网络条件要求很高。4G时代的全面来临和智能终端的日趋普及将极大地拓展其应用场景，"去PC化"进程将大大延伸长尾效应。

4. 产品丰富多样

互联网教育业务涵盖学前教育、K12教育、高等教育、职业教育、兴趣教育等细分领域。往往登陆一个互联网教育平台，就可以获取产品多样、内容丰富，能满足消费者个性化、差异化要求的不同产品。

5. 价格相对低廉

由于省去了实体课堂等重资产支出，在规模效应下，互联网教育产品有相当大的价格竞争力，这在成人职业教育领域体现得更明显。

瓶颈障碍

1. 学习效果的模糊性和不确定性，影响学生家长的认可度和接受度

现阶段适龄学生家长多为70后、80后群体，应试教育理念根深蒂固，学习效果为唯一评判标准。在线教育学习效果检验上的模糊性成为其发展面临的障碍。

尤其是K12领域，买单者是学生的家长，可以说是买单者不消费，消费者不买单，即学的人不付费，付费的人不学，商业模式面向的是家长，用户体验却是面向学生。

教育是一个非常重视效果的服务体系，甚至在一定程度上是非常功利化的。如果没有好的在线产品，消费产品不能带来学习效率和成绩的提高，哪怕互联网教育是如何便捷，家长也不会仅仅为了省事回

避路途堵车而转向这个领域。

家长看到自己的孩子在辅导班上课，或者把老师请到家里上课，和看到孩子在家里上网学习，甚至拿着手机解题相比，应该说前者对于家长来说心里更踏实一些，接受度和认知度也相对高一些。

2. 在K12领域，需求价格弹性小，家长对价格不很敏感

由于K12阶段孩子成长的不可逆性，不可能失败了再来一次，试错成本极高，所以家长对于教育价格并不敏感。

这个领域的教育产品和奢侈品、婴幼儿奶粉等一类特殊产品的价格属性是基本一致的，即消费群体比较固定，买单者对价格的涨跌并不敏感，在经济学上就是需求价格弹性比较小。

只要产品好，收效显著，产品涨涨价说不定还会刺激更多的需求。因此，用低价倾销的办法拉拢学生家长可能不是很奏效。

3. 课外时间有限，影响在线教育产品广度和深度的扩展

在K12领域，学生的课外时间非常有限，在线教育必须要跟辅导课堂、家庭作业抢夺学生的有限时间。

4. 适合在线教育的内容严重缺乏

长期以来，国内知识产权重视保护不足，教育产品内容基本上是基于考试教材研究和国外引进，缺乏规模化的独立开发内容的能力，内容开发能力薄弱。虽然硬件工具发展迅速，但软内容却难以跟上。

在线教育的学习方式、路径、习惯等均和传统教育不同，线下内容搬至线上的网校模式已经被证明不能满足用户需求，内容开发已经成了制约在线教育发展的瓶颈。

5. 盈利模式尚未明确，用户付费转化率有待提高

互联网在中国长期以来是免费模式，用户习惯了免费模式。可能注册用户很多，但是在低转化率下付费学员比例不高，增值收费较难

开拓，用户黏性不高，用户使用的持续性将是很大考验。

6. 产品良莠不齐

目前大部分在线教育企业的产品只是线下课程的简单复制，不过是将线下照搬到了线上，仅仅起到网络搬运工的作用，除了价格之外，没有真正的核心竞争优势。

第四节 资本布局和BAT的做法：互联网巨头的布局卡位战

资本青睐有加

统计显示，2013年，我国互联网教育企业投资事件51起，其中风险投资事件44起，并购事件7起。

2014年我国互联网教育风险投资与并购持续发力，投资力度远超2013年。全年风险投资事件86起，投资额4.8亿美元；并购事件29起，并购金额5.9亿美元，其中，国内上市公司发起的并购达到13起，交易额达到2.8亿美元。

资本行业热捧在线教育行业，以BAT（阿里巴巴、腾讯、百度）为代表的巨头公司纷纷多方布局抢滩互联网教育市场，行业热度迅速提升。

BAT在平台优势方面得天独厚，海量用户流量在抢夺潜在用户方面也具有不可比拟的优势，可很好解决教育机构的生源问题。

阿里巴巴的做法

阿里巴巴延续其电商时代的平台模式，免费招揽第三方教育机构开店卖课程。

淘宝教育（原淘宝同学）平台上聚集着尚德培训、沪江网等5万多家教育机构，课程数量达百万级。淘宝教育计划用一年时间帮助1万家线下机构完成线上转型，这些中小线下教育机构将是未来最大的增长点。

阿里巴巴还投资了TutorGroup集团旗下的互联网英语学习平台VIPABC。

在免费教育领域，阿里巴巴与北大合作，上线了独立网站"华文慕课"，用MOOC（Massive Open Online Courses，大型开放式网络课程）教学方式帮助大学生群体在线学习名校课程。

腾讯的做法

通过搭建腾讯课堂平台，与新东方合作布局在线教育。"腾讯课堂"作为开放的教育平台，吸引了百家培训机构入驻。成立一年多来，腾讯课堂用户已经过亿，累计达千万级的用户在平台上参与学习，其中直播课程和录播课程各占了50％的比例。目前，付费课程已经占到腾讯课堂约30％的比例。

腾讯还通过"腾讯精品课"整合内部的微讲堂、腾讯大学等优势课程。

另外，还推出了硬件教育产品早教机器人小小Q；通过旗下共赢基金投资互联网教育中的题库型产品易题库。

2015年6月，投资家教O2O疯狂老师2000万美元。

百度的做法

推出了百度文库、百度知道、百度百科；

基于百度教育网页，建设服务平台，吸引教育机构入驻，上线了"度学堂"、"作业帮"等众多课程；

投资万学教育、传课网以及智课网；

投资沪江网1亿美元，其估值超过8亿美元；

投资爱奇艺教育。

小米的做法

小米通过旗下的顺为基金，已投资专注出国留学培训的在线教育公司"小站教育"。

小站教育定位为一站式留学服务平台提供商，员工规模超越1000人。截至2015年3月，小站教育的用户数已破百万，付费学员突破5万人。和传统的培训机构相比，小站采用"社区+网校"方式，最大特点是提供一对一的个性化服务。

另外，还参与投资在线教育平台"一起作业网"。

此外，投资了欢聚教育（YY），并通过欢聚教育收购了专注出国英语在线培训的教育平台环球网校。

网易的做法

投资1亿的网易公开课已涵盖1.3万集国内外优质大学课程，已拥有2500万用户，Web端日均访问量100万，移动端装机量超过2000万，其中云课堂用户数有700多万。

2007年上线有道词典，为用户提供英语学习与教育的有道词典实现总安装量突破4亿；另外，有道学堂、有道口语大使等为专注于语言类的垂直产品。

网易还开发出了"中国大学MOOC"项目，2014年上线的中国大学MOOC以免费形式在线传播高等教育。目前已有北大、浙大、中科大、复旦等31所知名高校入驻，4个月时间实现了选课量突破100万。接下来"中国大学MOOC"将与国内所有"985大学"合作，并逐步探索本地化功能和模式。

以上业务的运作模式是："公开课"定位于免费分享，"云课堂"去搭平台来创收。

此外，网易还投资了91外教。

第五节　盈利模式及典型上市公司投资价值分析

互联网教育是一个新兴业态，互联网教育公司是新兴公司。简单讲，投资新兴公司主要有两大看点：一个是看人，一个是看事。

看人指的是要看创业者或者创业团队的综合素质和整体能力，包括个人行业经验、创新精神、学习领悟能力、个人激情和意志力、把握大局的能力以及企业资源整合能力和决策能力。

理论上讲，一切事情都是人来完成的，人是做一切事情的决定因素。但绝大多数投资者不可能真正了解企业家的个人秉性。可能某位企业家起初看起来不那么靠谱儿，听其海吹神侃讲起故事来，让人云里雾里将信将疑，但日后他可能非常成功。比如早期的马云，很多投资人就看走了眼，错过了机会。所以说，看人尽管重要，但不确定性很大，信息掌握也不充分，可以做参考，重要的还是看事。

看事指的是要看企业的商业模式的可行性，简单讲，就是靠什么办法去赚钱，赚钱的办法靠不靠谱儿。

上市公司的信息都是公开的，投资者甚至可以直接和上市公司沟通，获取相应信息。可以说，对于绝大多数上市公司，投资者都可以通过公开渠道获取公开信息，并凭这些信息做出比较准确的价值判断。

所谓靠获取内幕信息赚大钱的做法如同靠葵花宝典练成神功一样，都是美丽传说。试想，如果一条信息已经在朋友圈里传开了，还能称其为内幕信息吗？事实证明，这些内幕信息往往害人不浅，这样的教训实在是太多了。

盈利模式一：靠技术赚"卖铲子"的钱

美国纳斯达克指数1991年4月12日为500点，2000年3月创出5048.62点的最高纪录，10年上涨了10倍。其后，互联网泡沫破裂，纳斯达克上市的企业有500家破产，40%退市，80%的企业跌幅超过80%，市值蒸发了约3万亿美元。15年后的2015年7月20日，纳斯达克指数创出新高，达到5218点。

如果去看看纳斯达克的上半场，即20世纪90年代10年黄金期里，有什么公司赚了大钱，就会发现有一家"卖铲子"的公司——思科公司。

大家都知道一个耳熟能详的故事：美国西部淘金热中，许多淘金者忙了半天最终是一场空，但卖铲子的人却赚了大钱。

10多年前那场纳斯达克的热潮中，思科这家集技术服务和设备制造的公司，靠"卖铲子"成了当时最大的赢家，市值曾达5000多亿美元，接近目前全球第一市值公司苹果6000多亿美元市值。15年后，这家公司并没有倒掉，目前市值约为1500亿美元。

A股互联网教育板块符合这种盈利模式的上市公司有科大讯飞、方直科技、立思辰等，这些公司专注于提供语音视频工具、家校互动、学习信息化建设、高速网络及终端等方面的技术支持。

一、细分市场龙头科大讯飞

众所周知，在互联网应用领域，视频和音频无处不在。这是因为，我们接受互联网信息，要么通过视觉，要么通过听觉。画面有多重要，声音就有多重要。

科大讯飞是国内语音产业的龙头公司。其语音技术实现了人机语音交互，使人与机器之间也可以像人与人一样沟通。科大讯飞在语音合成、语音识别、口语评测、自然语言理解等多项技术上拥有国际领

先的成果。占有中文语音市场70%的份额。

一般讲，语音技术主要包括语音合成和语音识别两项关键技术。让机器说话，用的是语音合成技术；让机器听懂人说话，用的是语音识别技术。此外，语音技术还包括语音编码、音色转换、口语评测、语音消噪和增强等技术，有广阔应用空间。

在业界看来，科大讯飞语音技术比苹果Siri、微信语音更为强大，语音云已有8亿用户，亚洲居第一，仅次于美国纽昂斯通讯公司（Nuance Communications，美国语音技术公司，是苹果Siri的技术提供商）。

（一）教育业务

1. 教育业务方面，科大讯飞主要产品是口语评测、多媒体教学系统以及教育门户，并积极推广教育云平台、课堂教学软件、评价系统等产品在内的区域教育信息化整体解决方案。

2. 科大讯飞语音技术全国领先，在口语测评等考试系统中处于领先地位。科大讯飞研发的"国家普通话水平考试智能测试系统"，目前应用省份已经达到了30多个，累计参与测试的考生达800万人。

3. 科大讯飞已在全国20多个省份和新加坡等海外地区推广教育信息化产品，包括省市级教育云平台、班班通软硬件、数字校园、招考信息化系统等。服务教师超百万，全国中高考数据中心年阅卷数量超过1亿份。

4. 科大讯飞建设的安徽教育信息化示范工程被教育部定为样板工程，上报国务院，并向全国推广。科大讯飞依托云平台的教学、考试、测验、日常练习等动态大数据，为学生提供与课堂教学同步的个性化在线教学服务，打造开放式的教育云平台。在全国教育信息化云平台与软件系统领域内，科大讯飞总体市场份额优势非常明显。

5. 2015年4月，科大讯飞公告拟非公开发行股票募集不超过21.5亿元，用于智慧课堂及在线教学云平台项目、"讯飞超脑"关键技术研究及云平台项目建设。2015年6月，收到证监会核准批复。

智慧课堂及在线教学云平台项目基于科大讯飞国际领先的语音及人工智能技术，研发课堂教学软件、互动教学工具、教学质量测评与分析工具、资源平台等系列产品，以科大讯飞开放式教育云为中心，构建"互联网+"和智能化信息生态环境下的智慧课堂，实现教学大数据的汇聚，使智能化教学应用和各类优质资源可以直达课堂，共享优秀教育资源，为教育部门制定政策提供数据支持。已完成安徽、浙江、云南、江西等10个省级教育平台的建设及教学端产品在全国的市场布局。

（二）2B（面向企业）业务

1. 2B业务方面，科大讯飞语音技术的行业应用主要面向手机、车载及家电行业，相关产品的语音技术应用更具实用性。

2. 科大讯飞在智能家居领域公司和6大电视品牌合作，并和新闻出版广电总局制定语音遥控器标准。科大讯飞与国内绝大多数电视厂商在智能电视语音识别领域展开了合作，电视语音解决方案在TCL、康佳、长虹、创维、海信、海尔等厂商近200个型号中预装，用户数超过1000万。凭借95%以上准确率的语音识别技术，以及全球首发的5～10米远场语音识别技术，科大讯飞占领了智能家居市场90%以上份额。

3. 科大讯飞还与京东商城合作，围绕京东智能 JD+生态圈展开布局，与京东智能生态链相结合，充分利用京东的产品设计、渠道推广优势，可以降低智能语音门槛，让更多产品拥有人性化的交互方式。

（三）2C（面向消费者）业务

2C业务方面，科大讯飞拥有庞大的用户基数，讯飞语音输入法用户数达1.4亿，灵犀语音助手用户数已经超过3000万。

公司语音市场份额超过60％，是国内语音第一入口。随着智能家居、车载语音控制等语音应用的普及，语音云活跃度将显着提升。公司尝试通过互动广告等将语音入口变现，以显现语音云价值。

（四）语音安全业务

近年来军方和公安系统开始愈发重视语音技术在国防安全和警情分析等领域的应用，促使其声纹识别等语音安全类业务高速成长。

2014年语音安全业务收入约1.5亿元，同比增长约110％，毛利率达到约87％，成为科大讯飞继移动互联网、教育之后又一个重要的增长极。

（五）语音应用生态领域

牵手喜马拉雅，开发语音应用生态。2015年4月，科大讯飞与移动网络电台喜马拉雅签署战略协议，联合推出语音开放平台。

喜马拉雅FM 是国内最大音频内容生产和分发平台，手机用户超过1.5亿。

（六）开发统一生物认证系统

科大讯飞依托全球顶尖的声纹识别、人脸识别技术，推出了业界首个统一生物认证系统，具备指纹级的高准确度，使得每个人的"身体密码"具有唯一性，更易用，更安全。

该认证系统准备在金融、保险等领域启动大规模应用推广，并将很快走进用户日常生活中。

（七）智能汽车车载领域

在智能汽车车载领域，科大讯飞是目前唯一进入前装市场的语音系统商，与奔驰、宝马、丰田、上汽、一汽、奇瑞、江淮等厂商合作开发带有语音识别功能的中控系统及前装设备，已计划量产的车型就达20款，卡位汽车服务生态中的语音交互入口。

语音识别会在车联网的拉动下，从手机和平板电脑扩展到车载终端。对汽车用户来说驾驶过程中触摸车载终端毕竟是不安全的，因此语音识别技术显得尤为重要。成熟的语音技术依赖于强大的语料库和运算能力，能够让用户不用手而只用口来对车联网发号施令和索取服务，不用眼睛而用耳朵来接收车联网推送的服务。

（八）创业团队优良

科大讯飞由中国科技大学的一批学生于1999年创建，领头人刘庆峰是该领域权威专家，其个人对上市公司持股比例较大（约8.7%），有利于与大股东中移动形成良好的股权激励合作机制。

（九）平台定位战略明确清晰

在万物互联时代，屏幕的功能将越来越弱化，当设备离用户很远或者移动状况下，是难以靠键盘和触摸来解决的。这时，语音会成为移动互联网向万物互联发展过程中最重要的交互方式。以语音为主，键盘和触摸为辅将是未来科技革命的发展的趋势。

语音在社会生活的每个领域都有应用空间，科大讯飞将自己定位于一家语音技术的平台级厂商，将语音合成、语音识别、翻译、人工智能等技术提供给全行业的创业者和开发伙伴，推动整个行业向前推进。截至2015年中，包括机器人在内的基于科大讯飞语音技术的创业者已经有7万多家，并以非常快的速度增长。

科大讯飞认为，未来，智能可穿戴设备、智能家居、智能机器人会逐步普及，每个人身上将有若干个智能终端，一定将会以语音交互为主，其他交互为辅。

2010年，科大讯飞率先发布了全球首个提供移动互联网智能语音交互能力的"讯飞开放平台"，还推出了"讯飞输入法"、"灵犀"等手机应用。"讯飞开放平台"通过5年的发展，已经开放了语音合

成、语音识别、语义理解、语音唤醒、语音评测、人脸识别、声纹识别等10项核心能力，旨在构建全新移动互联网语音及交互生态。目前，讯飞开放平台已吸引了包括QQ、高德地图、滴滴、携程、大众点评、新浪微博等在内的8万多合作伙伴，覆盖终端用户数超过8亿。

（十）风险提示

1.科大讯飞教育领域的营收，在总收入中的占比较小，但该部分业务营收增速及毛利增速都比较可观。国际语音巨头及BAT也在自行开发语音技术。

2.市盈率（PE）和市销率（PS）略高。

截至2015年10月底，科大讯飞市值约480亿，市盈率（每股股价/每股收益）按照2014年的财务数据，即用2015年10月底的市值除以2014年的净利润，静态市盈率约为120倍。

如果选取2015年第三季度最新财务数据作参考，科大讯飞前三季度盈利从1.98亿上升至2.24亿，同比增长约为13%。公司公告预计2015年全年实现净利润3.79～5.69亿元，同比增长0～50%，主要得益于语音产业持续发展及市场拓展。

如果简单以上述数据粗估其全年动态市盈率，即以2015年10月底的股价除以2015年预计的每股收益，可降低至约100倍。虽然估值优势不明显，但已接近合理估值区间。

不过，市场在现阶段看好其成长性，由此支撑了科大讯飞目前的估值。看看过去3年的盈收增长情况，2012—2014年公司营收分别为7.84、12.54、17.75亿，近2年年均增长率约为50%；2012—2014年净利润分别为1.82、2.79、3.79亿，年均增长率约为45%。至少从过去2年的情况看，科大讯飞保持了很高的增长水平，在同行业中非常少见。

市销率是市值和收入的比值，或者说是每股股价/每股收入。一般而言，数值越小，说明企业营收相对较大，现金流状况相对越好，业务周转也较快，投资价值相对较高。

以下是资本市场各板块整体市销率，计算依据是2014年的营业收入和截至2015年9月底的总市值，因此是静态市销率，有一定的时滞性。

A股整体市销率：沪深上市公司总收入2014年约为29万亿，截至2015年10月底沪深上市公司总市值约为45万亿，因此A股整体市销率约为1.6倍。

中小板市销率：2014年中小板上市公司合计收入约为2万亿，加上2015年上市的约20家，合计拟合总收入约2.1万亿，截至2015年10月底中小板总市值约为8.2万亿，因此中小板整体市销率约为3.9倍。

创业板市销率：2014年创业板公司合计收入为3678亿，加上2015年上市的约50家，合计拟合总收入约5000亿，截至2015年10月底总市值约为4.3万亿，因此创业板整体市销率高达约8倍。

科大讯飞市销率：截至2015年10月底公司市值约480亿，2014年收入17.75亿，因此静态市销率约为27倍。公司前三季度实现营业收入16.74亿元，同比增长约51%；以前三季度营收增长率来拟合全年增长率，动态市销率可降至约18倍。

科大讯飞是中小板企业，单从静态的历史财务指标来看，科大讯飞市销率不但高于中小板，还高于创业板。结合成长性来看，从市销率的角度来说，估值在2015年10月底这个时点略高，但基本处于合理空间。

截至2015年10月底，创业板整体市盈率约为87倍，略低于科大讯飞约120倍的市盈率；但科大讯飞静态市销率约为27倍，远高于约为8倍的创业板整体市销率，原因何在呢？

这可以从利润率情况获得解释：市盈率和市销率存在类似会计学上的勾稽关系，从算法看，市盈率=市值/净利润，市销率=市值/收入，所以市销率/市盈率=净利润/收入=利润率，或者是市销率=市盈率×利润率。

2014年创业板上市公司整体营业收入3678亿元，净利润合计421亿元，整体利润率约为11.5%；而科大讯飞2014年利润率约为21.4%，水平非常高，约为创业板整体利润率的2倍，所以两者在市盈率近似的情况下，科大讯飞的市销率高出创业板许多。

概括讲，作为国内语音产业无可争议的龙头，科大讯飞在教育、车载、广电等领域的长期布局奠定了其基础优势，布局人工智能和语音大数据应用成为公司增长加速器。科大讯飞可以称作"三高"：高成长性、高科技、高估值，按照"好公司、好价格"的投资标准，公司是好公司，只是价格略微有一点高，但是已开始进入价值投资区。稳妥的做法是在一揽子股票组合中，给予适当的初步配置，并视情况做动态的权重调整。

科大讯飞日K线：

二、垂直型公司方直科技

方直科技聚焦于面向中小学同步教育市场，主要产品是面向少年儿童的金太阳教育软件光盘，有自身固定的用户群体，线下光盘的覆盖面接近千万量级。属于教育服务类产品垂直型公司（指采取在某一个行业或细分市场深化运营模式的公司，推出的产品类型基本相同）。

方直科技在同步教育软件领域有多年积累，与出版社等机构合作多年，版权资源丰富；方直科技以内容作为优势起点，探索在线教育商业模式，采取"线下为主，线上补充"的市场策略，网络业务尚处于发展期。

结合基本面看，估值在这个时点很高，截至2015年10月底，静态市盈率约210倍，市销率约60倍，股价泡沫或许还没有完全挤尽。

方直科技日K线：

三、立思辰

立思辰主营业务是数据安全管控业务，是内容安全管理解决方案提供商。在线教育业务是正在着手开展的业务，教育业务处于研发及市场推广的投入期。

立思辰的控股子公司乐易考科技公司致力于构建职业教育领域的在线职业教育平台，通过为全国高等院校和教育主管部门提供就业相关的信息系统、教学内容及精准人岗匹配服务，帮助大学生提高就业能力和质量。2015年已经在湖南省落地。

旗下乐易考学习平台网是为大学生提供在线资料分享的平台，可供网友在线分享文档、视频、互动问答。用户可以在线阅读和下载包括与大学、考研、公务员相关的真题、试题、笔记、课件等最专业的文档视频资料，还可以根据自己需求，有针对性地提出悬赏或问题，让万千网友来解答。

2015年11月2日，立思辰公布重大资产重组方案，进一步加码布局教育和信息安全业务。其中，拟发行股份和现金支付相结合的方式购买康邦科技、江南信安各100%股权，合计交易金额21.64亿元，股份发行价格为20.51元/股。募集配套资金17.96亿元用于支付本次交易现金对价、互联网教育云平台建设与运营项目、安庆K12在线教育整体解决方案建设运营项目以及智能教育机器人研发项目等。

资料显示，康邦科技是一家教育信息化服务平台企业，提供智慧校园顶层设计、面向智慧校园的IT整合服务，包括前期咨询规划、软件研发、硬件配套、系统集成和运维外包的整体教育信息化服务方案，在中国教育信息化行业政府采购项目中中标金额数年居于前列。江南信安是一家信息安全产品及解决方案提供商。财报显示，康邦科技2013年、2014年和2015年上半年的营业收入分别为3.39亿元、4.41亿元和2.75亿元，拥有良好的业绩成长性。

根据业绩承诺，康邦科技2015年净利润不低于0.8亿元，2015年和2016年净利润累积不低于1.84亿元；2015—2017年净利润累积不低于3.19亿元；2018年不低于1.76亿元。江南信安2015—2017年净利润累计不低于7520万元。

结合基本面看，在这个时点估值很高，截至2015年10月底（已停牌四个多月），静态市盈率约167倍，市销率约20倍。但如果并购成功，可大幅提高公司整体业绩，对股价有很大支撑。

立思辰日K线：

盈利模式二：靠并购赚"估值差"的钱

一、全通教育

提到在线教育，就不能回避这只颇受争议的曾经的A股第一高价股，其是A股中唯一被冠以"教育"字样简称的公司。

2015年5月13日，全通教育股价上摸至467.57元/股，成为沪深股市第一高价股，让整个资本市场一片哗然。

全通教育于2014年1月20日在创业板上市，IPO发行价为30.31元，考虑到上市后于2014年5月20日实施过股本10转增5的方案，以467.57元/股计，如投资者足够幸运在申购时中签，上市后持股不动，其16个月内收益率可高达约22倍；即使在其上市后第三个交易日打开涨停板时，以每股48元成交均价买入，收益率也高达约15倍。

全通教育原有主营业务为"综合利用移动通信和互联网技术手段，采用与基础运营商合作发展的模式，为中小学校（幼儿园）及学生家长提供即时、便捷、高效的沟通互动服务"，即主要产品是校讯通产品，公司近年来90%以上的营业收入都是来自以"校讯通"为代表的"家校互动信息服务"，其中中国移动贡献的收入超过八成，该业务对中国移动依赖性很强。

"校讯通"是中国移动面向全国的一个短信增值业务，实现中小学教师与家长的及时沟通，在全国有上千家合作SP，其中全通教育规模排名前列。公司与中国移动采取年签的方式签订业务推广运营合同，在校园市场推广"校讯通"。

家长开通"校讯通"后，需按月缴纳5～10元不等的服务费以及可能产生的衍生费用，其中全通教育提取约30%～50%的收入分成。

该业务主要从总部广东中山起步，目前全通教育收入的主体部分，主要依靠广东一带。如招股书显示，2010—2012年，广东区域收入占全通教育当年主营业务收入比例分别约为72%、65%和63%，2013年原来其收入比重有所提高。

主要依靠"校讯通"，全通教育2014年净利润约为4500万，每股收益（EPS）为0.46元/股，凭此利润水平是不足以支撑其目前300多亿的市值和三四百元股价的。那么，什么因素可以快速提升其每股收益水平呢？

2015年1月28日公司复牌并公告拟以增发股份加现金的方式，合计11.3亿收购两家在线教育公司——继教网和西安习悦100%股权。

其中，继教网对价10.5亿，以5.25亿现金+5.25亿股份对价收购，股权对价以82.87元/股发行634万股支付；西安习悦对价0.8亿，以0.32亿现金+0.48亿股份对价收购，股权对价以82.87元/股发行58万股支付。

此外，公司拟以82.87元/股向4名特定投资者定向发行341万股募集配套资金不超过2.83亿元，用于支付此次交易部分现金对价。按此方案，此次增发股份合计为1033万股（原股本为9720万股）。

由于继教网承诺15～17年扣非净利润分别不低于0.68亿、0.85亿和1.06亿，因此收购继教网对价对应15~17年收购PE分别为15.4倍、12.4倍和9.9倍。

西安习悦承诺15～17年扣非净利润分别不低于580万、760万和1050万，因此收购西安习悦对价对应15～17年收购PE分别为13.8倍、10.5倍和7.6倍。

可见，两家在线教育公司原股东承诺2015年净利润合计不低于7380万，折合整体收购市盈率约为15倍。

收购后因业绩增厚，用收购所提供的盈利增量7380万除以计划中的新股本10753万股（原有9720万股+新增1033万股），该项因素提升公司2015年EPS水平增量可达0.69元/股，加上2014年原有EPS盈利水平0.46元/股，2015年整体EPS水平可达1.10元/股以上。

由此，公司2015年EPS水平可提升2倍多，导致相应估值水平（动态市盈率）水平降了2倍多。于是，2015年1月28日复牌后，公司股价从开盘价约97元/股一路上涨，不但吃掉了估值下降因素所对应的2倍多的涨幅，达到200多元/股，还"任性"地继续改写纪录，一路上冲至2015年5月13日467.57元/股的惊世价水平。

整个过程看似复杂，其实从市盈率角度看，无非是用150倍以上的市盈率价格水平增发新股，再以约15倍的收购市盈率水平获取标的公司，合并其盈利部分，提升增发后的EPS水平，致股票估值大降，为高高在上的股价提供支撑。

在行情火爆的时候，复牌后股价随之补涨，在多种因素的交替作用下，惯性上升达到更高的股价水平。

这就是靠并购赚"估值差"的钱的盈利模式。至少在目前，全通教育是这种模式来实现每股收益的增长。至于今后能否通过并购项目的爆发性增长实现业绩的持续飞跃，尚存在很大的不确定性。投资者要做的是把握好公司基本面，不能对尚未实现的预期业绩承诺过于乐观。

不过话说回来，靠并购快速把握市场良机，实现外延式跨越扩张也是做大做强企业的一种方式，世界500强跨国公司很多都是通过这种方式发展壮大的。关键是标的公司是否真的具有并购价值，以及相应的核心竞争能力。

对靠并购赚"估值差"的盈利模式不能一概而论，投资者要依靠专业能力客观全面地具体个案具体分析，从基本面、成长性、估值等各要素来考量。

结合基本面看，在这个时点估值高。把收购的公司盈利和收入考虑在内，截至2015年10月底，静态市盈率约为185倍，市销率约为38倍。

全通教育日K线：

二、拓维信息

拓维信息在资本市场的并购力度比全通教育还要大。

2015年4月18日，拓维信息公告拟以发行股份并支付现金的方式收购海云天100%股份、长征教育100%股份、龙星信息49%股权以及诚长信息40%股权，完成后，4家公司成为拓维教育全资子公司；交易总对价18.7亿元，并向特定投资者发行股份募集配套资金4.38亿元；同时公司公布总金额不超过1.75亿元的员工持股计划，该计划将直接认购本次配套融资发行的股份。

海云天是国内领先的考试评价和教育测评服务提供商，国内市场占有率约50%，拓维信息计划将其发展成为国内领先的智能阅卷、在线学习和教育测评平台；同时，海云天所拥有的教育评价技术也提供了在线教育平台所必需的工具产品。

海云天2013年、2014年营业收入为1.32亿元、1.43亿元，净利润分别为1006万元、2322万元。

长征教育是多媒体幼儿教育领先企业，拥有幼儿教育线下渠道优势以及幼儿教育内容产品创作能力。拓维信息计划将其发展成为幼儿家园共育平台，在已有的25000多所中小学校和4000多所幼儿园渠道的基础上，将进一步获得长征教育的上万家幼儿园渠道，同时增强对原控股子公司龙星信息和诚长信息"校讯通"渠道的控制力。上市公司在已有K12阶段线上直播课堂、工具型产品和幼儿教育阶段内容型产品的基础上，将进一步增加长征教育的幼儿教育阶段的内容型产品，提升网络平台的质量和用户黏性。长征教育2013年、2014年营业收入为1.03亿元、1.09亿元，净利润分别为2169万元、2449万元。

龙星信息是2003年成立、国内最早的为中国移动和中国联通提供"校讯通"业务技术支持与客户服务的SP公司，是中国家校互动信

息化平台创始企业。龙星信息2013年、2014年营业收入为5747万元、6090万元，净利润分别为706万元、1006万元。

诚长信息是2009年成立的，一直致力于中小学家庭教育咨询和教育培训。2013年、2014年营业收入为1772万元、1804万元，净利润分别为474万元、615万元。

龙星信息和诚长信息原来就是拓维信息的控股子公司，交易完成后，这两家公司将成为拓维信息全资子公司，以加强对原有"校讯通"渠道的控制力。

公司战略目标是发展并形成"内容+渠道+平台"的全产业链闭环生态体系，涵盖基础教育全环节，加上原有菁优科技、高能100、湖南天天向上等，做中国0～18岁在线教育龙头企业。

收购将增强公司盈利能力，提升每股收益水平，降低估值。2015年、2016年新收购四家公司业绩承诺分别为1.18亿元、1.51亿元。按新增公司权益口径计算，2015年新增业绩约1.07亿元；按增发后股本测算，增厚2015年EPS约0.19元/股。

考虑到原教育培训业务的贡献和2015年的增长，公司2015年教育培训业务利润有望达约1.4亿。

拓维信息手游业务增长情况也不错。2014年公司手游收入1.97亿元，同比增长75.89%，作为现金牛业务保持良好增长态势。

拓维信息2014年8亿元收购的游戏公司上海火溶信息承诺2014年、2015年、2016年合并报表中扣除非经常性损益后归属于母公司股东的净利润分别不低于6000万元、7800万元、9750万元。

火溶信息2015年上半年收入情况比较乐观，全年预估盈利比承诺的7800要高出不少，手游业务2015年利润有望可达1.1～1.6亿元。

2015年10月21日公司公告称，公司发行股份及支付现金购买资产并募集配套资金暨关联交易事项获得中国证监会上市公司并购重组审核委员会无条件审核通过。

此次收购完成后，公司以"B2B2C"模式从事在线教育的竞争实力将进一步增强。教育服务和手机游戏两大业务将并存，使公司在中长期战略布局和短期经营业绩之间获得较好的平衡。公司中长期战略目标是成为基础教育阶段在线教育行业龙头，打造基础教育"云和大数据-网络平台-O2O落地"的完整生态系。

以拓维信息2015年2.5~3亿元的预计盈利和截至2015年10月底的股价（拟合总市值148亿）匡算，公司2015年动态市盈率约为65~80倍，静态市销率约为23倍（并购增厚收入按3亿元匡算）。

由此可见，如果所并购的公司可以保持一定的成长性，与其他在线教育概念公司相比，截至2015年10月底，在这个时点，公司估值有一定的优势。

拓维信息日K线：

盈利模式三：靠搭建平台赚"过路费"的钱

这种模式的收入来自平台佣金，即对进驻平台的教育机构收取佣

金，允许教育机构在平台上提供视频课程和学习资料。

这也是BAT等互联网巨头的玩法。以淘宝教育为例，该平台现有中公教育、开课吧、优米、华图网校等70多家机构入驻，充实了平台教学资源，有利于把淘宝教育发展成为具有延伸度的综合性平台。

另一家比较典型的业内平台企业是欢聚时代旗下的YY教育。

欢聚时代（YY）成立于2005年4月，于2012年11月在纳斯达克上市，是目前中国最大的互联网语言平台提供商，是全球最大的团队语音提供商，旗下有YY语音、多玩游戏网、YY游戏运营、YY教育、YY娱乐等平台。目前注册用户达到约7.7亿，月活跃用户达到约1亿。

YY教育力推的免费教育平台——100教育成立于2013年，包括100教育独立客户端、100教育移动APP、100.com官方网站。平台聚集教学机构和著名讲师，主要提供语言类、IT培训类、中小学教育类、考试类、营销投资类和兴趣爱好类课程。通过网站提供讲师、机构和课程的分类展示和介绍，以及往期课程视频、录音、课件和讲义等相关文件共享下载，使学员可打破时空和地域界限，想学就学。但经过两年的运行，因其原有用户多为游戏玩家，流量难以转化，100教育的实际情况和当初的设想有很大的差距，效果并不理想。

截至2015年10月底，欢聚时代（YY）在纳斯达克市值约为31亿美金，市盈率约为20倍。

当然，还有一些没上市的平台型公司，说不定未来也会在海外或中国创业板上市。比如创办于2014年6月的"跟谁学"，成立仅9个月就获得5000美元A轮融资（上市前的第一轮投资，一般情况下，接下来可能还有第二、第三轮融资，称为B轮、C轮），公司整体估值达2.5亿美元。

该公司定位为"PC端网站和移动端APP共同组成的O2O找好老师

学习服务电商平台"，通俗讲，就是为家教老师和学生（家长）牵线搭桥，做一个教育全品类的在线中介，吸引优秀老师入驻，以最便捷的方式，来做在线教育界里的"淘宝"。

跟谁学让上课方式灵活多样，可以实现老师上门、学生上门、视频授课、一对一、一对多等多种形式。

截至2015年4月，平台入驻老师超过10万人，机构近7000家。最新媒体的数据是，跟谁学自2014年6月创办，产品上线一年以来，全球入驻老师35万人，入驻机构4万家，1000个学习品类，100万门课程，50多家运营中心，在400多座城市开通了服务。

创始人认为，未来的学习是一个混合式的学习场景，传统教育培训机构会永远存在，教师和机构的关系不应该是纯粹的雇佣关系，取而代之的是合作关系；传统教育也永远不会消失，但移动互联教育占的比例越来越大。未来教育培训行业的发展趋势是优秀教师或者是独立工作室会越来越多，小而美的专业服务机构会越来越多，服务于社区的细分机构会越来越多，免费的题库类、应用类、工具类产品会越来越多，提供第三方场地的租赁机构会越来越多。

和淘宝商品一样，跟谁学的最大优势就是价格。平台老师开出的价格一般是机构报价的30%～40%。由于没有雇主单位提取大部分收入，在同等条件下，老师的实际收入会相对多些（原来老师的收入结构类似于出租车司机：的哥在一个工作日里2/3的时间用来挣给出租车公司的份子钱，剩下1/3时间的收入才是自己的），这很可能对机构现有的师资队伍稳定性造成一定冲击。

如果说跟谁学是在线教育界里的淘宝模式的话，那么，还有一种模式是滴滴打车模式。如轻轻家教等机构定位于中小学家教O2O智能服务平台，是一种基于地理位置的抢单模式，专注于中小学K12课外

补习市场。学生或家长发布家教需求后，系统会向周围的老师发出推送，老师则来抢单，之后就可以在线一下联系老师商量上课地点、收费形式等事项。

盈利模式四：靠做好内容赚"产品"的钱

一、正保远程教育

这种模式的典型公司是正保远程教育。截至2015年10月底，正保教育（股票代码NYSE: DL）在纳斯达克市值约为5亿美元，市盈率约为21倍。

赚"产品"的钱就是指课程内容生产方研发教学资源、实施教学过程以及控制教学效果的经营活动。从某种意义上来讲，是最纯粹的教育类公司。产品的生产需要在行业内长时间的积淀，因为产品质量、产品研发和品牌口碑等这些产品要素，需要真功夫，在短时间是做不出来的。

正保远程教育成立于2000年，2008年7月30日登陆纳斯达克，成为中国第一家在海外上市的远程教育公司。

公司自主开发出了一整套现代远程教育与培训平台，并提供远程多媒体网络教育平台系列产品。正保远程教育一直致力于提供高质量的在线课程，从"中华会计网校"起步，拥有包括中华会计网校、医学教育网、法律教育网、建设工程教育网等16家品牌网站，开设200多个辅导类别。已累计拥有3000多万注册学员，2014年，缴费学员总数达320万人次，同期增长约20%；收入为9720万美元，同期增长约36%；净利润为2340万美元，同期增长约73%。

二、好未来

另外还有一家教育界知名公司好未来（NYSE: XRS），好未来旗下的学而思网校也是采取这种模式。

学而思网校是好未来教育集团旗下中小学在线教育品牌，也是国内最先应用多媒体互动技术教学的中小学在线学习平台之一，自2008年起开始为孩子们提供学习服务。

学而思网校精心设计了名为"TEPC"的翻转课堂学习模式：学生可以通过丰富有趣的多媒体互动课程和图文并茂的随堂讲义进行自主学习，然后通过科学全面的学业测评了解学习的效果，进而参加实时在线的互动教学强化所学知识。老师可以通过学而思网校APP、网站、微信等工具7×24小时答疑。

目前，学而思网校20多万节在线精品课程，覆盖幼升小至高三的数学、语文、英语、物理、化学、生物等学科；学员遍及全国及世界多个地区，学生数已经突破150万人。

截至2015年10月底，好未来在纳斯达克市值约为30亿美元，市盈率约为30倍。

三、新东方

教育界的龙头企业新东方教育科技集团（NYSE: EDU）目前只有少部分业务涉及在线教育。在其"四个圈"战略中，互联网教育是其中的第二个圈。目前新东方互联网教育收入约为2.7亿，占整个集团的4%。虽然占比小，但增速大大高于公司整体水平。

新东方在线（www.koolearn.com）是新东方教育科技集团（NYSE: EDU）旗下专业的在线教育网站。自2000年上线以来，已经经过了十余年的发展。

新东方在线的网络课程服务横跨留学考试、学历考试、职业教育、英语充电、多种语言、K12教育等6大类，共计3000多门课程，为各类用户提供全面的在线教育服务。截至2015年5月，新东方在线网站个人注册用户已逾1500万，移动学习用户超过2000万。

2015年8月，新东方在线宣布正式推出直播开放平台酷学网（www. koo.cn）。该平台目前已经提供包括出国留学、研究生、大学、K12、外语、职业培训等在内的多种学科的课程。不但支持新东方教师的课程直播，也面向新东方外的优秀教师注册签约。

作为一个开放式直播平台，任何人都可以在酷学网上申请成为教师，前提是要在线提交身份证信息并完成试讲。在身份信息得到验证、试讲通过专家审核后，教师即可自行创建课程，为课程自主定价，并进行直播授课。学生可以根据自身兴趣和学习阶段自由选择课程，并在购买支付后参与直播学习。

与其他直播平台不同的是，酷学网大方地提供了视频回放功能，用户即使错过直播也能及时补课。

今后新东方在线不再提供单独的直播课程，而是会向学员提供基于录播为主、直播为辅的智能化、个性化在线混合式学习模式。酷学网则提供纯直播服务，更加偏向于冲刺串讲类的短期课程以及非应试类课程。这两种在线教育方式将互为补充，为学员提供更全面、灵活的服务选择。

截至2015年10月底，新东方在纳斯达克市值约为43亿美元，市盈率约为20倍。2014年营收约11亿美元。

第三章

"互联网+医疗"股票投资:"健康中国"国家战略引领的超长跑道

随着"健康中国"战略落地以及社会人口的老龄化,社会对健康医疗行业的投入将逐步加大。"十三五"期间围绕大健康、大卫生和大医学的医疗健康产业有望突破十万亿市场规模。未来医疗卫生行业投资机会将此起彼伏。医疗健康产业也将引领新一轮经济发展浪潮,有望成为长期引领高投资回报的超长跑道。

第一节　市场状况：互联网医疗市场有望每年以翻倍速度增长

整体市场容量

据中国科学技术战略研究院预测，5年后，我国生物医药产业产值将达约8万亿元，乐观估计，届时整个大健康产业市场容量将突破10万亿量级，与房地产市场一起，构成国民经济两大支柱产业。

作为一种关乎民众生命健康的特殊商品，对医疗服务的需求会随着国民收入的增长和技术的进步，呈现出加速增长的态势。

数据显示，最近10年，我国居民医疗费用支出不断攀升：2004—2013年，全国人均医疗费用支出从594元增长至2327元，增长到原来的4倍。不但大幅跑赢同期CPI增幅，还超过了GDP的增长速度。

据统计，我国城镇居民用于医疗保健方面的支出占人均消费支出的比重由1990年的2%提高到2013年的6.2%。2013年全国卫生总费用约为3.2万亿，占GDP的比重为5.6%。预计未来几年，我国卫生总费用将以约14%的增速上升，占GDP的比重将突破6%。

互联网医疗市场容量

业界认为，2014年是互联网医疗爆发元年，未来10年有10倍增长空间可期。

据统计，2014年互联网医疗市场规模约为100亿以上，其中移动手机端约为30亿。按照目前的趋势，保守估计，互联网医疗市场有望每年以翻倍的速度增长，其中移动手机端市场爆发速度将更激烈。

第二节 行业背景和政策解读：医疗健康是永不落幕的朝阳产业

永不落幕的朝阳产业

从世界范围来看，一国经济越发达，其医疗健康产业的比重就会越大。

美国医疗卫生开支约占国内生产总值的16%，而在中国这一占比仅不到6%。与此对应，美国股市权重最大的产业是医药保健护理产业，维持在20%~30%之间，而在A股这一比例只有约5%。

随着国内民生投入的扩大和消费升级的推动，医药产业未来跑赢GDP并领先甚至引领国民经济发展是大概率事件。

据统计，2004—2013年，全国医疗卫生机构总诊疗人次由39.91亿增加到73.14亿，将近翻倍；住院人数由6657万人增加到1.91亿，增加近2倍。

但是同期，全国的医疗机构年增长率为1.5%，医务人员的年增长为4.9%，床位数增速则是7.34%。医疗资源的增速远不及百姓的就医需求增长。

因此可以说，医疗健康产业是永不落幕的朝阳产业。

老龄化带来的机会

我国逐步向老龄化社会深度演进也为医疗保健产业提供了巨大发展空间。

　　国际上通常看法是，当一个国家或地区60岁以上老年人口占人口总数的10%，或65岁以上老年人口占人口总数的7%，即意味着这个国家或地区的人口处于老龄化社会。

　　据统计，截至2014年底，中国60岁以上老年人数量已超过2个亿，占总人口的14.9%，明显高于10%的联合国传统老龄社会标准。

　　预计未来20年中国将进入老龄化高峰，到2050年，60岁及以上人口将增至近4.4亿人，占中国人口总数的34%，进入深度老龄化阶段。

　　从病群分布来看，65岁以上老龄人口的冠心病、糖尿病、高血压、哮喘、关节炎等慢性疾病的患病率是15～45岁人口的3～7倍，随着居民家庭收入的不断升高和支付能力的增强，在防病和治病上的支出都会大幅增长。

互联网医疗物理条件基本具备

　　包括在线医疗、慢病监测、远程医疗等在内的互联网医疗的发展离不开基础设施的配套跟进，主要是关于互联网技术和设备的发达程度。目前，积极的因素主要有：

　　1. 我国网民达近7亿，智能设备普及率上升，手机网民规模达6亿以上，移动互联网进入全民时代；4G和Wifi技术快速发展，终端设备连接互联网更加快速。

　　2. 传感器技术日臻成熟和机器深度学习技术的发展，使终端设备更加智能。

　　3. 大数据、云计算、物联网迅速发展，使实时数据信息的获取和分析更加快速。

政策解读

2015年1月，国家卫生卫计委等部委联合发布《关于推进和规范医师多点执业的若干意见》，提出推进医师合理流动，放宽条件、简化注册审批程序，探索实行备案管理或区域注册，优化医师多点执业政策环境，使得作为医改重点内容的医师多点执业进一步放开。

2015年3月，国务院办公厅印发《全国医疗卫生服务体系规划纲要（2015—2020年）》，是首次在国家层面制定的医疗卫生服务体系规划，也是推动深化医改向纵深发展，解决看病难、看病贵问题，打造健康中国的一项重要举措。

2014年5月，国家食品药品监督管理总局发布了《互联网食品药品经营监督管理办法（征求意见稿）》，有望2015年落地。该办法欲推行的新政中即包括处方药可在网上销售，从而打开千亿量级的处方药零售市场。

目前处方药是非处方药销售数量的四倍，网售处方药将使得医药电商的销售量激增。同时，网售处方药的开展将促进互联网医疗服务各环节的打通运营，大幅提升互联网医疗的增值收入，从而形成可行的盈利模式。

2015年4月，中央全面深化改革领导小组通过并经国务院办公厅印发《关于城市公立医院综合改革试点的指导意见》，提出城市公立医院综合改革的基本目标是破除公立医院逐利机制，落实政府的领导责任、保障责任、管理责任、监督责任，建立起维护公益性、调动积极性、保障可持续的运行新机制；构建起布局合理、分工协作的医疗服务体系和分级诊疗就医格局，有效缓解群众看病难、看病贵问题。2015年进一步扩大城市公立医院综合改革试点。到2017年，改革试点全面推开。

2015年7月，国务院办公厅发布《关于积极推进"互联网+"行动的指导意见》。《意见》提出，到2018年在健康医疗领域互联网应用更加丰富，社会服务资源配置不断优化的发展目标。

2015年11月，党的十八届五中全会通过《中共中央关于制定国民经济和社会发展第十三个五年规划的建议》，提出推进"健康中国"建设，深化医药卫生体制改革，理顺药品价格，实行医疗、医保、医药联动，建立覆盖城乡的基本医疗卫生制度和现代医院管理制度。

以上文件和政策体现了政府试图通过医疗体制改革和医疗模式更新来解决医疗服务的诸多弊端的决心。这些开放的医疗政策将对互联网医疗产生长远的影响。

比如，在多点执业方面，目前政策正在加快推进，未来多点执业的服务范围将逐渐扩张，将使优秀的医生能通过互联网方式帮助更多的患者，同时取得合法收入。

原有法律规定，一个医生只能在其注册的医院行医，而美国的医生只要经过培训考核合格就可以自由选择公立医院或私立医院行医以及多点执业，医生不隶属于医院，彼此之间是合作关系。这使得全美各地医生的医疗水平基本持平，大城市与小城镇、大医院与专科诊所医疗水平并没有显著差异，所以不存在在中国三甲医院常出现的拥挤现象。

再如，在民营医院方面，政策将逐渐放宽对民营医院的准入限制，鼓励社会办医以促进办医多元化。同时放开民营医院的服务价格，引导和鼓励社会资本加大医疗供给，缓解"看病难、看病贵"的矛盾。

可以预见的是，一系列政策不仅可以满足多层次、个性化和差异化的医疗需求，还能够加速医疗市场的竞争，形成鲶鱼效应，推动公立医疗的改革。

第三节　互联网医疗的优势和瓶颈障碍：互联网鲶鱼效应推动公立医疗改革

互联网医疗的优势

1. 解决看病就医过程中最直接的痛点——难挂号、排队等待时间长、反复折腾往返医院

中国2014年门急诊人次达到70多亿。挂号是患者进入医院的第一道关口。众所周知，"号贩子"、"排队时间长"等是医院运行中的长期顽疾，而且越是大型的医院，这种现象越严重，患者对此颇有怨言。

互联网预约挂号可以有效根治这一顽疾。

通过互联网预约，患者可以随时随地进行挂号，挂好号后还可以预估当天叫号时间，基本不需等待就可与医生会面，大大节约了就诊时间。

此外，医院可以根据不同科室以及不同季节的预约情况，提前调配医生资源，使供需资源良好配置。

在缴费环节，网络支付（如支付宝等）又可节省窗口排队缴费时间。

查取检验报告环节，患者可直接网上查看报告并就地打印，避免了反复折腾往返医院的麻烦。

与传统就医相比，互联网医疗在流程上大大减少了患者就诊时间，提升了医院服务效率和医疗资源利用效率，提高了患者满意度，患者就医体验更加完善。

比如腾讯旗下的微医集团（原"挂号网"）显示，该网已经与全国23个省份、1275家重点医院的信息系统实现连接，拥有超过4800万的实名注册用户和15万名重点医院的专家。

2014年，该网在全国累计服务患者人次高达1.6亿，通过官网和"微医"平台，仅上海地区，2013年预约挂号成功的有980多万人次，2014年预约挂号成功的人次是2000多万。借助分诊导诊、预约挂号、院外候诊等功能，平均为每位用户节省1.5小时排队时间。

目前微医集团累计服务量超过5亿人次，聚集了20万医生。2016年还将投入3亿美元发展100万基层医生加入微医推进分级诊疗。已成为国家推行互联网分级诊疗的样板之一。

微医集团的目标是：搭建一个连接专家、医助、医生和患者的移动医疗服务平台，实现优质医疗资源下沉、有丰富经验的医疗人才下沉；提升基层医生专业经验，提升老百姓对基层医生的满意度。

2.解决医疗资源分布的不平衡——跨时空配置优质医疗资源

我国有约3000家三级医院，约5000家二级医院以及约60万家基层卫生医疗机构（个人诊所和健康体检机构）。在目前的医疗体系中，最上层的是三甲医院，下一级是二三级的综合医院以及一些专科医院，再下一级是一些基层的医疗机构。

整体看，目前的现状是，医疗基础设施不健全，医疗资源比较匮乏，医疗资源配置不合理。表现为好医院大医院拥挤不堪，患者被批量诊疗，缺少动力提高医疗服务质量；非重点医院就诊人数相对较少，收入有限导致人力物力的缺乏。如此循环进一步拉大了与三甲医院的距离。

传统的就诊模式为"四面墙加一张检查台加一张桌"，在物理条件上限制了优质医疗资源的配置。互联网医疗采取"虚拟化"医疗的方式，无需传统上的物理条件的限制，从而将医疗服务更加普惠化。

另外，传统的就诊模式需要患者亲自前往医院。但患病的人需要的是在家静养，在心理上并不愿意去医院，很多人得了小病就是觉得去医院太麻烦而选择不去医院，觉得扛一扛就过去了，有可能耽搁了病情。

而在线问诊和远程医疗借助互联网可以实现医疗资源的跨时空配置，突破传统医疗现场服务模式，缓解医疗资源不平衡的现状。如远程医疗可以让集中于城市、东部的优质医疗资源辐射到更广阔的中西部地区和农村地区。

远程医疗在国际上已比较成熟。据统计，在美国和加拿大，2014年执业医生诊疗次数约为6亿次，其中约有7500万亿是通过远程医疗的方式实现的。

可见，一方面，患者可以突破地理和时间的限制，只需通过互联网就可以随时、便捷、快速地享受异地优质医疗服务；另一方面，互联网医疗打破了医生定点职业的界限，医生可以及时实施医疗监控，实时获取有关数据，加快治疗速度，节约治疗时间，合理利用碎片化时间，通过合法的创收途径增加收入。

目前，有不少移动APP以及可穿戴设备为用户提供健康统计、健康咨讯及社群服务。

比如专注女性健康管理的大姨吗，可穿戴设备智能手环制造商如小米手环、咕咚手环，以及穿戴式设备使用者的互动交流平台咕咚运动等。

还有一些在线轻问诊平台、在线寻医问药类平台，如好大夫在线、平安健康管家（平安好医生）、春雨掌上医生、易诊等，可以帮助患者解决大量"长尾"性质的基础健康问题。

在康复环节上，远程体征监测对于治疗后需要长期监测的慢性病患者比较有效，如慢病管理类移动APP糖尿病管理软件糖护士、中卫莱康远程心脏监测等都做得不错。

在可穿戴设备和移动APP辅助下，家庭医生和护士可以对慢性病患者进行实时动态监测，并制定更为个人化的治疗方案。随之形成的电子健康档案的普及，基层医疗机构普遍存在的健康档案造假现状可以得到改善。同时大量积累的医疗数据将为诊疗精确化、规范化、标准化打下基础。

总之，跨时空的医疗资源的配置将极大改善医疗服务效率，提高医疗服务质量，提升就医体验。

3. 拓展预防医疗空间——医疗预防理念可借助互联网医疗设施落地

我国中医理论体系中很早就提出了医疗预防的理念，比如《黄帝内经》中提出"圣人不治已病治未病"；《神农本草经》把药品分为下品、中品和上品，"上品延命，中品调性，下品治病"；孙思邈提出"上工治未病，中工治欲病，下工治已病"的理论。

预防医疗不仅可以及时发现并控制病情，减轻患者痛苦，防患于未然，还可以节约医疗支出，减少医疗资源不必要的消耗。在传统医疗领域内，预防医疗更多通过普及教育的方式进行，由于人性中"好了伤疤忘了疼"等惰性因素，实际收效并不大。

互联网医疗下全新的健康管理理念、技术和手段，能够有效促进疾病预防、医病于未病。

比如，可穿戴设备可将生命体征指标数据化。可穿戴设备使患者（用户）可以随时随地进行自我健康管理，并将正常医疗流程无法获取的数据转换为实时数据流，并可借助云计算、六数据等技术，挖掘寻找日常生活行为与疾病的发生联系，使用户及时享受专业医护人员的健康咨询、筛查、预防、监护和干预等服务。

尤其对于慢性病来讲，日常的实时监测非常重要。我国目前约有2.6亿人患有慢性病，脑血管病、恶性肿瘤等慢性病已成为主要死因。慢性病导致的死亡人数占到全国总死亡的86.6%，导致的疾病负担占总疾病负担的近70%。基于"互联网+"之下的新型智能医疗将为慢性病的预防、日常监控和治疗带来新的尝试。

未来的互联网医疗产品不再会是单一的，而是会通过云端相连。

比如，医生可以通过云端实现远程医疗。现在已经有一些产品连接到后台的IT平台，可以通过监测患者的生命体征，通过云监控提前若干小时预警，以避免突发性心脏病。

4. 解决用药难、用药贵的问题——医药电商对传统医药加价流通体制的改造

在传统医疗体制下，处方用药不透明，医生与患者之间的信息严重不对称，医院在用药上有绝对话语权，医生开药与其提成挂钩的机制使得患者到了医院可能成为待宰的"鱼肉"，开贵药多开药的现象时有发生。

"医生多点执业+医药电商"有望打破传统医院以药养医的不合理体制。

医药电商可以通过减少流通环节的方式，节省时间成本和流通成本，让用户更加方便、快捷、便宜地购买并获取药品。

这是因为，药品在属性上属于一种高度标准化和条码指示性的商品，体积小金额大，毛利率高，是非常适合电子商务的标的。

在目前的中国，药品的销售渠道大部分在医院，普通药房的零售额占比仅约两成，处方药占据了药品市场的绝大部分份额。

以中国最大的药品及医疗保健产品分销商国药控股为例，其在全国拥有金象大药房等2000多家药店，但来自零售渠道的销售仅占其总销售额的约3%，其他约96%的收入来源于1.2万多家医院所支撑的渠道体系。

随着网售处方药政策的放开，医药分离是大势所趋，医药电商将迎来爆发性增长。

5.补齐社保短板——互联网医疗对商业保险资金有效引流

数据显示，2014年商业健康险市场约为1400多亿元。根据国家相关政策规划，到2020年，商业健康险市场将达到1万亿元。

现实情况是，我国的医疗保险市场中法定强制医保比例较高，目前社会保险筹资占人均收入比例约40%，其中10%是医保筹资，30%用于养老。这部分筹资比例过高直接导致商业保险比例下降。未来如果医保筹资的比例能降下来，则商业保险有望可以补进，真正由市场来调配医疗资源的配置。

由于能够实现数据跟踪和预防治疗，互联网医疗可以帮助保险公司降低保费支出，优化商业健康保险公司定价模型，从而刺激商业保险进入健康保险领域，填补社保资金的巨大缺口，由此带来整体社会效益的提高。

目前中国平安、中国人寿、泰康保险等保险公司都已开始布局，搭建在线健康平台，进行客户健康管理和市场营销。

综上，互联网医疗有望重构我国医药健康产业链，并对医疗体制改革形成倒逼机制，创新的力量将加速以医院为中心的就诊模式向以患者为中心的新型模式转型，改造的力度将是空前的。

互联网医疗的瓶颈障碍

1. 行业标准尚未建立，确诊率难以有效保障

目前国内现有移动医疗APP数量已达2000多款，而且仍在快速扩张。APP应用呈现多样化，包括计步、健康提醒、血压血糖监测等个人体征监测、个人健康数据管理等。不同应用百花齐放，但却缺乏统一的标准与规范。这些应用所积累的数据在医疗上的科学性与准确性尚无统一的标准和权威的规范，甚至针对同一问题有可能出现不同应用的不同反馈结论，对信任度要求很高的医疗诊断行业来说这个问题异常敏感。

在线问诊平台采用"用户提问+医生回答"的轻问诊模式，提问方式缺乏统一及科学的标准，有时候患者对自身的病情的描述也模糊不清，给医生的正确诊疗带来障碍，可能引发医疗事故或医疗纠纷。

2. 信息分散，尚未建立共享机制

首先，各医院数据自成体系，互相之间尚未实现共享。病种编码、收费代码以及药品和耗材数据库等都是各地区政府或各地医院独立管理，同一患者在不同医院的诊疗记录也是由不同医院保存，信息分散，各自为政。

其次，院内与院外信息彼此独立。现有院外的医疗信息数据大多由不同企业开发的智能硬件进行分别采集，这些数据与医院的个人诊疗数据库尚未实现有效对接，个人健康数据尚未实现规范的整合，信息孤岛现象严重，致使信息的高效利用大打折扣。

3. 多点执业政策要假以时日

互联网医疗与传统医疗服务的核心都在于医疗人才。

我国现实国情是，优质医生资源往往分布在三甲医院，现有政策尚未为医生投身新型医疗服务模式打开窗口，其工作经常处于超负荷

状态，难以有额外的精力进行多点执业。医院，尤其是超大型医院对多点执业政策有抵触情绪，多点执业则意味着名医核心资源的流失，影响医院利益。

美国每千人拥有医生2.32，在我国是每千人拥有医生2.06。我国医院一天门诊量平均在1～2万，国际著名大医院每天的接诊量仅约是我国的1/10。英国90%的首诊由全科医生完成，美国80%的首诊由家庭医生完成，然而首诊在我国基层的比例很低。三级医疗机构总数只占了8%，但是承载门诊量却高达约46%。老百姓看病难的核心问题是医疗资源的应用极度不平衡。

现有远程医疗的政策，将其局限于传统医疗机构之间。2014年卫生卫计委发布的《关于推进医疗机构远程医疗服务的意见》指出，"非医疗机构不得开展远程医疗服务"，并且"医务人员向本医疗机构外的患者直接提供远程医疗服务的，应当经其执业注册的医疗机构同意，并使用医疗机构统一的信息平台"。这一文件明确禁止医生自主进行远程医疗，将医生从事远程医疗的权限收归其所服务的机构。

这是因为，根据《执业医师法》，医师只能在注册医疗机构开展执业活动，医疗责任由医疗机构承担。医师并不具备独立、自由的执业权利。

虽然已经有相当多的优秀医生开始主动地进入新兴的医疗服务市场，但在现有人事制度下，他们作为公立医院职工，通过新型服务模式和业态获取的收入并不被现有体制承认，甚至违背现行法律和行政规定。

因此，医师多点执业政策的落地和开展尚需很多工作要做，并需要形成市场化的收入分配机制，倒逼传统医疗服务进行革新。

4.药品电商尚需医保配合

目前，大部分的药品都是由医保支付，在网上购买OTC药品则无法享受医保。因此，现在互联网上销售额最大的药品都是医保覆盖之外的医疗器械和计生用品等。

医保费用不能线上支付、医保统筹账户不能用于零售终端支付是中国药品电商目前的政策障碍。药品电商要大发展，需要网上接通处方医保，但这将动医院奶酪，还会增加医保监管难度。

另外，电商物流需要时间，而人一旦生病，需要尽快吃到药，在某些情况下不能满足患者对用药时效的要求。

最后，药品的销售需要专业药剂师导购，很多患者不知道自己生了何种病，该买什么药，需要医生对患者提供建议。

5.远程医疗尚处于试水阶段

硬件设备技术落后、商业模式模糊、基层医院人才匮乏等成为远程医疗发展道路上的难题。远程医疗目前能实现的诊断项目大多仍限于一些常规检查，远程手术、远程会诊等高端项目依旧寥寥无几。

第四节　资本布局和BAT的做法：2014，互联网医疗投资元年

股权（PE）投资市场：股票二级市场风向标

以上市为目标的一般投资路径，其流程大致可分为：天使投资——风险投资——股权投资——Pre-IPO投资，或者划分为种子期、天使期、VC期和PE期。其中，股权（PE）投资阶段又可分为A轮、B轮、C轮、D轮等多轮投资，每进行一轮投资，表明向上市的目标又靠近了一步。

从打通包括一级市场、二级市场、三板市场等多级资本市场的角度来看，证券二级市场的热点和投资机会往往在股权市场提前反映出来。

比如，互联网教育领域，2013年、2014年是股权投资开始对其青睐有加，还没等这些股权投资布局的公司上市，二级市场对应的在线教育板块就开始闻风而起了。二级市场投资者如果嗅觉足够敏锐，提前布局，收获几倍乃至10倍的涨幅，都是有可能的。

互联网医疗投资元年

医疗行业关系民生，市场容量巨大，但是由于长期利益固化，政策壁垒高，改革阻力大，成了一块难啃的硬骨头。不过，正因为变革难度大，逐利的股权资本却看到了其中的巨大机会，近两年大举抢滩互联网医疗。

2014年互联网医疗成为股权资本关注焦点，被业界称为互联网医疗投资元年。互联网医疗领域风险投资达到40多亿人民币，比2013年增长了2倍多；互联网医疗投融资事件100余起，规模由几百万人民币到几十亿人民币不等。

比如，2014年初，阿里巴巴与旗下云峰基金联合斥资1.7亿美元在香港资本市场战略投资中信21世纪有限公司（现股票简称阿里健康）；7月，华康全景网获得云峰基金数千万人民币的B轮融资；8月，春雨医生获得中金、淡马锡、蓝池创投5000万美元的C轮融资；10月，腾讯旗下共赢基金分别以7000万美元投资丁香园和1亿美元投资挂号网；11月，咕咚网获得SIG海纳亚洲和软银中国3000万美元的B轮融资。

2014年互联网医疗全年投资案例约百起，主要集中在股权投资的早期阶段。

在医药电商领域，2014年5月，健一网宣布完成A轮融资，金额约3亿元。2015年1月，壹药网宣布完成4.5亿元C轮融资。同月，七乐康宣布融资3亿元。

2014年我国互联网医疗投资金额最大的领域是可穿戴设备，其他在基因检测、医药电商、移动医疗应用等领域投资额也很大。

2015年4月底，华康全景融资2亿元，成为2015年移动医疗领域最大的单笔融资。

截至2015年4月，移动医疗用户规模为0.9亿，对比我国医疗2.2亿人高需求人群规模以及年就医约70亿总人次，移动医疗市场尚有较大增长空间。

目前移动（在线）医疗领域的知名企业有春雨医生、挂号网、好大夫在线、39健康网等在领跑。

比较知名的医药电商企业有健客网、壹药网、健一网、康爱多、七乐康、金象网、海王星辰健康药房网、开心人网等。

目前整个药品的分销市场达1.4万亿元。2013年中国医药电商市场规模达到约42.6亿元，比如好药师2013年收入达到约2亿元，健一网2013年收入达到约3.8亿元。

相较刚刚起步的2011年，中国医药电商市场规模增加了约10倍，但在整个药品分销市场占比微乎其微，提升空间很大。

医药电商企业绝大多数都推出了自己的移动端，比如壹药网的移动端"1号药店"已经长期位列Apple Store医疗类别下载排名中的三甲，移动端交易占比从2014年年初的不到4%上升到2014年年底的近50%。

医药电商融资案例中最新的最高估值，是浙江康恩贝制药股份有限公司2015年7月公告中所称向可得网投资3.2亿元，标的公司约20%的股权，估值达16亿元，刷新了医药电商纪录。

可得网在眼镜及护理业务互联网电子商务领域成绩不菲。可得网主要销售彩瞳、隐形眼镜、近视配镜和太阳镜等，涵盖强生、博士伦、海昌等多数主流品牌。数据显示，可得网连续七年蝉联眼镜B2C冠军，2014年销售额约4.56亿，较2013年销售额2.6亿元增长了近75%，位列医药电商销售额五强。

事实上，在综合性电商的销售数据里，医疗器械和保健品也走在了公司盈利的前列。

BAT的做法

一、阿里巴巴

阿里巴巴主要以并购的手段快速切入互联网医疗领域。

1. 通过投资并控股港股中信21世纪科技（后简称改名"阿里健康"），以掌握全国最大的药品流通监管码，并率先进入电子处方环节，涉足医药电商。

2. "未来医院"计划。支付宝将对医疗机构开放自己的平台能力，包括账户体系、移动平台、云计算及大数据能力等，意在改变中国大部分公立医院拥挤不堪的现状，提高医院的运转效率，优化医疗资源的配置。截至2014年底，全国已有14个省份或直辖市加入了支付宝"未来医院"计划，覆盖了37家医院。

3. 阿里旗下的云峰基金向华康全景投资数千万人民币，华康全景是国内统一挂号平台、在线医疗患者入口。

4. 阿里通过并购与合作，整合新浪爱问医生、华康全景、寻医问药网等平台的医疗资源，用户可在阿里健康APP上获得预约挂号和门诊加号服务。

5. 支付宝也加入拓展医院资源队伍，患者通过支付宝在部分地区完成门诊预约挂号。

6. 与迪安诊断、卫宁软件、鱼跃医疗、华润万家等上市公司建立合作关系。

二、腾讯

1. 推出微信"全流程就诊平台"，患者只需要扫描医院二维码或者添加关注，就可以实现预约、挂号、缴费等就诊环节，提高就医效率。

2. 侧重于直接投资在线医疗入口，投资丁香园和挂号网，增强移动医疗领域的布局，打造医患互动平台。

3. 2015年4月起，上海地区实现通过微信享受挂号预约、院外候诊、专家咨询等服务，上海已经有155家知名医院被纳入微信预约挂号系统。

挂号网旗下的移动医疗服务平台——"微医"将与微信全面对接，提供"医院挂号"服务。通过"微信－城市服务"入口，"微医"有望成为每个市民身边的"移动家庭医生"。

4. 在微信渠道上，患者享有两个挂号渠道，一个是通过医院微信公众号进入医院微官网挂号，一个是腾讯钱包的"城市服务"。而且，微信渠道并不具有排他性，即使与百度、阿里合作的医院也不会拒绝腾讯。

2015年1月，腾讯发布消息，全国有近100家医院上线微信全流程就诊，支持微信挂号的医院已经超过1200家。

总起来讲，腾讯认为，互联网并不会颠覆医疗，腾讯愿做医疗服务行业的"修路者"，即"利用互联网技术铺平医疗服务的道路，让患者、医生、医疗机构等能够充分享受互联网医疗所带来的高效医疗服务效果"。在腾讯看来，互联网医疗是服务而不是简单商品，不能脱离线下和专业人群，医生永远是医疗服务的核心。而数据是服务的核心，腾讯希望做一个大的数据平台来支撑各家创业公司，或者生态环境的数据整合。

三、百度

1. 百度采用"平台大数据"策略，凭借自身大数据优势，深入数据挖掘及人工智能领域，为用户提供专业化的服务。

2. 百度与北京市政府合作"北京健康云"项目，在原Dulife设备+平台的基础上，借助可穿戴设备、云计算和大数据处理技术，为用户提供个性化的服务，如减肥瘦身指导、健康管理咨询、远程心电监测等。

3. 百度与好大夫建立紧密合作，"百度医生"APP上线，提供"智能导诊"和"预约医生"的服务。

总体讲，中国大概有200万左右的医生，可是患者过分依赖公立医院。上海、北京三甲医院人满为患，排队要花很长时间。百度在"互联网+医疗"领域想做的事情，就是把正确的病人送给正确的医生。这样，医疗资源和病人之间就会更加合理匹配，从而更好地提升效率。

四、京东

1. 着重云端布局，推出"京东云助手"，通过与智能硬件相连，随时随地收集监测数据，并与腾讯一起投资缤刻普锐，布局智能硬件领域。

2. 重点专注于医药电商。京东获得互联网药品交易服务A证，利用其电商基因，布局医药电商。

五、小米

小米主要是沿着智能硬件布局，2014年1月投资以小米手环为主的华米科技，9月投资ihealth等。

国外互联网巨头的做法

Google发布已与移动设备兼容的Google Fit，追踪用户的运动活动，包括走路、跑步和骑车等数据；

苹果推出移动健康应用平台Health Kit，用户可以在苹果Health应用中同步行走步数、体重、睡眠时间、血压、血糖等各种生理数据，同时将得到有关自身健康和运动状况的反馈指导信息；

Facebook通过分析患者社交信息，打造医患互动平台；

英特尔涉足可穿戴设备，收集人体大脑中与帕金森症患者相关的数据，并进行整理和分析。

互联网医疗的O2O模式

2015年，互联网医疗企业兴起一股到线下开诊所的潮流。在流量、用户、资本到位后，互联网医疗企业开始尝试O2O模式，走向地面。

2015年4月，平安在宣布进军移动医疗的同时，也公布了"万家诊所计划"，即投入500亿用10年时间开设万家诊所。

2015年5月，网上医疗轻问诊平台春雨健康宣布，将在北京、上海、广州、武汉、杭州5个重点城市开设25家线下诊所，按照其规划，到2015年底，春雨健康会在50个城市布局，诊所的数量将达到300家。春雨健康偏轻资产，即与现有实体诊所合作，通过挂牌的方式开诊所，医生、患者由春雨带去，对方提供物理场所和医疗设备，这样实现春雨健康线下诊所的布局。这样做的优势是，利用了互联网在调配医生和患者的资源，企业本身也无需申请牌照。

丁香园也宣布加入线上+线下结合模式，首家全科诊所敲定在2015年10月在杭州开业。丁香园采用的重资产模式，即坚持自办实体诊所，从拿审批到租场地，从买设备到选医生，全程包办，自营诊所模式保证了医疗服务质量的可控性。

这些移动医疗公司发现，如果只在线上进行相关服务，不仅在商业模式上难以突破，同样，政策瓶颈也绕不开。这是因为，2014年9月，国家卫生卫计委下发《关于推进医疗机构远程医疗服务的意见》，明确提出"非医疗机构不得开展远程医疗服务"。执业医师法要求医师在实施医疗预防保健措施之前，必须亲自诊察和调查。2015年4月，国家卫生卫计委新闻发言人再次明确表示，互联网上不允许开展涉及医学诊断或治疗的服务，只能提供健康咨询。

目前的互联网医疗企业的业务基本上属于医疗外围，比如网上挂号、电子缴费、查报告等周边服务，没有介入诊断和治疗领域，更未触及医疗的核心业务。

线下开诊所将给互联网企业带来业务的提升，线下诊所能够在系统内打造医疗完整闭环，将线上流量导出，不仅能从医事服务方面掘金，提高用户黏度，更重要的是触及了医疗的核心。

第五节　盈利模式及典型上市公司投资价值分析

目前涉及互联网医疗的A股上市公司，主要分布在四个领域：医药电商、移动及远程医疗、医疗信息化、可穿戴设备。

医药电商领域典型上市公司

数据显示，我国医药电商交易规模由2010年的1.5亿元增至2014年的68亿元，4年间增长了几十倍，但规模尚不足我国医药流通市场的1%。

而在美国，药品网络销售额已占到整体药品零售规模的近30%。欧洲和日本这一比例也占到15%以上。

处方药市场在国内药品整体销售额的占比约为70%~80%，2014年国内处方药市场已逾万亿。预计处方药网售新政出台后，电商渠道在初期有望获得10%~30%的市场份额。医药电商的市场空间有望从目前的近2000亿非处方药，向处方药近万亿市场扩展，短期内互联网医药销售市场将陡增约千亿的增量，实现跨越式发展。

放开初期可能以少数品种作为试点，待环境较为成熟后逐渐增加品种，慢病药可能是优先放开的品种。

现有的电商模式分为平台型电商和自营型电商两类，运营方式以B2C和O2O两种模式为主。

B2C模式使用户通过互联网药店或者第三方医药平台，快速查询药品信息、进行比价、咨询药物信息、查看是否支持医保报销。用户随时随地完成下单，一般情况下在1~2天内收到药品，可省却到医院、药店的麻烦。

O2O模式尚处于初步试水阶段。对于那些有时间诉求，希望在较短的时间获取药品的用户，可通过实体零售药店的快速物流配送，力图在一个小时内完成药品的配送，满足用户的即时需求。

由于医药电商缩减了药品中间流通环节，在价格上较实体药店有一定优势。一般讲，线下药店达到33%以上的毛利率（药品进销差价率）才能赚钱，而医药电商只要有17%以上的毛利率就可以盈利。

可以说，医药电商作为电子商务的一种，同样具备其他类电子商务的优势，达到一定规模效应后，也会像其他网购商品一样对实体店形成较大冲击，从而改造升级这个行业。

一、传统白马+医药电商股1：上海医药

1. 医药商业

上海医药业务可分为医药商业和医药工业。医药商业方面，上海医药药品分销业务覆盖全国1.5万多家医疗机构，营业收入基数大，2014年约为924亿，近千亿的收入在整个医药类上市公司中金额最大（其他大型医药企业收入均在百亿上下），为全国性医药商业龙头。虽然其中约89%是药品分销收入，毛利率只有约6%，但巨大的流水可带来可观的现金流和规模效应。

2. 医药工业

在医药工业方面，上海医药拥有较强的研发能力和品种储备。2014年上海医药医药工业实现销售收入约111亿元，其中销售规模过亿元的产品达到24个。

3. DTP 业务

上海医药医药电商以DTP业务（Direct To Patient高值药品直送）为突破口，凭借网络优势、高端产品独家代理优势和子公司众协药业的多年运作经验建立线上线下的高端药品直送业务。

DTP业务没有如医保对接（多自费药）、处方来源（高值、自费药严重影响医院药占比）、用户粘性等问题，且公司已在22个城市拥有26家DTP药房，具备线下服务患者的能力。

DTP 2014年收入约为23亿，同比增长约30%。业务市场份额约30%，位居第一。

4. 与京东商城的战略合作

上海医药于2015年5月与电商领先企业京东商城签订战略合作框架协议，双方将在医药电商领域共同开拓相关市场机遇和商业机会，以上药大健康云商公司（2015年3月由上海医药投资7000万元及其电商管理团队投资3000万元设立）为整合平台，实现资源共享、优势互补。

上海医药将与京东在处方药电商领域实现全面独家合作，共同建设处方药的线上销售平台及线下配送网络。其中，京东为上海医药处方药电商的独家合作伙伴，上药云健康公司独家拥有在京东电商平台销售处方药药品的权利，京东将与上药云健康独家分享与处方药电商销售相关的数据和资源。

具体而言，双方在上药云健康经营发展中所承担的职能包括：上海医药将提供广泛的线下零售资源和药品品类，全面支持上药云健康业务发展，并协助上药云健康取得与其业务经营相关的证照及资质证书；京东将全面协助上药云健康处方药电子商务的线上平台和线下网络的建设，包括频道展示及流量支持、电子商务交易平台、仓储物流解决方案等。

在流量导入、IT系统、物流体系方面，独家合作将有利于公司快速建立市场竞争优势，实现处方药网售的先发和卡位优势。

2015年8月，上海医药发布公告，宣布旗下上海医药大健康云商股份有限公司完成来自上海医药、京东以及IDG资本等方面的A轮融资，融资总额达11.12亿元。其中，上海医药以旗下上药众协100%股权、京东以现金及平台资源、IDG资本以现金注资上药云健康。经过此次A轮融资，上药云健康注册资本将由原来的1亿元提升至12.12亿元。上海医药持股比例为80%，京东持股比例为12.5%，IDG资本持股比例为5%。

上药云健康核心业务模式在于打造"电子处方"、"药品数据"、"患者数据"三大线上平台及线下三层网络。线上三大数据平台用于实现从处方导流、药品购买、健康管理、复诊预约等全流程服务功能；线下零售资源则涵盖了上海医药旗下所拥有的专业药房（DTP）、医院合作/托管药房及社会零售等多类实体药房。

获A轮融资之际，上药云健康同步推出业务品牌——益药，专注于为用户提供便捷的"一站式"购药以及健康增值服务。

5. 与万达信息战略合作

2015年7月，上海医药与万达信息签订战略合作协议，在医药信息化、互联网医药领域展开全面且深入的战略合作。

上海医药提供药品、仓储、物流及线下药房等资源支持，万达信息提供医疗机构线上医疗信息服务对接等资源支持，并在医药招标信息化、B2B信息化开展深度战略合作。

万达信息国内领军的智慧城市公共服务企业，服务覆盖人口3.6亿，医院信息化产品覆盖全国过超过30%以上三级医院及众多的基层医疗机构客户，拥有丰富的社保、医保信息化以及医药B2B供应链平台的建设经验。可帮助上海医药有效解决与医院HIS对接、医疗数据获取等关键问题。

6. 线上线下结合的优势

上海医药依托1800多家的零售药店，60多家的药房托管医院（40多家实现了HIS系统对接)，以及24个城市的DTP覆盖，通过供应链服务和药房托管打通与医院HIS （Hospital Management Information System，覆盖医院所有业务和业务全过程的信息管理系统）系统对接，导流医药电子处方，从而形成线下网络和线上业务的协同效应，在京东海量的流量导入端口、完善的交易支付和仓储物流体系的配合下，有实力发展成为国内医药电商领域的排头兵。

7. 风险提示

一方面，医药电商业态的兴起，可能会对上海医药实体药店的业务造成冲击。另一方面，由于初期医药电商在上海医药总收入中的占比不大，总收入基数较高，且初期有较大投入，预计短期内对财务状况、经营成果不会构成重大影响。

结合基本面看，在这个时点，上海医药有一定估值优势：截至2015年10月底，市值约515亿，静态市盈率约20倍，根据2015年三季报换算的动态市盈率约18倍；市销率约0.7倍。

上海医药日K线：

二、传统白马+医药电商股2：复星医药

1. 老牌民营蓝筹药企

复星医药是老牌药品制造研发企业，民营企业的性质赋予其较强的活力。

2014年营业收入达到119.4亿元（同比增长20.3%），归属股东净利润为21.1亿元（同比增长4.2%）。其中药品制造与研发板块收入达到73.3亿，共有17个制剂单品或系列销售过亿，西黄胶囊、复方芦荟胶囊首次过亿，奥德金、阿托莫兰系列等产品销售额超5亿。

2. 布局投资医院

迎接医改带来的改革红利，复星医药在全国布局投资医院。控股的济民医院、广济医院、钟吾医院及佛山禅城医院合计床位近3000张。

3. 医药健康产业链完整

复星医药通过"内生发展+并购+整合"的策略，在药品制造、医药流通、医疗服务、医疗器械四大领域均通过内生发展和外延并购的方式实现扩张，在医药健康全产业链上布局完整。

4. 中长期投资价值被大型保险企业认可

2015年4月复星医药公告，拟非公开发行募资不超过58亿元，发行对象包括中国人寿、招商财富、泰康资管等大型投资机构。此举可改善公司资本结构，缓解现金流压力，提高公司持续发展力。之后公司调整了非公开发行方案，确定了向6名机构投资者（之前为8名）非公开发行A股募集49亿元人民币用于补充流动资金和偿还债务的方案，发行价格也做了相应调整。

5. 成功参与国企混合所有制改革

早在2003年，复星医药就参与了中国最大医药流通企业国药控股

国企混合所有制改革，其中国资方中药集团占股51%，复星医药占股49%。

混改后，国药集团从当时约80亿的销售规模，达到2014年的2000亿，销售增长了将近20多倍，利润也增长了40多倍。

2014年，为优化资源配置，与国药控股签订股权转让协议，转让了复星药业、复美大药房、金象大药房在内的药品分销与零售业务，依托国控平台整合分销和零售资源。

6. 医药电商领域和医疗服务领域。

2015年5月底，复星医药与挂号网就形成线上线下的O2O联盟达成战略合作意向，共同推动挂号网（Guahao.com）和金象网（jinxiang.com）的发展，开拓新的商业模式。

挂号网是目前国内最大并经国家卫生和计划生育委员会批准的"全国就医指导及健康咨询平台"。已与1400多家重点医院的信息系统实现了连接，逾15万名医院医生通过挂号网服务。

截至2015年一季度末，约8000多万名用户在挂号网通过实名验证，范围遍布24个省市。2014年挂号网收到的预约请求量超过了1.6亿人次。2014年10月，挂号网获得腾讯领投的超过1亿美元融资，为互联网医疗领域迄今为止最大规模的融资。

此次协议中，复星医药旗下的金象网将是其重点打造的医药电商在线销售平台。合作内容主要包括：

（1）挂号网向金象网提供在线预约请求和医生资源，帮助金象网扩张并进军资本市场。挂号网所掌握的大数据也将优化金象网的供应链和销售模式。

（2）复星医药将引导旗下医疗资源中的专业医生加入挂号网的专家团队，挂号网对这些专家组提供匹配对症患者、实现对症转诊、患者管理以及病历管理等服务，从而提高其医疗服务水平。挂号网也将协助推广复星医药包括医生和医院在内的医疗品牌。

（3）对于金象网的发展，复星医药将贡献药品流通供应体系和配送体系，而挂号网将挂号网的医生和病人的流量输送到金象网。

（4）双方将共同推进金象网走向资本市场。

7. 风险提示

金象网2014年的收入在复星医药总收入中的贡献并不高，预计短期内不会明显增多，所以复星医药称，本次合作对集团的经营业绩和财务状况不会产生重大影响。

结合基本面看，在这个时点，估值有一定优势：截至2015年10月底，市值约510亿，静态市盈率约27倍，根据2015年三季报换算的动态市盈率约23倍；市销率约4倍。

复星医药日K线：

三、医药电商股3：太安堂

1. 业绩增长良好

公司2014年实现营业收入12.28亿元，同比增长56.4%；实现净利润1.86亿元，同比增长40.2%；扣除非经常损益后净利润1.79亿元，同比

增长37.7%，2014年业绩良好。

2. 中药大健康全产业链布局

公司目前已形成以人参种植、中药饮片贸易类业务为上游，以中药皮肤类药、心脑血管类药、生殖健康类药等为中游业务，以太安堂大药房连锁药店、康爱多医药电子商务为下游的中药大健康全产业链布局。

3. 独家保密配方产品麒麟丸

公司主打产品为中药麒麟丸。麒麟丸为家传保密配方，系公司独家产品，治疗男女不孕不育，适应症明确，制作工艺入选第四批国家级非物质文化遗产代表性项目名录，有条件成为生殖健康领域龙头品牌。

卫生卫计委最新数据显示，国内不孕不育症发病率超10%，随着二胎政策放开，潜在患者进一步扩容，有较大新增市场空间。

4. 并购切入医药电商

公司于2014年9月以3.5亿元收购广东康爱多连锁药店有限公司100%股权，以并购方式快速战略切入医药电商领域。

康爱多是国内排名前三的医药电商企业，是国内医药电商龙头企业之一。康爱多已形成互联网官网平台、天猫平台旗舰店、移动互联网三大终端技术产品覆盖。

康爱多拥有丰富的供应链合作资源，与超过900家供应商有合作，在线产品超过1万个，注册用户超1000万，月均客流量约为1800万人次，总交易用户数超过800万，活跃用户超500万，移动端下载用户超300万。2014年底以来几乎每月销售排名天猫医药馆第一。

2014年电商康爱多收入近4亿，较2013年1.6亿翻倍增长，表现出较高的增长水平。预计2015年收入有望在2014年基础上再翻番。

2015年2月底，公司对康爱多注资5000万元，并加快招聘医药电商从业人员，积极布局医药电商。

2015年6月，康爱多申请挂牌新三板，进一步充实资本实力。

5. "大马拉小车"效应

相对其他公司而言，公司医药电商收入在总收入中的占比较高，如果电商业务顺利，可体现出"大马拉小车"的效应。

6. 风险提示

公司虽然在战略构建中药大健康全产业链布局，但链条中的每一部分体量都不是很大，有"小而全"的倾向，规模效应还没有完全体现出来。

结合基本面看，在这个时点估值基本合理：截至2015年9月底，市值约110亿，静态市盈率约59倍，根据2015年半年报换算的动态市盈率约47倍；市销率约9倍。

太安堂日K线：

四、医药电商股4：九州通

1. 民营医药商业龙头企业

九州通连续多年居中国医药商业企业前列，是中国医药商业领域具

有全国性网络的少数几家企业之一，位列中国民营医药商业企业第一位。

九州通在医药分销领域耕耘多年，截至2014年12月31日，直营和加盟零售连锁药店835家。目前已建成以22家省级、31家地市级医药物流中心为基础的全国性医药物流配送体系；在物流方面完成全国布局，行业内领先。2014年全年公司实现营业收入约411亿。

公司目前主要业务来自于西药和中成药的销售，约占收入比重的87%。较大的体量和较完备的物流布局可很好地支持开展医药电商业务。

2. 电子商务平台

九州通已搭建电子商务平台，旗下拥有"九州通医药电子商务交易平台"、"好药师网上药店"和"去买药网"三个电商平台。

（1）2014年好药师B2C业务实现营收3亿以上，同比增长约52%，已在上海、北京、广州等29个城市完成约14000余家线下药店的签约对接工作，通过O2O系统，为线下药店带来客源并将线下药店纳入自己的物流配送体系。

（2）好药师参股上海优伊网络科技有限公司，将"药急送"功能植入公司APP智能健康平台，并整合"U糖、U药箱、药急送、U糖之家"服务模块。如"U糖"模块终端开发使用了"血糖无创检测智能健康平板穿戴设备护理平台"，为糖尿病人群提供数字化智能护理服务，开始尝试从单纯的医药销售商向提供网络医疗、慢病管理、健康管理及服务的互联网医疗企业转变。

4. 与白云山战略合作

2015年5月九州通与白云山、北京赛柏蓝公司签订《实施医药云商战略合作项目三方投资框架协议》，利用各自优势搭建医药云商平台。

合作中白云山作为甲方，负责提供丰富的医药产品及大健康系列产品，源头可追溯。九州通负责整合医药流通环节，提供全国O2O药店的线下服务，及时备货发货。赛柏蓝负责利用互联网手法开展营销。三方合作试水探索"互联网+"医疗模式。

5.风险提示

（1）2015年1月九州通公告与武汉汉阳区政府签署《战略合作意向协议》，涉足医养综合体项目。该项目规划涵盖电子商务、医药超市、三甲医院及康复养老等。预计总投资约为25亿元，建筑总面积将约32万平米。项目投资规模大，回收周期长，资金占压大，折旧金额多，如果实施，在初期可能对整体盈利构成一定拖累。

（2）2014年好药师尚未实现盈利，但不排除未来通过收取佣金等方式实现盈利。

（3）APP智能健康平台和医药云商平台尚处于试水探索阶段。

结合基本面看，在这个时点估值优势不大：截至2015年10月底，市值约325亿，静态市盈率约58倍，根据2015年三季报换算的动态市盈率约46倍；市销率约0.8倍。

九州通日K线：

五、医药电商股5：嘉事堂

1. GPO业务

GPO（Group Purchase Organization），即药品集中采购模式，是医改试点模式。该模式由主管部门主持，中介企业具体操作，以医疗单位药品需求为基础，和药品生产企业进行价格谈判，产生统一的围绕实际出厂价格波动的药品供应目录，指定配送商负责供应，医院直接按照目录供应价进行采购。

嘉事堂自2013年开始开展GPO业务，为其下属的医院提供药品集中采购业务。该模式符合目前医改的方向，在医院药品全面零加成后，药品管理从医院的盈利项目变成费用负担，GPO作为药品供应链合作项目，能有效满足企业医院等非公医院成本控制需求，医院更有动力与流通企业开展GPO采购合作，该模式可以复制推广。

GPO业务合作的对象均为处方药，由此公司积累了强大的处方药品种资源。据此，在医疗电商领域公司相比其他潜在竞争者有了先发优势。

嘉事堂目前已签约首钢、鞍钢、中航医疗三大项目，总规模约25亿。嘉事堂2013年6月与首钢开始履约集中采购合同，2014年已实现收入约5.9亿元，表明GPO模式具有一定的可操作性。

2. 增资嘉事堂连锁药店，发力电商O2O业务

嘉事堂建立了华北地区规模最大、现代化程度最高的医药物流配送中心。药品快速配送平台网络将在北京设立药品快速配送平台网络调度中心，在上海、广州、成都、西安等130多个一二线城市建设物流配送中心。京西物流项目完工后，将可提供托盘储位的数量高达5万多个，年配送能力高达近200亿元。嘉事堂在处方品种、物流体系、药事服务等方面的经验和优势，提升了公司配送"最后一公里"综合竞争力。

3.心内科高值耗材配送龙头企业

嘉事堂已经成为全国心内科高值耗材配送龙头企业。由于过去两年收购的器械业务大量并表，公司器械配送收入2014年达约16亿元，2015年有望增加约2倍收入。嘉事堂药品耗材业务成长空间已基本打开，未来三年将进入高成长期，带动公司业绩增长。

4.风险提示

嘉事堂为传统的区域性的医药商业企业，目前药品业务基本集中在北京，北京外收入占比仅约15%左右。在医药电商外地推广的初期，面临着知名度和品牌认知度上的不足问题。

结合基本面看，在这个时点估值基本合理：截至2015年10月底，市值约100亿，静态市盈率约43倍，市销率约1.8倍。

嘉事堂日K线：

移动和远程医疗领域典型上市公司

一、移动和远程医疗股1：乐普医疗

1.心血管器械行业领导者

公司是国内心血管器械行业领导者，在心血管领域打造了高值耗

材、药品、诊断试剂、移动医疗四大业务平台，并不断向心血管新兴高端产品及其他医疗器械领域扩张，计划收购心血管相关的大品种和新品种，业务布局心血管全产业链。

2014年公司收入16.69亿元，同比增长28.03%；扣非净利润4.07亿元，同比增长15.33%。业绩增长稳健。

2. 移动医疗

在移动医疗业务方面，乐普医疗建设心血管"器械—药品—服务—移动医疗"全产业链闭环平台。包括建设心血管病网络医院、打造垂直医药电商、建立心血管疾病可穿戴设备及健康管理平台，以及建设支架手术术后患者互联网社区几大部分，促进心血管疾病大数据建立及应用。

乐普医疗已经上线家庭移动医疗设备"心衰管理"和 PCI 术后健康管理系统 APP "同心管家"，以及心脏健康管理平台 APP "爱心脏"。有多名心血管专家加盟，患者可以自由预约专家问诊。

智能心标仪已经获药监局注册证。智能心标仪是切入心衰病人的重要入口。智能心标仪可快速检测各种心脏标志物，是心衰判断重要检测设备。运用互联网技术和云计算，心标仪能够配合手机使用，与公司推出的心衰管理APP互联后，患者可即刻获得数据，享有智能咨询、健康日志、疾病治疗指导等云端服务。可在家中及时获得救助，从而减少去医院的频率。

目前我国成年人心衰患病率约为0.9%，有近500万心力衰竭患者。智能心标仪推出，结合优加利的移动心电检测，公司可有效把握心衰病人入口。

3. 远程医疗

2015年3月以来，斥资1.06亿参股医疗级远程心电实时监测服务商优加利。6月公告称，拟斥资1000万元参股深圳源动创新20%股权。深圳源动创新面向国内外家用和远程医疗市场开发创新医用可穿戴设备。

优加利是国内唯一一家医疗级远程心电实时监测服务商，并拥有自主研发设备。自成立以来使用患者超过35万人次，已经累积1100万份远程心电监测数据。

公司现有的医疗服务平台包括下属乐健医疗东直门门诊部（拥有全科门诊资质）、北京爱普益医学检测中心（聚焦分子诊断的第三方检验）、雅联百得（第三方独立检验实验室），以乐健医疗为平台，未来计划结合移动医疗打造以心血管专科为主的基层医院远程会诊中心，和面向高端人群的会诊咨询、转诊导医、术后管理网络医院。

4. 医药电商

公司收购北京护生堂大药房及连锁药房。护生堂是一家集药品销售和疾病诊疗于一体的连锁企业，拥有11家连锁药房和2家门诊部，并拥有互联网药品交易服务资格证书。通过收购护生堂大药房，公司可快速获得医药电商牌照，打通网上销售通路。

5. 血糖监测

公司自主研制的智能手机血糖仪于2015年3月获药监局注册证，实现上市销售。

血糖分析系统是获取血糖与糖尿病大数据，切入慢病管理的重要入口。目前全国糖尿病患者超过1亿人，三甲医院住院统计心血管并发症比例达17.1%。

公司此次推出的智能手机血糖仪，运用互联网技术和云计算，通过音频口与智能手机进行连接，与血糖管理APP配合使用。患者有望通过使用该款设备和系列 APP，即刻获得监测数据，生成血糖检测周

期曲线，为医生诊疗提供连续监测数据。

6. 衍生金融业务

2015年9月设立乐普金融，为公司及上下游企业提供融资租赁、商业保证、保险经纪等金融服务。以此强化公司在产业链中的影响力，拓宽投融资渠道，拉动业务发展同时获取金融盈利。

结合基本面看，在这个时点估值有优势：截至2015年10月底，市值约320亿，静态市盈率约76倍，根据2015年三季报换算的动态市盈率约58倍；静态市销率约19倍，动态市销率约12倍。

乐普医疗日K线：

二、移动和远程医疗股2：鱼跃医疗

1. 国内 OTC 医疗器械细分市场龙头

作为国内 OTC 医疗器械细分市场龙头企业，硬件制造是鱼跃医疗传统优势，拥有20多年的临床经验。公司以"家用医疗器械和医用高值耗材"为发展方向，主要产品为康复护理、医用供氧和医用临床系列等医疗器械。产品在医生和用户中拥有很好的口碑，有一定品牌价值。

鱼跃医疗2014年收入16.82亿，同比增长18%，净利2.97亿，同比增长15%。电商业务估计收入约2亿，增长迅速。

2. 大股东业务资源整合

鱼跃医疗控股股东鱼跃科技收购华润万东51.51%股权和上海医疗器械100%股权，接下来，鱼跃医疗的医学影像业务将剥离调整至华润万东。医学影像业务在鱼跃医疗的整体业务占比很低，剥离之后鱼跃医疗将更加专注于家用医疗器械和医用高值耗材业务。

3. 资本运作

（1）鱼跃医疗引入战略投资者红杉光明（持股7%），红杉光明由红杉资本、光大资本和弘晖资本组成，资本方实力较强。如红杉资本拥有丰富的项目资源，在合适情况下可实现与公司并购项目的对接。

（2）与华泰证券成立产业基金华泰瑞合。鱼跃医疗与控股股东鱼跃科技作为有限合伙人（LP）设立产业基金，分别持股10%、20%，总规模10亿，存续期6年，重点投资医疗服务、医药、医疗器械、医疗信息技术和服务等健康相关产业。基金普通合伙人（GP）华泰瑞合拥有较丰富的投资银行运作经验。产业基金的设立可不断提高公司在家庭医疗、临床医疗及互联网医疗等业务板块的协同效力，促使推动鱼跃主导的健康生态圈的建立。

4. 与阿里健康战略合作

控股股东鱼跃科技2015年4月与阿里健康签署《战略合作框架协议》，将与阿里健康在智能健康硬件领域和医疗影像领域以及医患互动、慢病管理、远程健康咨询等领域展开全面合作。

在此次与阿里健康的合作中，控股股东鱼跃科技旗下的三大平台即鱼跃医疗、万东医疗、医云健康定位体现差异化：鱼跃医疗将与阿里健康在智能健康硬件领域的全面合作，万东医疗与阿里健康在医疗

影像、阿里健康云医院平台的全面合作，医云健康与阿里健康在医患互动、慢病管理、远程健康咨询的全面合作，共同促进慢性病和常见病院内院外一体化管理和服务模式的形成。

5.布局移动互联网医疗慢病管理

鱼跃医疗参股设立苏州医云，布局移动互联网医疗，切入慢病管理，有望不断加强云端数据和远程平台建设，在慢病远程医疗领域成为领军者。

鱼跃医疗于2015年2月公告参股设立苏州医云布局移动医疗，5月鱼跃医云健康举行首发仪式并正式上线大医生APP。医云健康战略布局包括线上平台、智能硬件平台及线下高端慢性病专科医院等方面。

医云健康最初从糖尿病管理开始着手，后续有高血压、呼吸等其他慢性病领域拓展计划，慢性病是移动医疗探索过程中的比较可行的领域。目前已有少数国内知名糖尿病专家入驻平台。

结合基本面看，在这个时点估值合理：截至2015年10月底，市值约240亿，静态市盈率约80倍，根据2015年三季报换算的动态市盈率约60倍；市销率约14倍。

鱼跃医疗日K线：

三、移动和远程医疗股3：康美药业

1. 中药饮片行业龙头企业

康美药业是中药饮片行业龙头企业，近十年收入和净利润复合增速超过40%，显示出较好的成长性。经过多年发展，形成了上游掌控药材资源，中游掌控中药材交易，下游掌控渠道的格局，完成了中医药全产业链布局。

2014年实现营业收入159.49亿元，同比增长19.39%；归属于上市公司股东的净利润22.86亿元，同比增长21.6%；扣非净利润22.63亿元，同比增长22.14%。

2. 网络医院

康美是全国最大的中药材和饮片的供货商之一，与15万多家连锁药店建立了深度合作关系，与全国范围内2000多家医疗机构深度业务合作关系。作为国家中医药管理局首家信息化医疗服务试点单位，网络医院将获得中医药管理局优质医师资源的支持，这不仅将为公司网络医院带来更多的患者流量，还将进一步加深公司与全国范围内的其他中医院的深入合作，实现中医专家网络会诊、优质医师向基层医师提供指导等多种形式的资源整合。

3. 实体医院

自行投资建设并运营了有1000张病床的三甲规模综合医院——普宁市康美医院。线下康美医院的硬件支持和运营经验为网络医院的建设提供了基本保障，可形成协同效应。

"康美健康云"服务平台能够连接医疗机构、医生、患者、企业用户和政府机构等，在网络医院上线后能够马上开展预约就诊、在线购药、在线支付、药品自动配送及患者健康管理等服务。网络医院的处方流量有望促进公司中药材和饮片销售增长。

4.智慧药房项目

康美药业与广东省中医院签订中药饮片代煎及药品配送服务协议，探索传统医药物流改革。该项目对医院来说，可以降低门诊药房服务压力，提升患者对医院服务的整体满意度；对患者来说，可以缩短在医院的取药轮候时间，解决患者煎药过程存在的各种问题，提高患者就医体验的满意度。

5.电商业务

康美药业已经构建了康美健康网、康美中药网、康美e药谷、网络医院不同的电商平台，拥有安徽亳州中药城、广东普宁中药材市场，正在建设普宁中药城、甘肃陇西、青海西宁、广西玉林等中药材市场，实现了全国主要区域的布局，仓储配送体系覆盖全国。有足够条件形成"实体市场与虚拟市场相结合"的集中药材信息服务、中药材电子交易与结算服务为一体的中药材大宗现货交易平台。

6.健康大数据平台

康美药业公告将与新华网共同出资3亿元设立康美健康智库股份有限公司，股份占比分别为57%和43%。双方将发挥各自优势资源，共同搭建中国最权威的健康大数据平台，开展健康数据挖掘、搜索、精准营销、产品研发、慢病管理、健康咨询、教育培训等应用产品和业务。

7.涉足金融租赁新领域

2015年9月公司公告与青海省政府和人保资本投资管理有限公司签订金融服务战略合作协议，拟与人保在青海共同组建金融租赁公司，开展金融服务，以多种形式参与青海省内医院项目建设。

结合基本面看，在这个时点估值有一定优势：截至2015年10月底，市值约720亿，静态市盈率约32倍，根据2015年三季报换算的动态市盈率约23倍；市销率约4倍。

康美药业日K线：

四、移动和远程医疗股4：贵州百灵

1. 与腾讯公司战略合作

贵州百灵2015年5月公告与腾讯公司达成"互联网+慢性病医疗服务"战略合作，贵州百灵将负责慢性病相关药物的研发、生产、临床检测等，并适时提供相关医疗器械，以及为患者提供全面的远程医疗咨询、管理与诊疗服务；腾讯则将利用自身优势，构建慢性病用户大健康数据中心，搭建慢性病软件和硬件管理系统。

2. 传统苗药龙头企业

苗药是指在苗族聚居的苗岭山脉、乌蒙山脉、武陵山脉、鄂西山地、大苗山脉及海南山地等地区种植、生长的中草药材。

贵州百灵为传统苗药龙头企业。核心品种银丹心脑通已在10省市基药招标中中标。糖宁通络胶囊作为公司独家开发的治疗糖尿病的院内制剂，目前已经完成药效学、毒理学等一系列临床前试验，后续的人体研究结果提示该药具有显着的降血糖作用。在慢性病治疗上，归属于中医药的苗药产品有自身的特色和独特疗效。

3. 筹建糖尿病医院

贵州百灵计划筹备成立贵州百灵糖尿病医院，探索"药+医"互动模式。

4. 风险提示

与腾讯的合作项目和医院项目尚处于前期阶段，经营前景有一定不确定性。

结合基本面看，在这个时点估值较高：截至2015年10月底，市值约360亿，静态市盈率约116倍，根据2015年三季报换算的动态市盈率约87倍；市销率约23倍。

贵州百灵日K线：

医疗信息化领域典型上市公司

一、医疗信息化股1：卫宁软件

1. 公司2014年营业收入及归属母公司净利润分别为4.91亿元、1.21亿元，同比增长40.88%、50.08%，而扣非净利润增速达59.18%。公司2014年的4.91亿元营业收入全部来自医疗信息化，且其中软件和技术服务达3.52亿元。公司过往业绩增长良好，2011—2014年营业收入分别增长41.33%、56.41%、31.25%、40.88%，归属母公司股东的净利润分别增长25.31%、19.32%、52.51%、50.08％。

2. 与阿里健康开展战略合作，布局互联网医疗。2015年1月公司与阿里健康签署《战略合作框架协议》，双方拟在医疗服务、健康服务、药品流通与监管、医保风控等方面展开合作。

公司掌握医院HIS系统资源，而阿里健康是国内首个药品B2C平台，具备第三方网上药品销售资格证的试点牌照。通过与阿里健康形成战略合作协议，公司将电子处方导入阿里健康的医药电商平台，打通网售处方药产业链。

3. 与乐视合作，打造互联网医疗生态圈。具体体现在三方面：

（1）内容服务，打造"乐视卫宁健康频道"，为公众提供优质的健康教育内容服务。

（2）应用服务，实现"终端+应用"的联动服务，实践基于视频和终端的健康服务和知识服务新模式。

（3）服务平台，实现云医院等面向健康服务提供者应用的部署和推进，共建健康服务云平台，提供健康档案云存储、云检索等服务。

4. 原有产品线为HIS系统（利用电子计算机和通信设备，为医院所属各部门提供病人诊疗信息和行政管理信息的收集、存储、处理、提取和数据交换并满足授权用户功能需求的平台）产品系列，还开发了医讯通、就医云、健康云、药品福利云、云医院、网上预约系统、掌上健康、移动输液等互联网化产品。

国内医疗卫生机构信息化行业集中度低，相对分散，作为国内专注医疗信息化的主要领先企业，目前公司市场份额约10%。

5. 布局医保和商保控费领域。公司旗下的卫宁科技致力于医保审核管理及数据挖掘、临床医学知识库研究及开发、销售等业务。一方

面服务搭建多个省市人社部控费系统，另一方面为平安养老、太平人寿、中国人保、中国人寿等多家商保公司搭建第三方自动理赔系统。

6. 布局慢病管控领域。公司与上海第六人民医院合作，搭建以糖尿病为入口的慢病管理平台，探索B2B2C的商业模式。

7. 互联网云医院项目落地。公司与浙江大学医学院附属邵逸夫医院、杭州市江干区卫生局签署了《基于云医院平台的健康服务合作框架协议》。通过云医院构建分级诊疗、慢病管理、医药联动生态体系。

8. 风险提示：与阿里和乐视的合作尚处于前期阶段，经营前景有一定不确定性。

结合基本面看，在这个时点估值高：截至2015年10月底，市值约240亿，静态市盈率约200倍，根据2015年三季报换算的动态市盈率约150倍；市销率约49倍

卫宁软件日K线：

二、医疗信息化股2：和佳股份

1. 公司主营业务为医疗设备的生产和销售，产品线从医用制氧系

统、肿瘤微创设备、影像设备等，延伸至血液净化设备与耗材、细胞治疗、医疗信息化等。从单台产品的销售向医院整体打包销售转变，并设立自有租赁公司，为医院提供资金支持，带动自身产品的使用面。

2．战略布局医疗信息化和移动医疗。

（1）公司从2013年收购四川思迅科技软件知识产权开始布局医疗信息化市场。

（2）2015年初公司参股"汇医在线"20%股权，探索B2B2C运营模式。

（3）子公司"和佳信息"以自有资金人民币1840万元受让广州卫软信息科技有限公司共92%的股权，交易完成后，卫软信息将成为公司的控股孙公司。卫软信息成立于2005年，是国内为数不多的全面提供医疗影像数字化软件产品的公司。卫软信息致力于远程影像业务，提供医疗影像数字化软件产品，可与公司现有医疗信息化业务形成互补。

（4）2015年3月公司公告，董事会同意公司使用自有资金1亿元投资设立全资子公司"珠海和佳医疗信息产业有限公司"，主营新一代医院信息管理系统、医院智能ERP解决方案、医疗行业供应链管理系统和区域公共医疗管理信息系统。

（5）据IDC预测，2015年医疗信息化市场规模超过300亿元。随着政府医疗卫生信息化投入增加，预计未来3年市场增速超过15%。

3．设立首家康复医院，进军医学康复产业。2015年4月公司公告与郑州人民医院医疗管理有限公司就投资建立营利性康复医院的合作事宜签订了《战略合作协议》，郑医管理公司占康复医院的20%股权。初期业务重点是在省会城市设立旗舰店，开展中高端神经康复及骨伤康复业务，试点成熟后，向全国连锁扩张。

4．2015年6月公司获定增批文，核准非公开发行不超过4300万股新

股，融资规模上限10亿元，自核准日起，6个月内有效。定增可为公司发展提供资金支持。

5．风险提示：公司在医疗信息化和移动医疗上的投入相对自身原有体量还比较小，尚处于前期探索阶段。

结合基本面看，在这个时点估值较高：截至2015年10月底，市值约175亿，静态市盈率约79倍，根据2015年三季报换算的动态市盈率约95倍；市销率约19倍。

和佳股份日K线：

三、医疗信息化股3：海虹控股

1．海虹控股自2000年起经营药品集中招标采购，为医疗机构装备电子药房、终端设备，业务开展不是很理想。2014年业务转型，尝试开拓PBM业务（医疗福利管理），是一种专业化的细致的医疗控费解决方案，对保险机构、制药商、医院和药房之间进行管理协调，目的在于对医疗费用进行有效管理、节省支出、增加药品效益。

公司PBM 业务引入美国控费审核数据库，并进行了中国本土化改造，基本构建了国内领先的医保控费审核数据库、二级目录、阶梯用药规则等。公司称,截至2014年底,公司已与全国150多个城市签订了PBM系统共建协议。

2. 拟定增40亿部署大健康战略。2015年4月公司公告拟非公开发行股票数量不超过1.06亿股,募集不超过40亿元,建设"海虹新健康服务平台",包括健康信息交互中心和海虹新健康TPA 平台。健康信息交互中心用于构建健康信息数据仓库基础架构;新健康TPA 平台为各地医保部门、商保公司提供健康保险业务的医疗辅助服务管理和客户服务。

3. 公司与湛江市社会保险基金管理局签署了《湛江市基本医疗保险支付审核服务委托协议》,海虹作为专业服务机构受托进行湛江市医保基金审核、支付、评价以及参保人服务等。标志着公司的PBM业务从医保审核正式进军医保基金管理,属国内首创。

4. 风险提示:

(1) 巨资定增项目未有盈利承诺,有非常大的不确定性。

(2) 2014年公司营收1.95亿元,同比下降5.26%,营收体量不大。因收到绍兴九洲化纤有限公司补偿款8000万元,导致净利润增长较快,达到2498万元,此前年利润只有几百万。公司将筹码几乎全压在新业务上,收益有可能很大,但风险也很大。

(3) 包括PBM 等新业务的收入在短期内难以体现。

结合基本面看,在这个时点估值很高:截至2015年9月底,市值约310亿,静态市盈率上千倍,市销率约150倍。目前高市值更多来源于对未来难以确定的良好憧憬。

海虹控股日K线：

可穿戴设备领域典型上市公司

可穿戴设备股：九安医疗

1. 公司从ODM 业务起家到2010年推出自主品牌IHEALTH品牌至今，已成为面向全球销售的家用移动医疗智能硬件领域的领先企业，拥有包括血压、血糖、体重、血氧、运动计步等各领域的较为完备的健康类可穿戴设备产品线。

2. 联手小米发力ihealth 国内市场。2014年9月引入小米投资2500万美元战略投资，合作中公司可免费享用小米的电商渠道资源，联手开拓ihealth 产品系列在国内的市场。

3. 2014年10月公司股东大会审议通过了《关于调整公司非公开发行股票方案的议案》，发行价格和发行数量均做了调整。募集资金不超过9.24亿，主要的募投由投资4.81亿的移动医疗周边生态及智能硬件研发基地调整为投资7.31亿的移动互联网+健康管理云平台项目。

4. 风险提示：2014年公司转让旗下公司60%股权，转让价格1200万美元，对公司当年业绩影响为8194万元，使得归属母公司股东净利润达1020元，实现扭亏。 2015年上半年公司实现主营业务收入1.95亿元，增长－15%，归属母公司股东净利润－3996万元。可见，公司靠自身业务实现盈利较难。

结合基本面看，在这个时点估值高：截至2015年10月底，市值约110亿，静态市盈率上千倍，市销率约26倍。

九安医疗日K线：

第四章

"互联网+文体娱乐"股票投资：
进入黄金时代的全民娱乐消费盛宴

在告别纯媒体时代的移动互联时代，自媒体催生了优质内容的爆发式增长，借助于飞速发展的技术迭代和创新，"互联网+文体娱乐"产业进入到了黄金时代，有望实现行业跨越式发展，尽享全民娱乐消费盛宴。

第一节　市场状况：文化产业增速大大高于国民经济增速

据统计，2004年我国全部文化产业增加值为3440亿元，约占GDP的2.15%，文化产业法人单位是130多万家，文化产业领域从业人员约2500万人；2013年我国文化产业增加值为21351亿元，在GDP所占比值上升为3.63%。可见，近十年来，我国文化产业实现较快增长，增速大大高于国民经济增速，正在成为国民经济支柱性产业。

从具体数据来看，1990—2013年间，城镇居民八大类消费性支出占比变化较大。

比重减少的有：食品支出比重由54.3%下降到35%，降幅达19.3个百分点；衣着所占比重下降2.8个百分点；家庭设备用品及服务支出比重下降1.8个百分点；

比重增加的有：居住支出的比重提高4.9个百分点；交通通信支出比重提高12个百分点；文化教育娱乐服务支出比重提高3.9个百分点；医疗保健支出比重上升4.2个百分点。在城镇居民消费支出中，文化教育娱乐、交通通信和旅游等服务支出增长速度更快。

2013年城镇居民人均文化教育娱乐服务支出2294元，比2005年增长1.1倍。2014年我国网上零售额达到27898亿元，比上年增长49.7%，其中文化服务性消费0.4万亿元，比上年增长46.4%。

但与发达国家比较，我国文化产业在国民经济中占比相对较低。比如美国文化产业产值在其GDP占比约为24%，而且是第一出口产业；日本和韩国这一比例也约为10%。相较之下，我国文化产业中中小企业居多，文化产业经济的品牌化、集约化、国际化和规模化水平亟待提高。

文化消费市场具有巨大潜力，消费需求很大，但由于种种原因没有很好地释放出来。

据统计，2012年全国城镇居民家庭消费支出中，人均文化教育娱乐服务支出比重仅为12.2%。2010年全国农村居民生活消费支出中，人均文教娱乐用品及服务支出比重为7.5%。而发达国家的家庭文化支出一般占到家庭总收入的15%～18%。

根据国民经济发展和升级的自然路径和一般规律，可以据此推算出我国文化市场不久后会形成一个高达5万亿元市场容量以上的国民经济支柱产业。

互联网文体娱乐产业主要分布在以下几个领域：网络游戏（包括手游）、互联网电影、互联网视频、互联网体育、互联网文学、互联网数字出版等。

第二节　网络游戏：海外上市游戏公司回归A股潮

游戏产业板块市场容量

根据中国互联网中心发布的统计数据显示，2014年12月，我国网民规模6.19亿，互联网普及规模47.9%，其中我国手机网民规模5.57亿，2014中国游戏整体用户增长4.6%，达3.78亿。

2014中国游戏产业整体收入达到1140亿元以上，同比增长约38%，主要包括以下五个产品系列：

1.客户端游戏：端游

即传统的依靠下载客户端，在电脑上进行游戏的网络游戏。

2014年，端游市场收入约609亿元，占据整体市场约53%份额，同比增长约13%。

端游用户人数约1.58亿，但用户增长幅度为历年最低仅为3.9%。这说明端游市场吸引力正逐步下降，用户逐渐被其他类型游戏如手游与页游所分流。但ARPU（Average Revenue Per User，即每用户平均收入）值较高，说明高端用户较多。

2.移动游戏：手游

指运行于手机上的游戏软件，是游戏市场占比第二高的游戏类型。

手游收入2014年首次超越页游达到约275亿，占比约为24%，相比2013年实现了约145%的高速增长。

手游用户规模相比2013年增加约15%。由于其用户多为轻度用户碎片化使用，因此其用户整体是端游用户的2倍多，达到约2.48亿人。

特别是，约50%的手游用户是2年以内的新用户，显示出手机游戏在最近2年内的爆发式增长。

手机游戏已经逐渐从单机为主过渡到以网游为主。类型方面，跑酷躲避类、棋牌类、休闲益智类等轻游戏最受玩家青睐，而作为手机重度游戏的动作格斗类、角色扮演类、战争策略类发展势头良好。

3.网页游戏：页游

又称Web游戏、无端网游，基于Web浏览器的网络在线多人互动游戏，无需下载客户端，不存在机器配置不够的问题，最重要的是关闭或者切换极其方便，尤其适合上班族。

2014年，页游市场收入约203亿，相比2013实现了约59%的增长，但2014年页游用户数量出现下滑，相比2013年降低了约6.5%，约为3.07亿人。

页游正被手游超越，但比较而言，页游在人均ARPU值以及创造利润方面高于手游。

网游产品使用率相对集中，用户规模排名前15位的游戏产品用户规模都在100万以上。其中，腾讯公司占据8款，网易公司占据3款，搜狐畅游、完美世界、世纪天成和盛大网络各占据1款。PC网游的生命周期较长，最久的已经运营了13年。其中，角色扮演类、动作格斗类、射击类、即时战略类等重度游戏类型是用户偏好的游戏类型。

4.社交游戏

一种运行在SNS社区内，通过趣味性游戏方式增强人与人之间社交游戏交流的互动网络软件。典型的如"偷菜"游戏。

社交游戏市场收入约为57.8亿元。

5.单机游戏

也称单人游戏,是相对于网络游戏而言的。一般指游戏的主要玩法只需要一台电脑就能完成的电子游戏,不能进行互联网对战。随着互联网对战功能的普遍应用,目前单机游戏逐渐加强了网络元素和多人模式。

单机游戏市场收入较小,只有约0.5亿元。

另外,2014年随着国务院发布在上海自贸区对游戏主机解禁的政策,电视游戏成为新的市场关注的焦点。目前互联网电视/盒子的用户已经超过1亿,使用互联网电视/盒子玩过游戏的用户超过千万,互联网电视/盒子的普及率正迅速增长。

从整体来看,虽然近年来端游发展受阻,但手游与页游带动了中国游戏产业整体高速增长,整个中国游戏产业的发展依然前景良好。

海外上市游戏公司回归A股潮

截至2015年6月,已经有中国手游、盛大游戏、完美世界、巨人游戏、淘米、乐逗游戏等在美上市中国游戏公司完成或正在进行私有化,以便回归A股。在美中概股游戏公司只剩畅游。

吸引在美上市中国游戏公司回归的主要原因除了扩张知名度外,就是两地市场巨大的估值价差。

如中国手游是中国首家登陆纳斯达克的手游公司,上市还未满三年。据统计,截至2014年第四季度,中国手游约占国内手游发行商20%市场份额,位列第一,其次有乐逗游戏、昆仑游戏等厂商。

但是截至2015年6月,中国手游市值6亿多美元,市盈率约为18倍。相较之,包含昆仑游戏在A股上市主体昆仑万维的市值约为450亿,市盈率约为150倍。估值相差近10倍。

同期，完美世界总市值约10亿美元，乐逗游戏总市值不到6亿美元，儿童社区游戏起家的淘米总市值1亿多美元。

A股目前是游戏公司的热土。A股有超过30家的手游板块公司，截至2015年6月，总的市值叠加超过了5050亿元，这些公司股价平均超过50元，市盈率达到150倍。

可以预计的是，这些正积极谋求回归A股的曾经的中概股游戏公司，将给A股市场该板块带来一定的压力，之前被资本市场热捧的游戏概念股可能会面临新的一轮市值重估。

但同时，谋求回归的中概股游戏公司对在未来A股的股价和估值表现乐观。如巨人网络2015年7月预计回归A股，市值将达1000亿以上。2014年3月，巨人网络宣布达成私有化最终协议，当时，巨人网络的估值约30亿美元，即不到200亿元人民币。

但11月公布的回归方案显示，巨人网络拟以人民币131亿元借壳上市公司重庆新世纪游轮股份有限公司（世纪游轮）回归A股，此外，世纪游轮拟向不超过10名特定对象非公开发行股份募集配套资金不超过50亿元，发行价格不低于每股29.58元。募集资金主要投向网络游戏的研发、代理和运营发行，在线娱乐和电子竞技社区，互联网渠道平台的建设，以及大数据中心和研发平台的建设。

从1000亿到131亿，2015年夏A股市场的股灾使巨人网络的估值接了地气。

本次交易完成后，不考虑配套募集资金发行股份的影响，史玉柱为实际控制人的兰麟投资及腾澎投资将持有世纪游轮2.1亿股，占公司发行后总股本的41.44%，兰麟投资成为世纪游轮控股股东，史玉柱为实际控制人。

阿里巴巴、联想控股、鼎晖投资三者分别通过旗下铼铈投资（云峰基金旗下）、弘毅创领（弘毅投资旗下）、鼎晖孚远和孚烨投资（鼎晖投资旗下）持有世纪游轮9%、6.92%、13.84%的股份。

此前，世纪游轮的主营业务为内河涉外豪华游轮运营业务和旅行社业务，本次交易完成后，将成为一家以网络游戏为主的综合性互联网企业。巨人网络股东方同时承诺，2016年、2017年和2018年扣除非经常性损益后归属于母公司股东的净利润将不低于10亿元、12亿元及15亿元。

支撑良好市值预期的是其盈利能力。数据显示，巨人网络2013财年净利润约12亿元，但业务主要来源于端游，手游业务比例较小。巨人网络也于回归A股前做了一些业务结构转型，如推出了《武极天下》《3D征途》等20余款手游。而且，根据其规划，巨人网络将不再仅仅是一家制作游戏和发行游戏的公司，可能也会靠着游戏积累的一些版权，把事业版图拓展到除娱乐之外的行业。

第三节 网络视频：会员付费模式方兴未艾

市场状况

据统计，截至2014年底，中国网络视频用户规模达4.33亿，较前一年增加478万人，用户增长率为1.1%。虽然整体规模仍在增长，但增速已开始放缓。

然而，手机网络视频用户规模和使用率在近两年迅速增长。截至2014年底，手机端网络视频用户规模达3.13亿，与2013年底相比增长了6611万人，增长率为26.8%。网民使用率为56.2%，相比2013年底增长6.9个百分点。

统计显示，2014年中国在线视频市场规模约为240亿元，同比增长约76%，高于2013年的48%。预计未来几年仍将保持较快增长态势，2017年将达360亿元以上。

视频产业离不开软硬件的结合，软硬件相辅相成，相互绑定，流量导入和有吸引力的内容互为表里，缺一不可。

硬件方面，各视频网站联合传统制造企业推出互联网电视、互联网盒子、视频手机等产品，积极卡位流量入口。

内容方面，主要视频网站一方面大力发展自制剧，另一方面将目光投向上游影视公司版权，通过购买获取内容版权，以此来吸引用户并增强用户黏性。

目前，从使用率来看，中国视频网站排名前几位的是：优酷土豆、爱奇艺、腾讯视频、乐视网、搜狐视频等。阿里系的优酷土豆、

百度系的爱奇艺和腾讯视频，三者形成BAT在视频行业三足鼎立之势。

目前，网络视频用户正从PC端向手机移动端逐步转移。2014年在移动端视频比较知名的是：优酷网、腾讯视频、搜狐视频、乐视网、PPTV网络电视等。

预计在未来几年，视频行业会朝着多屏幕、一体化，以及PC、手机、PAD、电视等多屏幕协同的方向发展。视频网站在内容制作和硬件设备上以双轮驱动战略扩展其全产业链。

烧钱大战

自优酷土豆2010年在美国上市，国内互联网视频行业开启了长达5年的烧钱大战，以优酷土豆、爱奇艺为首的视频网站至今尚未盈利。

比如，优酷土豆2014年的全年净收入约为40亿元人民币，净亏损约为人民币8.9亿元，而2013年净亏损为人民币5.8亿。

2015年Q1总营收约11.4亿元人民币，同比增长47%；净亏损为5.174亿元，较上年同期净亏损人民币1.76亿元进一步扩大。

2015年优酷土豆Q2总营收净收入约为人民币16.1亿元，同比增长57%；净亏损为人民币3.42亿元，与去年同期1.423亿元亏损相比有所扩大。

成本主要花在两部分：视频流量和版权费。比如，2015年优酷土豆Q2财报显示，其带宽成本约3.30亿元，内容成本约7.44亿元，分别占净收入的21%和46%。

从渠道上看，随着互联网电视的普及，视频网站不再是用户观看视频的唯一入口。就目前中国视频网站激烈竞争局面看，未来这个市场也会像生活网站58同城和赶集网，在线旅游网站携程和艺龙一样，实现一定程度的合并，以减少同质化竞争。

付费模式探索

过去10年，视频网站传统的商业模式是：高价买内容，免费供用户观看，以流量广告的方式来变现。数据显示，广告在网络视频收入中的占比为63.4%，为第一大收入来源。

从国际上看，美国视频行业的营收一般有广告、点击和会员付费三种模式。Netflix是会员付费三种模式的典型公司：2015年第二季度财报显示，该季度营收16.44亿美元，净利润为2634万美元，并于上市第二年就开始盈利，期间股价上涨了约10倍。

国内视频行业曾尝试过付费模式，但囿于当时的条件，效果并不理想。

早在2008年，激动网就推出过付费点播业务，虽然该网站在2011年时还声称80%的收入来自付费用户，但却没有持续下去。2010年，迅雷看看推出向用户收费的"红宝石影院"业务，以1~2元的价格推广高清下载和在线观看，不过后来这项业务也渐渐消失。2015年初，一直处于亏损状态的看看整个被迅雷出售。

多年来，业内调侃的说法是，谁收费谁死。

但进入移动互联时代，随着带宽不断增长，手机等智能终端的观看体验越来越好，支付宝、微信等快捷支付形式的普及，收费模式似乎变得越来越可行。

2015年7月，爱奇艺以季播剧《盗墓笔记》为载体，探索视频行业排播模式。

所谓排播，即用户通过买会员服务，即可以提前看到该剧的全部内容，非会员用户则只能每周收看一集。排播开放当晚，因短时间大量用户涌入，爱奇艺出现服务器崩溃。

具体而言，对该节目爱奇艺实行双轨制，即一方面非付费用户以

传统模式观看，每周观看一集，但同时需要在正片之前观看长达80秒的广告；而付费会员自7月3日起则可以抢先看全剧，且没有广告干扰。

截至2015年6月15日，处于爱奇艺会员状态的付费用户数达501.7万，同比增速达到765%。而在爱奇艺5亿独立用户中，付费用户的占比仅为1%，比例虽小但转化空间大。爱奇艺认为，随着在会员付费业务上持续布局和用户消费习惯的培养，视频业务付费已经成为不可逆的趋势。

一个季度后，截至2015年10月，爱奇艺目前的VIP付费会员数已近千万。2016年起爱奇艺将投入超50%的资金和资源用于VIP会员业务。

除了爱奇艺外，阿里也计划以付费模式切入，成立自己的在线视频平台。

阿里巴巴计划推出自家线上视频流媒体服务"Tmall Box Office"（简称TBO），模仿美国Netflix公司商业模式。TBO将提供国内外影视节目和阿里的自制内容，依托阿里旗下的机顶盒和智能电视播出，目标是"重新定义家庭娱乐"，其中90%的TBO为容都将采用付费观看模式。

这些具有互联网基因的视频公司，不再满足于向传统电影公司收购电影的网络播映权，而是纷纷成立自己的影业公司，如脱胎于互联网的电影《秦时明月》《十万个冷笑话》就取得了出乎意料的票房成功。

数据显示，2014年年初至2015年上半年，中国视频个人付费市场规模从2.1亿增长到5.9亿，年度同步增幅高达178%。

第四节 互联网电视：传统厂商被超越取代不可避免

当下的中国，PC互联网和移动互联网占据了中国一半的人口，但智能电规基于UI（User Interface用户界面）的服务架构，可以使全民获得互联网服务成为可能。

客厅互联网的发展，将以家庭为单位，形成与PC互联网和移动互联网完全不同的生态。预计未来除互联网没有到达的地区外，所有电视都将基本实现互联网智能化，电视生态将重新塑造，产业发展也将进入深层次变革创新阶段。

数据显示，2014年国内彩电总销量为4509万台，同比下降5.6%，是中国彩电市场总量过去30年来首次下滑。2015年上半年，彩电市场零售量达2211万台，同比增5.6%；零售额达744亿元，同比增6.9%。从长远来看，2014—2016年，彩电市场规模会在4500万台左右徘徊，彩电市场规模高速增长态势不再，但这并不代表4500万台将是彩电市场的终点。

在互联网和客厅经济发展下，从细分市场来看，高端产品和新技术产品将成为未来彩电市场的主角，2015年高端产品继续保持良好上升势头。

预测数据显示，2015年互联网电视用户将实现100%的增长，智能电视零售量将达3500多万台，活跃用户在2700万~3000万之间，渗透率约为80%；UHD电视（Ultra High Definition Television，超高清电视）

的零售量将达1531万台，渗透率约为34%。

当下电视领域的焦点，早已从传统电视厂商转移到互联网企业上。互联网时代的电视正朝着集影视、游戏、购物、通信等功能为一体的家庭智能终端入口方向发展，视频更成为带动多屏互动、拉动数据流量的重要抓手。调查显示，青睐互联网品牌电视的用户占比达39%。

作为互联网电视领域的绝对主力和两大巨头，小米和乐视的竞争从未停止。

2015年6月，这两家当下最具潜力的科技公司开启了互联网电视"互撕"之战。似乎有点像两三年前王老吉和加多宝对红罐凉茶之争，不管口水战或官司演绎到什么地步，最后的结果很可能是：在消费者的品牌认知中，凉茶的代名词就是王老吉和加多宝，其他品牌的凉茶被渐渐淡忘。

小米之前曾简单地认为，智能电视＝电视＋智能，但是做了一年后发现，如果没有内容产业做支撑，智能电视产业是做不起来的。于是，2014年11月，小米挖来了原新浪网总编辑等人，并拿出10亿美元，主攻电视内容。

乐视则在内容方面早有积累，乐视非常罕见地在视频产业发展初期盗版横行时，就埋头于自制内容的生产和研发。乐视在内容方面有较大的优势。

2015年，互联网电视成为热点，互联网媒体的下一站很可能是互联网电视。与手机"小屏"相对应，高清、智能的互联网电视"大屏"很可能成为未来智慧家庭的娱乐中心和信息入口。未来很可能所有电视都是互联网电视，不仅互联网巨头、大型网络视频商高调进入，包括广电运营商、彩电生产商、牌照商、代工厂都纷纷涉足。

2015年6月，歌华有线宣布，联手中影、阿里等巨头组建中国电视院线运营公司，尝试付费点播模式。

早在2014年12月，歌华有线联合全国30余家省市有线电视网络运营商共同成立了中国电视院线联盟，并与30个省市签署电视院线业务合作协议，依托各省市的高清交互平台，以点播付费的形式，开辟传统电影院线之外的第二大电影发行市场。

国内最大的彩电代工厂上市公司兆驰股份2015年6月公告称，东方明珠、青岛海尔将参与认购兆驰股份的非公开发行的股票。其中，东方明珠和母公司SMG（上海文广集团）一共出资33亿元，占增发后兆驰股份总股本的14.06%；青岛海尔出资3.7亿元，占增发后兆驰总股本的1.58%。增发完成后，东方明珠、SMG、青岛海尔将依次成为兆驰股份的第二、第三和第五大股东。

兆驰股份有硬件规模制造和成本控制优势，是全国最大的电视终端产品ODM厂商，拥有千万级的电视机和机顶盒生产制造能力。东方明珠是国内最大的互联网电视运营商。青岛海尔有完善的线上线下销售渠道和服务网络。三方"联姻"，将联手推出自有品牌的互联网电视，借助青岛海尔在国内完善的销售渠道、配送和售后服务网络，提升销量。

增发募集的36.7亿元，将投向三个项目：一是智能电视的硬件平台；二是搭建包括视频、游戏、医疗、教育、电商等在内的内容云平台；三是搭建全渠道覆盖的自有品牌销售平台。除了借助海尔每年销售数百万台液晶电视的线上线下渠道，还将建设自有的互联网品牌和网上商城。

2015年8月，兆驰股份发布公告收购风行网63%股份，风行网的股权结构将变为兆驰股份持股63%，东方明珠持股19.76%。兆驰股份成为

风行网的控股股东。

风行网拥有在PC、手机、平板、电视等几乎所有视频播放终端上支持P2P视频云服务技术，可为用户提供稳定快速的视频播放体验。根据公告，股权交易完成之后公司将投入建设互联网电视生态系统，拓展电视互动购物、游戏娱乐、智能家居等方面的应用。

中国第二大传媒集团上海东方传媒集团有限公司（SMG）旗下上市公司百视通和东方明珠于2015年6月实现了正式合并，这预示着广电系的互联化变革也驶入了快车道。

2015年8月，由SMG主导的华人文化产业投资基金旗下的互联网电视机初创公司微鲸科技发布首款互联网电视。微鲸科技首期启动资金为20亿元，资金主要来源于华人文化产业投资基金以及阿里、腾讯两大互联网公司，此外，中央人民广播电台也参加了微鲸科技的创始发起人组合。四家企业将从资本、技术、内容、服务等各种资源角度形成深度的战略合作。

除此之外，2015年，视频网站PPTV推出PPTV电视，宽带运营商鹏博士推出大麦电视，制造企业京东方推出自家智能电视，IT厂商联想推出子品牌17TV，九联科技推出荣为电视，暴风科技联手海尔拟推出暴风TV，歌华有线、优酷网等公司也宣布进入互联网电视行业。互联网电视行业中的竞争者已经达到10家以上，2015年做互联网电视的已有7家新品牌，比传统电视厂商还要多。

2014年中国智能电视用户激活总量3000多万台中，排名靠前的是海信、TCL和康佳等传统厂商。但在互联网大潮冲击下，洗牌将不可避免，传统厂商将被超越或取代。

第五节　互联网文学：IP（知识产权）产业的源头生产者

2013年国内数字出版产业整体2540亿元，同比增长31.3%，其中电子图书38亿元，同比增长22.58%。

2014年3月14日，国务院发布《关于推进文化创意和设计服务与相关产业融合发展的若干意见》，明确指出加快数字内容产业发展为重点任务，推动文化产品和服务的生产、传播、消费的数字化、网络化进程，强化文化对信息产业的内容支撑、创意和设计提升，加快培育双向深度融合的新型业态。

数字出版产业是新旧媒体融合的典型代表，国家给予了较大的政策支持，刺激行业过去数年维持了30%以上的高增长。

目前实践来看，数字出版并不会颠覆传统纸质出版，当电子书上架后，反而能增加书籍的影响力，进而带动纸质书的销量。

数据显示，我国手机阅读活跃用户达4.9亿，其中网络小说占了全部阅读门类的60%，手机网络文学使用率为44.4%。网络文学已成为与网络视频、网络游戏、网络购物、网上支付同等重要的主流互联网应用。

在互联网时代，因阅读习惯的改变，传统媒体日益衰微。

中国新闻出版研究院《2013年新闻出版业产业分析报告》显示，2013年，中国期刊出版实现营业收入222亿元，同比增幅仅为0.5%；同年，中国期刊总印册数为32.7亿册，为近5年来首次下滑。

再如，以美国为例，在线广告占比由2006年的23%升至2011年的38%；而同期报纸杂志广告占比由20%降到9%。

目前网络文学市场上，腾讯文学一家独大，在版权主推独占方式。

2015年初，腾讯文学和盛大文学联合成立"阅文集团"，由此占据了网络文学市场半壁江山。发展方向主要包括扩充内容、内容精排、强化搜索、产品全移动化、研发电纸书设备、提升网络原创内容、维护版权开发，以及全渠道全平台推广等8个方面。

2014年底，百度文学成立，对纵横中文网、熊猫看书、百度书城等网络文学品牌和内容进行整合。通过百度贴吧、百度游戏、百度音乐、百度视频等资源对原创网络文学进行推广、版权授权，以及对原创作品改编成影视、游戏后的推广与运营等。

2015年5月，阿里文学整合淘宝阅读、UC书城、书旗小说等入口渠道资源，宣布将以移动阅读为突破口，与多家内容上达成战略合作，主推网络文学市场开放版权战略。在影视改编产业上，阿里文学与阿里影业、光线传媒、华谊兄弟等公司达成深度合作关系。

此前的网络文学市场，一度是盛大文学、腾讯文学和百度纵横文学三家争霸的格局。此后，网络文学市场将形成百度、阿里巴巴和腾讯三足鼎立的局势，围绕IP（知识产权），来打通文学、游戏、影视等泛娱乐产业链。

第六节 互联网体育：2015，互联网体育元年

2013年，我国体育产业占GDP比重仅为0.56%，约为全球平均水平的1/4、发达国家的1/5~1/6，足见发展水平落后。若比较人均体育产值，我国与其他发达国家的差别更是悬殊。

我国体育产业不仅整体落后，结构也不合理。美国的体育产业发展很均衡，上游的体育观赏服务业占比达到25%，下游的体育用品生产业占比为30%，而体育健身服务业是美国体育产业最主要组成部分，占比为32%。

与美国比较，我国体育产业还处在初级阶段，大多停留在体育用品、鞋帽的生产使用上，涉及实质内容竞技表演和娱乐占比较小。我国体育用品、鞋帽产值占比接近80%，呈"一家独大"局面。

在从体育大国迈向体育强国的过程中，体育服务业会得到持续的政策支持；消费者对体育用品的消费惯性会延续，对专业、高端的体育用品的需求会加速扩张。

万达集团王健林2015年投资合计约110多亿在西甲马竞俱乐部、盈方体育集团及世界铁人公司（WTC）三个项目上。他把体育产业链分为A、B、C三端：A端，就是体育赛事的国际性组织，比如单项赛事的国际组织或具有重大体育赛事品牌的组织，如国际足联、国际奥委会等。B端是代理A端体育产业组织的转播权、营销权或者品牌赛事的企业，如万达收购的瑞士盈方。C端就是具体的单项体育赛事，或者是赛事俱乐部。万达认为，足球、篮球俱乐部，基本都是烧钱，赚的是名

声。所以万达在体育产业布局上倾向于A端和B端。

2014年10月，国务院发布《关于加快发展体育产业促进体育消费的若干意见》，规划到2025年要实现体育产业总规模超过5万亿。而据政府权威部门公布，2014年中国体育及相关产业收入不到3000亿，其中还包括运动装备这些类项。由此可见，体育市场未来潜力非常大。

体育产业分为体育赛事运作、媒体商业化、传统鞋服和体育彩票四大类细分领域。其中，赛事运作是利润边际较高的市场，媒体商业化中的转播权是成本边际较低的市场。鞋服和彩票属于衍生品业务，品牌价值最大。

过去的体育产业主要通过赛事运营、直播、媒体和体育衍生品来展开，各业务板块被分割，并非是完整的产业链。互联网介入体育领域只有简单的报道、采访等信息传播，基本被新浪、腾讯、搜狐、网易等四大门户垄断了95%。

在"众媒时代"，不同于其他类型新闻，体育新闻更加要求时效性和现场感。之前，传统媒体在体育新闻领域具有最大的话语权，但此后随着移动互联网的普及，传统成为被颠覆的对象。

以前传统媒体刊发的五大联赛战报对于受众来说意义非凡。然而现在，大家手握智能手机几乎可以随时随地同步了解赛况，甚至看视频直播，类似于战报这样形式的体育新闻就失去了存在的意义。

近两年来，网易、搜狐、凤凰都大量裁减了体育记者编制，极端如网易甚至已经没有了体育记者这个职位。在"众媒时代"，通过移动终端和社交平台，人人都可以成为体育记者。

体育视频行业内，有三家龙头公司：乐视体育、腾讯体育、PPTV第一体育。

2015年5月，乐视体育宣布首轮融资8亿元人民币，战略投资人包括万达和阿里等。

乐视的做法是打通体育产业的整个产业链，从最上游的赛事组织到运营、转播传播、体育衍生品和体育智能，尝试实现产业化，将不同的环节串联打破边界，全面落地"赛事运营+内容平台+智能化+增值服务"四块业务。

比如，除了大量购入版权和建立赛事经营渠道之外，乐视体育在智能硬件方面已经开设了三家公司，产品包括智能自行车和运动摄像机，以及收购一家无人机公司。

第七节 资本布局和BAT的做法：阿里手笔最强大

阿里巴巴

2014年11月，出资15.33亿参与华谊定增，持股8.08%，成为第二大股东。

2014年4月，阿里巴巴和旗下云锋基金出资12.2亿美元，两者联合持有优酷土豆18.5%的股份。

2014年4月，以杭州云溪投资合伙企业间接投资65.36亿，获得华数传媒20%股份。

2014年6月，以62.44亿港元收购港股文化中国60%股份并将其改名为阿里影业。

2015年3月，出资24亿获取光线传媒8.78%的股份，成为第二大股东，5月中旬双方又签订《战略合作框架协议》。

2015年6月，阿里影业发布公告称，已和配售代理签订配售协议，向不少于6家独立的专业机构或个人投资者配售股份。此次配售股份约占阿里影业已发行总股本的19.96%，占扩大后总股本的16.64%，合计募资约121亿港元。

阿里影业还与台湾知名制作人柴智屏签订了电影创作开发合作协议书。并与国际知名导演王家卫授权的春光电影签订了合作协议书，开始筹备拍摄第一部影片《摆渡人》。

阿里影业三大发展目标是，以IP为核心的内容产品制作的影视业务；打造出结合阿里影业线上线下资源的宣传发行业务；以及以互联网方式创新，以媒体渠道资源为基础的娱乐电商业务平台。

可以看出，从资金募集到最后宣发，阿里电影统一通过开放的互联网平台进行。阿里影业定位不仅仅是传统的影视制作公司，而是希望通过互联网和国际级的技术及人才去改造影视行业，发展成为一家基于互联网平台的全产业链娱乐公司。

阿里努力打造覆盖整个影视行业上中游的全产业链系统，构造阿里电影大娱乐平台。

2014年上线娱乐宝和淘宝电影。

娱乐宝是全球第一个也是最大的C2B影视娱乐内容投资融资平台，2014年开始运行至6月，累计投资20部电影，筹资额达5.6亿，投资项目整体票房超过40亿，约占中国同期票房的10%。

娱乐宝充分利用粉丝经济效应，通过资金募集功能，粉丝可以成为自己钟爱电影人的投资人，享受探班首映礼分红等增值服务，将松散的个体粉丝集合成庞大的投资人，且还承担全程的营销功能，从而体现出粉丝红利。

娱乐宝不仅有阿里影业自己出品的电影，也可帮其他公司融资以及宣发工作，阿里影业与制作团队的关系从娱乐宝筹资即开始。以开放性平台切入，实现电影链条资源最优分配。

淘宝电影是一家在线售票选座网站，拥有手机客户端、PC端及线下售票机三大入口。截至2015年6月在国内在线电影票务市场约占2%的份额。淘宝电影已经成为重要的线上售票平台。

相比于实体院线，阿里影业获得用户的成本是很低的，且复制力和扩张力要大于以院线建设为主的传统电影公司。换句话说，和以平台流量收费模式为主的淘宝或天猫（不同于自营电商京东、亚马逊的

电商模式）一样，阿里线上售票相当于在互联网上开影院，但收取的是流量费，即每一家实体的电影院和院线每卖出一张票，都要抽取一部分钱。

阿里以溢价近5倍约8.3亿，竞价获得国内最大的影院出票系统提供商之一广东粤科软件的全部股权，抢占O2O在线售票的风口。

阿里还尝试开发电影衍生品。2015年与迪斯尼达成合作协议，从迪斯尼旗下漫威影业的《复仇者联盟2》开始，通过淘宝电影牵头，天猫联合包括奥迪、乐高、李宁在内的40余个获迪斯尼正版授权的品牌独家首发电影衍生品，与商家合作开发出受众喜爱的衍生产品，试水T2O电商模式。

布局阿里文学，聚焦文学IP业务。

在上游，阿里文学、知名导演与制作人联袂推送IP内容，余额宝予以及时的资金跟进和衬托；

在中游，和光线传媒顺势承接，借助视觉平台Render cloud实现低成本的拍摄制造；

在下游，淘宝电影与粤科软件组成的销售前端拓展上线下院线以及衍生品开发销售；

在外围，阿里所拥有电商数据，新浪微博等社交平台数据直接强势辅助和推动内容产品的反向定制。

其他几家互联网巨头声势没有阿里那么大，如腾讯占据中国游戏行业半壁江山，在手游、页游、端游市场都占据了一半的份额；百度战略投资爱奇艺，是第一大股东；小米2014年1月千万美元投资优酷土豆，11月3亿美元入股爱奇艺，成为继百度之后的第二大股东，还入股了市公司华策影视；搜狐收购了56网；苏宁收购了PPTV，但公司2014年亏损超过4.8亿。

第八节　典型上市公司投资价值分析

一、光线传媒

1. 电影发行市场龙头企业。2014年光线传媒发行了《爸爸去哪儿》《同桌的你》《分手大师》和《匆匆那年》等12部高质量电影，总票房创下约31亿元的历史最高纪录，较2013年的23亿元增幅巨大。

公司以约20%国产片票房占比登顶民营电影公司票房首位（2014年票房分成约为20%），是国内最大的电影发行商。

中国电影市场近年来保持超过30%复合增长率，作为行业龙头的光线传媒领先于行业的发展增速。2015年预计投资、发行超15部影片，包括《港囧》《横冲直撞好莱坞》《古剑奇谭》等大片，力争全年达50亿票房目标。

2. 2014年光线传媒实现营收12.2亿，同比增35%；归属母公司净利润3.3亿，同比略增0.4%。其中电影业务毛利率同比大幅提高约14个百分点至约56%，是盈利增长的主要原因。

根据预告，光线传媒2015上半年实现净利润7684～9733万元，同比降低5%～25%。主要原因是上半年影视剧项目较少，且财务费用和电影成本大幅增长。

3. 与互联网大佬合资合作，强强联手，试图构建泛娱乐集团平台。

（1）与奇虎360合资组建视频网站，试水内容付费点播模式。光线传媒拥有大量的优质影视娱乐内容资源储备，有利于合资公司搭建庞大的影视娱乐内容资源库；奇虎360公司拥有大量的用户资源和互联

网流量以及突出的网络视频技术，是国内重要的互联网平台之一。两家公司成立合资公司可以形成资源互补效应。

光线传媒与360合作设立的"先看"网站成为中国第一家以付费观看为唯一方式的视频网站。其模式类似于美国奈飞（Netflix）公司。

Netflix公司是美国最大在线视频提供商，媒体服务付费用户数量已达约5400万人。Netflix从一家在线影片租赁服务公司转型为一个网络影视播放平台，成为有线和公共电视网之外第三大影视播放媒体。Netflix自主开发的《纸牌屋》等剧目大受欢迎。

由于市场认可其创新业务，截至2015年6月初股价已达约650美元/股，近5年股价上涨约5倍。市值达约400亿美元，市盈率高达约170倍。

"先看"网站力图改变国内当前电影下线很久才能在互联网平台播出的现状，变成电影上映一段时间后便可在"先看"付费观看。借此，光线传媒作为内容方，可获得高于传统院线的分成比例，同时还可作为发行方（线上院线）获得另一端的分成。而且，在"先看"播出至影片下线后，到了传统互联网播出时段，还可以再分销版权至传统视频网站。

（2）2015年3月，阿里投资24亿，持股9909万股，占比8.78%，成为公司第二大股东。5月28日公司公告，与阿里巴巴已签订《战略合作框架协议》。

在电影投资相关合作方面，光线传媒有权每年投资阿里巴巴5部电影作品不低于5%的份额，阿里巴巴有权每年投资光线传媒5部电影作品不低于5%的份额，或以娱乐宝形式合作。

在制作或投资发行方面，计划3年内，光线传媒与阿里巴巴关联公司阿里影业利用各自的优质资源相互合作共同制作或投资、发行5部

（数量暂定）电影作品。

在IP（Intellectual Property，知识产权）方面，合作包含在双方享有相关IP权利的前提下，就相关业务如剧本、音乐、改编等方面，与对方在同等条件下优先合作。

在互联网新媒体渠道发行合作方面，就光线传媒享有相关权利的电影作品之OTT权利的许可事宜优先与阿里巴巴进行独家合作。

在影视衍生品优先销售或优先首发合作方面，光线传媒入驻天猫开设光线传媒旗舰店，销售公司电影及艺人之衍生品，阿里巴巴协助公司在天猫、淘宝网进行衍生品、公司相关影视作品、公司旗下艺人之间的联合运营及推广。

在线上票务优先销售或首发方面，双方合作的电影项目将在同等条件下优先与淘宝网就线上票务销售进行合作。阿里巴巴将提供淘宝网优势资源进行重点宣传推广。

4. 业绩新增长点动漫游戏业务：2014年新增动漫游戏收入6000万。公司现已投资13家动漫公司，22部超级片单，动漫电影涉及国漫风、合家欢、影游联动、奇幻真人等多种类型，储备国内50%以上优质动漫IP资源。

5. 两家参股公司年内或登陆A股，有几家主投公司有望挂牌新三板。公司投资占比27.64%的新丽传媒正在IPO的进程中，其主投的2015年国庆档喜剧片《夏洛特烦恼》爆冷大获成功，大大提升了其预期上市价值。持有4.8%股权的欢瑞世纪也正在筹划借壳*ST星美；此外包括呱呱网在内的4家主投公司正在准备挂牌新三板。另外还有此前投资、已浮盈10多亿的天神娱乐将在2015年9月18日解禁，光线传媒投资收益非常可观。

6.风险提示:

(1) 2013年末以来电视节目市场竞争加剧,推高制作播出业务成本,拉低栏目制作和广告业务的毛利率,致使光线传媒整体毛利率由2013年的46%下滑至2014年的39%。

(2) 2014年增长主要来自于电影票房增长业务,电视栏目和电视剧业务表现不佳。

结合基本面看,在这个时点估值较高:截至2015年10月底,市值约370亿,静态市盈率约110倍,市销率约30倍。

光线传媒日K线:

二、昆仑万维

1. 2014年昆仑万维实现营业收入19.34亿元,同比增长28.09%;扣非净利润3.21亿元,同比增长29.85%。

(1) 手游方面,2014年实现营收13.44亿元,约90%;

(2) 页游方面,2014年实现营收4.60亿元,同比下降约30%;

(3) 端游方面,2014年实现营收0.98亿元,同比增长2%。

2. 昆仑万维在游戏产业布局比较全面,产品遍及端游、页游和手游全领域，其中手游产品是重点。2014年，昆仑万维共发行游戏24款，以手游为重心。

3. 昆仑万维是国内最具实力的游戏出口发行公司。游戏出口近年来成为国内游戏研发企业的重要创收来源。公司2009年开始布局海外游戏团队，构建"总部发行+海外子公司"的运营架构，实现境外业务扩张。2014年度境外主营业务收入达到14.44亿元，较2013年度增长28.61%。在中国本土原创移动网络游戏海外收入中，公司份额约占10%，位居行业第一。

4. 2015年上市后，昆仑万维以并购和股权收购为手段，快速布局其他互联网领域。

（1）重点布局互联网金融。昆仑万维已参投信达天下科技（1500万元，15%）、趣分期（6200万美元，25.71%）、随手科技（1649.51万元，8.25%）三家互联网金融细分领域龙头。

昆仑万维以子公司昆仑香港为投资主体，2015年4月1日作为有限合伙人认购基金1200万美元，定向投资于"趣分期"；4月7日，再度出资5000万美元持有其20%股权，成为趣分期D轮融资的领投者。

"趣分期"为国内领先的面向大学生提供分期消费的金融服务平台，通过一端对接天猫、京东等大型电商及线下商户，一端对接 P2P 投资理财平台为用户提供优质分期消费服务。现覆盖全国近3000万大学生，平台2014年交易量6.23亿元，截至2015年第一季度累计商业化用户达120万。

随手科技成立于2010年，是国内个人理财应用领域的领军企业，已在A、B轮融资中引入了红杉资本及复星昆仲资本。随手科技旗下拥有随手记（个人理财管理）、卡牛（信用卡管理）两款应用产品，主要面向普通消费者、个体经营者、城市白领等人群。截至2015年3月累

计用户量已超过1.5亿，是国内最大的个人财务管理流量入口；随手记论坛月访问量已超过1000万次，月帖子浏览量达1亿次，已成为国内最大个人理财社区，致力于打造定制化私人理财平台。

（2）参投DadaNexus（300万美元）、和力辰光（6000万元，3%）、优蜜移动（3135万元，5.34%，前后合计8.06%），涉足O2O现代物流平台、影视版权平台、移动营销等领域，布局泛互联网领域。

（3）投资E保养，战略部署车后市场。2015年5月，昆仑万维公告由全资子公司向 Free Charm Investment（E 保养）投资1100万美元，认购公司22%股权。

E 保养成立于2014年1月，是开展以智能保养为支撑的汽车上门保养服务，专注于汽车保养的O2O公司。用户可通过微信、网站等便捷方式下单，用户通过在线预约技师上门服务，可在任意停车位保养车辆。E保养上门为用户车辆进行专业保养，是一种全新的汽车售后服务运作模式。

截至2015年5月，E保养已经在北京、上海、广州、深圳、苏州等6座城市布点服务，服务车达到300辆，日接单峰值2000单，平均客单价500~600元，在国内同行业中处于领先水平。

5．风险提示：投资领域有些分散，虽然集中在互联网领域，但发挥各板块的协同效应尚需一定时间的整合。

结合基本面看，在这个时点估值略高：截至2015年10月底，市值约410亿，静态市盈率约125倍，市销率约21倍。

昆仑万维日K线：

三、掌趣科技

1. 2014年掌趣科技实现营业收入7.75亿元，同比增长103.62%；归属母公司净利润3.31亿元，同比增长115.20%；扣非净利润2.82亿元，同比增长100.49%。

2. 掌趣科技2015年2月拟以发行股份和支付现金的方式，定增43亿收购三家公司股权，预计在2015年合并报表后大幅提高公司盈利。

（1）购买晶合思动100%股权。晶合思动是移动休闲游戏开发商，晶合思动的业绩承诺目标为2015—2017年扣非净利润不低于1.51亿元、1.84亿元和2.28亿元。

（2）购买天马时空80%股权。天马时空是移动游戏和网页游戏开发商，其手游大作《全民奇迹》2014年10月上线。截至2015年1月底，累计充值4.97亿元，1月份的活跃用户454万人，付费用户42.7万人，单月充值金额高达2.42亿元。天马时空的业绩承诺目标为2015—2017年扣非净利润不低于1.58亿元、1.96亿元和2.46亿元。

（3）购买上游信息剩余30%股权。公司还拟以3.66亿元的对价发行约2349万股股份收购上游信息剩余的30%股份，完成后上游信息将成为全资子公司。上游信息的业绩承诺目标为2015年、2016年扣非净利润不低于1.56亿元和1.90亿元。

本次交易的总对价为43亿元，收购完成后2015年可增加净利润约3.24亿元。

（4）本次收购晶合思动和天马时空完成后，标的公司原公司股东腾讯和小米将参与业绩对赌成为掌趣科技股东，持股比例不多，在1%左右（腾讯产业基金将持股1.45%，小米全资子公司金星投资持股0.56%）。

3.互联网金融业务。公司在互联网金融领域已先后投资国内龙头个人理财应用服务商随手科技（持股8.25%）、分期消费平台趣分期（直接和间接持股23.85%）、银客网（持股20%）和英国P2P平台Lendinvest（持股20%）等，搭建起以趣分期和随手记为流量入口，银客网和Lendinvest为国内外资产端的生态链。股权投资方面，公司以自有资金认购股权投资企业辰海灵璧10000万元，用于互联网金融和互联网改造传统行业的各个细分领域的投资。

结合基本面看，在这个时点估值不高：截至2015年10月底，市值（增发前）约340亿，考虑进增发收购公司所提供的盈利增量因素，静态市盈率约40多倍。

掌趣科技日K线：

四、宋城演艺

1. 宋城演艺作为国内领先的旅游演艺品牌，运营模式类似迪斯尼，主要景点有杭州宋城千古情景区、烂苹果乐园、三亚项目、九寨沟项目和丽江项目等。

2014年营业收入9.35亿元，同比增37.8%；实现归属于上市公司股东的净利润3.61亿元，同比增17.11%；扣非净利润3.45亿，同比增23.3%。

其中，三亚项目8000万利润，九寨沟项目2000万利润，丽江项目1000万利润。

宋城演艺上半年净利预告增长50%～70%。

2. 收购互联网娱乐平台六间房100%股权，尝试O2O娱乐生态圈。宋城演艺拟以发行股份和现金支付方式购买六间房100%股权，其中向控股股东宋城集团现金支付16.1亿元购买62%股权，向标的公司其他股东发行股票购买38%股份；同时拟向不超过5名特定投资者发行股份配套募集资金不超过6.5亿元，

六间房是中国最大的互联网演艺平台网站（以2014年平均月度活跃用户数统计），同时是一个基于平民艺人和粉丝关系的互联网娱乐

社交平台，本质上直击普通用户的社交心理需求。表演者通过直播展示才艺吸引粉丝，内容产生端包含海量表演者，内容消费端包含海量用户，两者在六间房互联网演绎平台形成社交网络，并构成一个完整的内容C2C经济生态系统。六间房生态圈不仅是连通表演者和用户，也是在用户与用户之间打造社交平台，利用粉丝经济推广社区产品，提升用户和表演者的黏性。

以2014年平均月活跃用户统计，六间房每日直播时长37000小时，拥有数万名签约主播，累计注册用户数约3000万，2400万月活跃用户参与其中，超过550种虚拟物品，每日超过1000万虚拟礼物送出。

六间房2015—2018年度承诺净利润分别为1.51亿元、2.11亿元、2.75亿元和3.57亿元。六间房已于8月份并表。

3. 收购区域重点竞争对手《藏谜》60%股权。宋城演艺公告拟出资8700万元以股权受让及现金增资的方式获得九寨沟县容中尔甲文化传播有限公司60%股权，并与该公司及其股东签订战略投资协议。容中尔甲文化传播公司主要经营九寨沟《藏谜》演出。《藏谜》经营良好，《藏谜》大剧院占地20亩，建筑面积15000平方米，舞台面积1600平方米，能容纳1500名观众。

4. 投资设立现场娱乐投资基金。2015年5月宋城演艺公告拟与控股股东杭州宋城集团控股有限公司控股子公司七弦股权投资管理有限公司共同投资设立宋城七弦投资管理有限公司。宋城七弦注册资本人民币500万元，其中宋城演艺占40%、七弦投资占60%。

现场娱乐投资基金分期设立，基金目标募集规模为人民币10亿元，根据投资进度分期设立，其中，一期基金规模为人民币1亿元，由公司与宋城七弦共同出资设立。公司作为有限合伙人认缴人民币9900万元。基金管理人为宋城七弦。

宋城演艺现场娱乐投资基金将聚焦于以宋城演艺，特别是与六间房在线演艺生态相关的上下游产业链标的企业/项目为基金的投资方向，主要投资于音乐、舞蹈、曲艺、戏剧、文学、经纪等领域的优质标的，致力于服务上市公司的产业拓展，进一步丰富公司现场娱乐产业内容，拓展六间房线上演艺形态，进而增强公司线上线下演艺资源的整合能力。

5. 异地扩张继续推进。继三亚、丽江、九寨沟三大项目成功复制后，宋城演艺公告拟以自有资金出资2000万元成立全资子公司泰安宋城演艺，推进泰安演艺项目。并将以托管泰安市核心区域的泰山大剧院的方式于7月底推出大型演艺产品《泰山千古情》。

6. 2015年9月公司公告称，公司出资1.4亿元与桂林旅游合资设立漓江千古情公司，持股比例70%。漓江千古情项目总投资规模约5亿元，项目地点位于阳朔县，项目用地约160亩，主要建设内容包括剧场、文化旅游项目、商业及生活配套设施等。本次投资将旅游与文化深度融合，有利于提高公司在全国进行异地复制的连锁效应。

结合基本面看，在这个时点估值有优势：截至2015年10月底，市值约340亿，考虑进增发收购六间房所提供的盈利增量因素，动态市盈率约50倍。

宋城演艺日K线：

五、迅游科技

1. 国内领先的互联网实时应用加速服务提供商。迅游科技主营业务是为网络游戏等互联网实时交互应用提供网络加速服务，主要产品是"迅游网游加速器"。"迅游网游加速器"通过互联网智能路由导航、加速节点部署、智能加速算法等多项加速技术，为网游玩家提供网游数据传输加速服务。

2. 迅游科技2014年实现营业收入1.78亿元，同比增长23.44%；净利润6017万元，同比增长31.23%。经过多年来的发展，公司目前已经是网游加速行业的龙头。

3. SCAP 技术行业领先。迅游科技的核心业务是基于独立研发的SCAP 向网游用户提供云加速服务。核心技术均来源自身独立开发。迅游科技的网游加速技术应用了互联网智能路由导航、用户端游戏数据及传输协议分析、基于游戏特性的针对性加速、多模式自适应和高效的数据传输连接技术。

4. 新股，于2015年5月上市。IPO发行1000万股，扣除发行费用后净额约2.9亿元，主要用于智慧云加速平台优化与升级技术改造项目和补充营运资金。未来迅游科技将增加网络节点并对节点扩容，此外加入手持终端网游加速器，进入手游加速器市场。

结合基本面看，在这个时点估值较高：截至2015年7月底（7月下旬开始停牌），市值约88亿，静态市盈率约145倍。根据2015年半年报换算的动态市盈率也是145倍，市销率约49倍。

迅游科技日K线：

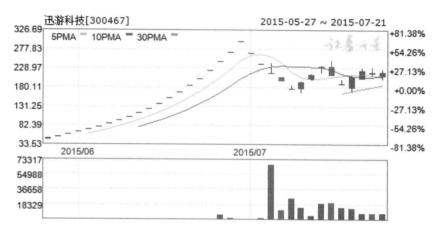

六、游族网络

1. 游族网络是国内页游行业绝对龙头。2014年实现营业收入84353.57万元，比上年同期增长了27.20%；利润总额为39863.59万元，比上年同期增长了19.55%，归属于母公司所有者净利润41459.34万元，比上年同期增长了40.29%。

2. 尝试实施"影视+游戏"的泛IP化战略。游族网络成立游族影业，除了自身拥有多款游戏及优秀IP外，探索实施影游双轮驱动战略，计划开展影视与游戏业务的深度合作。比如游族影业已获得著名科幻小说《三体》改编权，除了将推出改编电影外，还计划推出《三体》改编的5~6款游戏产品并将自主研发发行。

3. 收购掌淘科技，进军大数据业务。游族网络于2015年4月宣布将以人民币5.38亿元的对价收购掌淘科技100%的股权。计划以49.49元/股的价格向掌淘科技现有股东发行约550万新股，并支付26650万元现金。公司还计划以不低于人民币44.55元/股的价格向不超过10家机构投资者发行不超过302万新股募集资金。

掌淘科技是一家领先的大数据企业，公司服务移动应用开发者，

提供软件开发工具包（SD）和数据分析产品等开发工具，帮助开发者将其应用最优化。该公司已经建立了较大的移动应用开发者服务平台（约有66000名开发者）。

结合基本面看，在这个时点估值有一定优势：截至2015年7月底（7月下旬开始停牌），市值约247亿，静态市盈率约60倍。根据2015年半年报换算的动态市盈率约46倍，市销率约29倍。

游族网络日K线：

七、中文在线

1. 中文在线主要提供数字阅读产品、数字出版运营服务和数字内容增值服务。10多年来专注于数字出版业务，是中国数字出版的领先企业。公司以版权机构、作者为正版数字内容来源，进行内容的聚合和管理，向手机、手持终端、互联网等媒体提供数字阅读产品，为数字出版和发行机构提供数字出版运营服务，并通过版权衍生产品等方式提供数字内容增值服务。

2. 内容有优势。截至2014年6月30日，中文在线拥有数字内容22万多种，已经成为国内最大的正版数字内容提供商之一。

此外，中文在线的原创阅读平台"17K 小说网"和"四月天小说网"月活跃作者数超过3万，日均访问量超过3000万。与公司有合作关系的出版机构有265家，其中出版社96家，公司已成功签约知名作家、畅销书作者2000多名。

3.近年来受影视和游戏改编版权市场对原创网络文学作品IP版权的需求增长影响，核心IP的版权价值不断提升，致使公司数字内容增值服务业务快速成长，推动公司业绩增长。

4.新股，2015年1月上市。IPO主要募投项目是"数字内容资源平台升级改造"，预计投资2亿元。通过募投项目投入，公司将新增各类数字内容10万多种，其中网络原创数字内容4万多种，传统出版物数字内容近万种，有声读物数字内容5万集。实现公司数字内容资源的增长，增强公司核心竞争力。

中文在线计划在未来3年内从目前以图书为主，有声读物、漫画和期刊为补充，逐步扩大多品类数字内容资源，优化数字内容资源构成比例，新增10万种以上数字内容资源。

结合基本面看，在这个时点估值很高：截至2015年10月底，市值约180亿，静态市盈率约390倍，市销率约67倍。

中文在线日K线：

第五章

"互联网+金融"股票投资：暴利行业的移动互联市场化颠覆

"互联网+金融"是传统金融行业与互联网信息技术和互联网精神的有机结合。可以更加高效地把分散的金融资源集中在金融市场上，在分散和控制风险的同时，将其配置到最有效率的地方，更好地与实体经济相结合。线下银行通过加速推动线上业务，更多金融业务将通过网络完成。"互联网+金融"将改变甚至颠覆传统金融行业格局，这一切预示着，"互联网+金融"的春天已经来临。

第一节 行业状况:《指导意见》意味着无监管野蛮生长时代已经过去

互联网金融定义

根据《关于促进互联网金融健康发展的指导意见》的表述,互联网金融是传统金融机构与互联网企业利用互联网技术和信息通信技术实现资金融通、支付、投资和信息中介服务的新型金融业务模式。

互联网金融的主要业态包括互联网支付、网络借贷、股权众筹融资、互联网基金销售、互联网保险、互联网信托、互联网消费金融、电商小贷、基于大数据的征信,以及互联网金融信息安全等。

用户规模

2013年中国互联网金融用户为3.24亿,在网民中的渗透率首次超过50%,达到52.26%。

2014年互联网金融用户规模为4.12亿,渗透率为63.38%。

预计2015年国内的互联网金融用户将达到4.89亿,渗透率达到71.91%。随着国内网民用户规模的逐步增大,这一数据到2016年将达到5.33亿,渗透率74.03%。

政策支持

2015年7月18日，中国人民银行、工业和信息化部、公安部、财政部、国家工商总局、国务院法制办、中国银行业监督管理委员会、中国证券监督管理委员会、中国保险监督管理委员会、国家互联网信息办公室联合印发了《关于促进互联网金融健康发展的指导意见》。

该《指导意见》是针对整个互联网金融行业的顶层制度设计。随后，银监会、证监会等部委还会根据具体的行业，如个人网络借贷（P2P）、股权众筹等出台具体的监管细则。

《指导意见》鼓励银行、证券、保险、基金、信托和消费金融等金融机构依托互联网技术，实现传统金融业务与服务转型升级，积极开发基于互联网技术的新产品和新服务。

《指导意见》支持有条件的金融机构建设创新型互联网平台开展网络银行、网络证券、网络保险、网络基金销售和网络消费金融等业务。

《指导意见》支持互联网企业依法合规设立互联网支付机构、网络借贷平台、股权众筹融资平台、网络金融产品销售平台，建立服务实体经济的多层次金融服务体系，更好地满足中小微企业和个人投融资需求，进一步拓展普惠金融的广度和深度。

《指导意见》鼓励符合条件的优质从业机构在主板、创业板等境内资本市场上市融资。

《指导意见》明确，互联网支付业务由人民银行负责监管；网络借贷业务、互联网信托业务、互联网消费金融业务由银监会负责监管；股权众筹融资业务、互联网基金销售业务由证监会负责监管；互联网保险业务由保监会负责监管。这意味着整个行业"无监管"的时代已经过去，大大减少了行业面临的政策风险。

第二节　P2P 网贷：风险和收益匹配下的理性回报

P2P（Peer to Peer Lending）网贷源于20世纪90年代末的英国，指通过网络平台匹配借贷双方完成的小额借贷交易，往往单笔交易金额较小，供需双方以个人、小企业为主。目前英国一共有7家，美国从2005年到现在一共5家。截至2015年6月底，中国内地P2P网贷平台已超2000家，平台贷款余额超2000亿，领跑互联网金融行业。

政策解读

2015年7月18日，央行等十部委联合印发了《关于促进互联网金融健康发展的指导意见》，规定"在个体网络借贷平台上发生的直接借贷行为属于民间借贷范畴，受《合同法》、《民法通则》等法律法规以及最高人民法院相关司法解释规范"，为P2P网络借贷在适用法律层面定了基调。

2015年8月6日，最高人民法院《关于审理民间借贷案件适用法律若干问题的规定》正式发布，P2P在司法上被正式承认。第二十二条明确"借贷双方通过网络贷款平台形成借贷关系，网络贷款平台的提供者仅提供媒介服务，当事人请求其承担担保责任的，人民法院不予支持"。这表明P2P平台的居间地位得到了司法上的承认。

另外，《规定》第二十二条第2款规定了承担保证责任的情形，即"网络借贷平台的提供者通过网页、广告或者其他媒介明示或者有其他证据证明其为借贷提供担保，出借人请求网络贷款平台的提供者承担担保责任的，人民法院应予支持"。

市场容量

数据显示，2012年P2P网贷成交额仅约100亿元。

2014年6月，P2P网贷平台数量达到1263家，半年成交金额接近1000亿元人民币，接近2013年全年1100亿的成交金额。

截至2014年底，我国网贷运营平台达1575家，全年累计成交金额为2528亿元，为2013年的2.39倍。2014年网贷行业成交量以月均11%的速度增加，总体贷款余额达1036亿元，是2013年的3.87倍，

从参与人数来看，2014年网贷行业投资人数与借款人数分别达116万和63万，较2013年分别增加364%和320%。

2015年上半年，P2P网贷成交量达3006亿元，超过2014年全年成交量，月均增速达10%。

分月看，2015年1—6月单月成交量分别为357.82亿元、335.14亿元、492.60亿元、551.45亿元、609.62亿元和659.56亿元。

2015年9月，P2P网贷行业整体成交量已达约1150亿元，首次单月突破千亿成交量大关，是去年同期的4倍多。

预计2015年P2P网贷行业全年成交量将突破8000亿元。

截至2015年6月底，我国P2P网贷正常运营平台数量上升至2028家，比2014年年底增加28.76%，2015年上半年新上线平台近900家。

截至2015年6月底，P2P网贷行业贷款余额已增至2087亿元，环比5月增加8%，是去年同期的4倍。预计到2015年年底网贷余额或突破3500亿元。截至2015年9月底，实计成交量已经接近千亿元。

商业模式

目前，中国比较知名的P2P网贷平台包括陆金所、红岭创投、人人贷、宜信、拍拍贷、有利网等。商业模式主要分为四种：

1. 无担保纯线上模式：以拍拍贷、人人贷等为代表。企业或平台以"居间人"身份对借款人和贷款人提供在线借贷服务，并以此收取手续费和管理费，网络平台不履行担保职责，是一种纯中介型的P2P借贷平台。在国外，这是相应监管机构唯一允许存在的P2P模式。

2. 有担保线上模式：这种模式下的网络平台扮演着"网络中介+担保人+联合追款人"的综合角色，提供本金甚至利息担保，形式上主要分为备付金担保和专业第三方担保，其实质上是承担间接融资职能的金融机构。此类平台的交易模式多为"一对多"，即一笔贷款需求由多个投资者投资。

3. 债权转让模式：交易模式多为"多对多"，以宜信为代表。该模式下，借贷双方通常不直接签订债权债务合同，而采用第三方个人先行借款给资金需求者，再由资金借出方将债权转让给其他投资者的模式。通过不断引入债权并将金额和期限的错配不断进行拆分转让，网络公司作为资金枢纽平台，对出资人和借款人进行撮合。债权转让是在目前中国法律体系下合法且能保障投资人权益的投资理财方式，如果大额借款直接由多个放贷人参与，可能很容易触碰非法集资的红线。

4. 线上线下结合的天猫模式：以陆金所为典型代表。2015年起，陆金所将P2P业务整合到"平安普惠金融"，陆金所不再提供自有P2P产品。整合后，陆金所联手前海征信打造P2P开放平台"人民公社"，成为业内首家提供全流程、一站式互联网投融资服务的P2P开放平台。计划为投资者提供包括P2P、保险、票据、公募基金、私募基金在内的各种标准及非标准化的投资理财服务。可以近似称为P2P行业的天猫模式。在重新梳理和整合之后，陆金所控股旗下的三驾马车平安普惠、陆金所和前海金交所将分别侧重资产开发、个人理财和机构投资三个不同方向，三家公司之间既有业务往来又相互独立。数据显示，陆金所2015年上半年的交易量已达5000亿元，而去年同期只有500亿，增长了9倍。在注册用户方面，已经积累了约1000万客户，目前每一个月新增加的客户在100万以上。

在营收模式上，P2P平台向出借人和借款人两方收取佣金。

对于借款人，在借款成功后，需要根据借款总额支付一定比例的中介费。同时，在还款过程中，还需要向平台缴纳一定的账户管理费，如果有逾期情况，还需要缴纳滞纳金等。

对于出借人，平台一方面会在利息收益中按照一定比例（一般是10%）扣除管理费，另一方面通过平台进行债权转让时平台会收取一定比例的手续费。

如陆金所在投资者和举债者之间牵线搭桥，每笔贷款能收取4%的服务费。总体来看，不考虑坏账准备金等因素，主流P2P平台收益约为借贷交易额的5%。

年化收益率水平

行业发展初期，各P2P平台为吸引用户，不惜贴钱给出了非常高的年化收益率回报，曾一度高达20%以上。

在2013年，网贷综合收益率约为21%。直到2014年6月，P2P网贷行业首次跌破20%的年化收益率。2014年全年，网贷综合收益率约为18%。

进入2015年，随着大型互联网公司、银行以及国资背景企业的不

断涌入，P2P网贷市场在竞争中不断成熟，利率开始回归理性。P2P网贷行业综合收益率已经从年初的约16%下行至8月的约13%。预计未来的收益率水平还会小幅度调整下行。

从各平台的综合收益率分布来看，多数平台综合收益率介于12%～24%之间，平台数量占比约为70%；其次为12%以下和24%～36%之间，占比分别约为18%和10%。另外，36%及以上的平台数量占比约为2%。

客观讲，6%～12%的年化收益率水平比较合理，如陆金所2015年三季度的收益率约为8%，鹏金所收益率均维持在10%左右。这是因为，风险和收益永远成正比，出借人拿到的利息越高，意味着借款人成本也越高，同时坏账率和平台破产的可能性也会提高。收益下滑是P2P平台和投资者都趋于理性的表现。

互联网金融资本布局

2014年可以称作是国民互联网理财觉醒年，作为嗅觉灵敏的投资资金开始大举进入这个领域。据统计，2010—2014年，中国互联网金融领域共发生291起投资事件。其中，2014年发生了193起，以P2P投资案例数量居多，占行业总案例数比例也较高。

在行业洗牌加剧时，P2P行业烧钱速度极快，要想快速发展和站稳脚跟，就得需要资本的力量。

2015年6月中旬，互联网金融平台团贷网、银客网、安心e利、宝点网等多家P2P平台获得融资，其中不少已经是B轮。6月下旬，融资平台理财范宣布获得2.1亿元的B轮战略融资；互联网金融第三方平台网贷之家也宣布获得了1亿元的B轮融资。

第三节　互联网金融分类介绍：征信、保险、支付、供应链、股权众筹

互联网征信

"互联网+"对传统金融行业的改造促使创新产品和服务不断产生，更好地满足消费者需求。

比如，传统发放银行信用卡的主要方式是面签，用户需要填写大量信息并携带各类证件到银行柜面办理申请。而在"互联网+"金融时代，用户只需轻轻敲击键盘或点击手机，就能完成申请，甚至直接获得信贷支持。

然而，"互联网+"里面也掺杂着各种风险，"你永远不知道屏幕对面的是一个人还是一条狗"，身份识别是所有传统行业进入"互联网+"必须解决的第一个问题。只有具备海量数据以及精湛的大数据处理和挖掘技术，才有可能通过研究用户身份信息、设备环境、行为习惯、生物特征，并进行交叉验证，来确保互联网用户身份的可靠性。

市场对信用的需求，主要受两个力量所拉动：

第一，P2P网贷市场的爆发，由于风险控制的需要，对信用信息的需求特别强烈。

目前我国个人征信体系不完善、不开放，借款者和评估方之间信息极度不对称，数据的准确性和完整性不足。由于P2P公司没有资格接入央行征信系统，对客户资信的评估成本高、效果差。此外，由于不同的P2P公司之间没有信息共享机制，一个借款人可以同时从多个P2P

平台融资，从而放大了风险。

第二，是消费金融在我国的兴起，客观上也产生信用需求。

目前国内大数据分析主要基于信贷记录（还款历史、当前负债、信贷历史长度等）方式。而在美国，越来越多的非信贷数据（比如电信记录、公共事业费记录、公共记录和房产记录等）被引进到P2P，这些另类征信数据覆盖了更多的人群，被证明非常有效。

与国外完善的征信体系相比，我国征信行业尚处于起步阶段。

2013年3月，我国首部征信行业法规《征信管理条例》开始实施；同年12月，中国人民银行制定的《征信机构管理方法》才正式实施；2014年6月，国务院出台了《社会信用体系建设规划纲要（2014—2020年）》，明确到2020年基本建成以信用信息资源共享为基础的覆盖全社会的征信系统。未来仅个人征信市场规模就超过1000亿，而目前整个征信市场规模仅20亿元，发展空间十分巨大。

征信业务是互联网金融进一步发展的重要基础设施：互联网金融是互联网、云计算、大数据和移动支付等技术在金融领域的运用，其本质仍然是金融，核心是信用风险管理。

近年来，我国互联网金融行业在规模快速发展的同时，也出现很多问题平台。除了监管不够完善，征信体系的缺失是互联网金融健康发展的主要制约因素。

今年1月，央行已向芝麻信用等八家机构发放个人征信牌照，有望建成央行与民间互为补充的市场化征信体系，成为互联网金融进一步发展的重要基础设施。

美国具有全世界最为发达的征信系统，征信覆盖率约为85%。三大征信局Equifax、Experia和TransUnion联合分布全美的1000多家地方信用局，收集了美国1.8亿成年人的信用资料，每年出售6亿多份带有

FICO评分的消费者信用报告。

截至2014年6月底，我国最大的征信数据库——人民银行征信中心覆盖了约8.5亿人，覆盖率约为63%。对应中国10亿成年人，每年出售消费者信用报告可达30亿次。

但央行征信系统很难跟得上互联网金融的节奏，在缺乏开放征信体系的情况下，国内互联网金融企业在初期形成了自己的信用体系，未来合作交换将成为数据获取主要方式。

据不完全统计，包括北京和上海两地在内的26家第三方征信企业已经获得央行颁发的企业征信牌照。目前，征信在国内刚刚起步，业务模式仍在探索。

以上海资信网络金融征信系统（NFCS）为代表，第三方个人征信服务商正在崛起。

上海资信是央行个人征信平台的建设方，2013年建立NFCS网络金融征信系统，希望通过P2P行业内数据分享解决恶意欺诈、过度负债等信用风险。

截至2015年7月，全国共计有203家P2P机构签约接入上海资信公司NFCS网络金融征信系统。该平台收集并整理了P2P平台借贷两端客户的个人基本信息、贷款申请信息、贷款开立信息、贷款还款信息和特殊交易信息，通过有效的信息共享，帮助P2P平台机构全面了解授信对象，防范借款人恶意欺诈、过度负债等信用风险。

除上海资信外，以BAT为代表的互联网巨头也在战略布局大数据信用体系，其中，以蚂蚁金服旗下的芝麻信用和腾讯旗下的腾讯征信最受瞩目。

腾讯征信背靠微信和财付通来寻求发展。芝麻信用通过与阿里巴巴、蚂蚁金服、政府机构、公共事业单位、金融机构、商业伙伴的深

度合作，利用海量数据和前沿的机器学习算法，开发出一系列反欺诈产品和芝麻分等信用评估产品，帮助传统行业快速迈入"互联网+"时代，帮助消费者培养信用文化，享受信用服务。

互联网支付

互联网支付是中国互联网金融的拓疆者。

2003年支付宝的发明开创了中国电子商务的新时代，10年的时间，支付宝的交易笔数从最初的万笔级发展到2013年的百亿笔级，在第三方移动支付市场，支付宝占比约70%。

2013年，移动支付进入高增长时期，该年移动支付交易规模增长率高达707%。手机支付、网络银行、金融证券管理相关的各类手机应用软件的累计下载量超过4亿次，其中，支付宝钱包下载量占比高达58%。

数据显示，2013年互联网支付占比迅速扩大至31.2%，市场结构呈现天下三分局面，其中以银联商务为主的银联派支付企业的市场份额占比最大为39.8%，以支付宝和财付通为主的互联网巨头派占28.9%，其他第三方支付公司占比为17%。

在支付结算业务中，"支付宝"、"财付通"等依托自有网上购物网站，发展成具备在线支付、转账汇款、担保交易、生活缴费、移动支付等功能的综合性支付平台，并与各类购物网站、电商平台签约，为它们提供支付结算服务。

独立第三方支付平台通常无自有购物网站，主要通过各式各样的支付业务为其合作商户服务。代表企业有"快钱"、"环迅支付"、"首信易支付"、"拉卡拉"等。

目前主流支付方式有三种：NFC支付、二维码支付、声波支付。

其中，NFC支付由中国银联手机支付和移动运营商主导推动，二维码支付支付宝和微信支付都支持，声波支付仅由支付宝支持。

三种支付方式中，二维码支付成本最为低廉，技术最为简单，NFC则需要手机的NFC芯片支持，因此在目前处于领先优势。

截至2014年7月，国内获得第三方支付牌照的企业已经达到269家，不同服务牌照总数共计超过500张，市场处于相对饱和的状态，预计未来打破市场竞争格局的主要方式是收购。

股权众筹

资本市场主要有两大投资领域：股权（风险）投资市场和股票投资市场。

就西方发达国家如美国而言，几十年来，美国股票市场的平均收益率约为9%以上，而美国股权（风险）投资的平均回报率约为25%。

风险投资行业是个脑力和体力的双重密集型行业。风险投资行业专业人员要不断与创业者和企业家沟通，每年要对几十、几百甚至上千投资项目做判断。因此，相比大众化的股票投资市场，股权（风险）投资市场是一个更为专业的市场，必须要由专业人士来做。

类似于美国的Kickstarter，通过网络平台直接向大众筹资的互联网股权众筹在中国渐渐兴起。

2015年是互联网金融监管元年，更是股权众筹高速发展的一年。

6月16日，国务院发布了《关于大力推进大众创业万众创新若干政策措施的意见》，表示要"引导和鼓励众筹融资平台规范发展，开展公开、小额股权众筹融资试点"，体现出明显的支持态度。

7月18日出台的《关于促进互联网金融健康发展的指导意见》则第一次对股权众筹及相关概念做了较为明确的规定：股权众筹融资主要

是通过互联网形式进行公开小额股权融资的活动，股权众筹融资方应为小微企业，股权众筹融资必须通过中介机构平台进行，股权众筹融资业务由证监会负责监管。

数据显示，截至2015年6月底，全国共有235家众筹平台，目前正常运营的达211家。其中，股权类数量最多，达98家，占全国总运营平台数量的46.45%；其次为奖励类67家，混合类42家；纯公益类最少，仅有4家。

在众筹金额上，全国众筹平台2015年上半年总筹资金额达46.66亿元。

世界银行预测，到2025年，中国的众筹投资有望达到460～500亿美元，其中约70%～80%的融资额将以股权众筹的方式实现。

但是，股权众筹完成率低、成功率低的问题却不可忽视。

数据显示，2015年上半年，股权类众筹的项目完成率仅有7.14%，成功率也只有20%，也就是说超过4/5的项目无法完成100%融资。

需要注意的是，由于创业公司的成长需要时间，风险投资的投资周期非常长，在中国大约是5～7年。根据刚出台的《私募股权众筹融资管理办法（试行）》的规定，股权在众筹一年之内是不能交易的，且交易只限于跟投人之间。中途退出很难实现，因为退出的主要方式只有上市和被收购两种，即便创业公司进行下一轮融资，通常也是用增发股份的方式，众筹的和投人的股份很难售出。

供应链金融

国内目前有5600万小微企业和个体工商户，其中真正能够从银行获得贷款的只有11.9%。

以电商供应链融资为代表的互联网金融以其公开、透明的平台优势，实现了用户体验革命、成本下降和渠道扩展，能够"连接"金融压抑一端的个人资产和小微企业融资需求。

电商供应链融资模式是指电商企业不直接进行贷款发放，而是与其他金融机构合作，通过提供融资信息和技术服务，让自己的业务模式与金融机构连接起来，双方以合作的方式共同服务于电商平台客户。作为信息中介，电商平台不承担融资风险。

国内互联网金融潜在投资用户规模近3.6亿，而通过互联网融资的小微企业预计超过3000万。

目前，包括上海钢联、生意宝在内的多家B2B平台均已开展供应链金融服务，通过与银行和金融机构之间的合作，可以支持一大批依附于核心企业的产业链上下游的中小企业的发展，有效解决中小企业的融资难融资贵的问题。

阿里小贷是国内供应链金融的典型模式。

阿里小贷与传统金融依靠抵押或担保的模式不同，主要基于对电商平台的交易数据、社交网络的用户信息和行为习惯的分析处理，形成网络信用评级体系和风险计算模型，并据此向网络商户发放订单贷款或信用贷款。

阿里小贷的业务模式主要包括两种：

一是订单贷款，是指基于卖家店铺已发货、买家未确认的实物交易订单金额，系统给出授信额度，到期自动还款。实际上是订单质押贷款。订单贷款年化利率约为18%。

二是信用贷款，是无担保、无抵押的贷款。阿里小贷在综合评价申请人的资信状况、授信风险和信用需求等因素后核定授信额度。年化利率约为21%。

基金代销网站

目前，基金代销网站主要分两种：

1. 为金融机构发布贷款、基金产品或保险产品信息，承担信息中介或从事基金和保险代销业务。

代表企业有"融360"、"好贷网"信息服务网站，以及"数米网"、"铜板街"、"天天基金"等基金代销网站。

2. 将既有的金融产品与互联网特点相结合而形成的投资理财产品或保险产品。

余额宝是典型代表。余额宝相当于可T+0日实时赎回的基金，客户将支付宝余额转入余额宝，则自动购买货币基金，同时客户可随时使用余额宝内的资金进行消费支付或转账。

余额宝90%以上的资产投资了银行协议存款。年化收益率高时可达5%～6%。

互联网保险

据统计，截至2014年底，我国保险业保费收入已突破2万亿元，位居世界第三。从人均保费等指标看，2014年世界人均保费的平均水平为662美元，而我国仅为235美元；同期全球保险业保费收入占GDP的平均比重为6.2%，而我国仅为3%。

2014年我国互联网保险累计保费收入858.9亿元，同比增长195%，比2011年提升了26倍，占保险业总保费收入的比例由2013年的1.7%增至近4%，对保险业保费增长的贡献率达到18.9%。

分险种看，2014年我国互联网财产保险保费收入506亿元，同比增长114%；人身保险保费收入353亿元，同比增长5.5倍，三年间年均增长率高达225%。

进入2015年，仅上半年我国通过互联网渠道销售的保险累计保费收入816亿元，已逼近去年互联网保险全年保费水平，为上年同期的2.6倍，占行业总保费4.7%。其中，财产保险保费收入363亿元，同比增长69%，占产险累计原保费收入的8.5%；互联网人身保险保费收入453亿元，首次超越互联网财产保险，对互联网保险保费增长的贡献率突破70%。

截至2015年6月，全行业经营互联网保险业务的产寿险公司达到96家，已经超过了我国现有财险、寿险公司机构数量的一半。

预计2015—2017年互联网保险会持续保持一个高速发展态势，年复合增长率超过100%。

2013年2月，阿里巴巴、中国平安、腾讯联手设立的众安在线财产保险公司，打响了保险触网的第一枪。随后，通过互联网渠道推出了众安37℃高温险等一系列创新保险产品。

众安在线主要通过互联网进行保险销售和理赔，目前专攻责任险和保证险，并且已在研发包括虚拟货币盗失险、网络支付安全保障责任险、运费保险、阿里巴巴小额贷款保证保险等保险产品。

由于保险行业监管较严、门槛较高，互联网保险领域投融资项目数量相对于其他细分邻域较少，而且目前这个领域创新的商业模式较少，大部分还停留在渠道销售层面。

第四节　互联网金融的优势和瓶颈障碍：金融脱媒化解决金融压抑

优势

传统银行网点运营成本高企是制约银行尤其是中小银行规模扩张的重要原因。中国传统支行网点平均面积约为700平米，平均员工约30人，最少8人，一家中型网点每年的运营成本在2000万元左右。

互联网尤其是移动互联网时代，用户行为习惯在发生改变，用户将成为服务的中心，体现在：

（1）用户服务时间自主选择的自由，如50%以上的余额宝交易发生在金融机构的营业时间以外，绝大多数交易发生在碎片化时间内；

（2）用户服务渠道自主选择的自由，与网银、手机APP、微信公众账号、支付宝服务窗等多渠道相比，实体网点和ATM机的便捷性相形见绌；

（3）社交网络帮助用户购买金融产品，进行决策交易，用户可以分享自己的心得成果。

未来的金融机构不再通过营业网点与用户交互，而是通过微信、移动APP等互联网渠道，交互的媒介正是产品。

互联网金融利用互联网撮合技术，使资金冗余方和需求方直接在平台上对接匹配，减少了融资交易的中间环节，省却了大部分渠道成本，从而提高了金融匹配效率。

比如P2P，在一定程度上解决了国内金融压抑的问题，基于良好的用户体验，满足了长尾用户的投资需求和中小微企业的融资需求。

瓶颈障碍

1. 部分P2P平台提现困难或倒闭跑路

据统计，截至2015年9月底，P2P网贷行业累计平台数量达到约3450家，累计问题平台达到约1000家，正常运营平台约为2400家。

2015年的6月，月新增问题平台数量加速升至92家，相比5月份问题平台55家的数量，增幅达到了67%。与此同时，该月新增平台数量为81家。月度问题平台数量首度超过新增平台数量。

问题平台多数是在在2014—2015年之间成立的，注册资本金在1000万元左右，超过5000万元的平台仅有几家。

出问题的原因主要归为三种：第一是跑路，包括失联；第二是提现困难，包括主动清盘；第三是坏账逾期，导致运营停运。

2014年银监会曾提出四条红线监管P2P：一是明确平台的中介性质，二是平台本身不得提供担保，三是不得将归集资金搞资金池，四是不得非法吸收公众资金。

事实上，70%~80%的P2P平台采取或变相采取了资金池运营方式，跑路或倒闭的P2P平台几乎无一采用资金托管的方式。如果使用资金托管，投资人通过第三方支付平台托管并将钱最终转给借款人，彻底使资金与P2P平台实现物理隔离，则可以在很大程度上保证资金的安全。

纵观当前P2P网贷行业，采取债权债务关系——对应的平台较少，多数平台采取资金池模式，基本都是通过短存长贷的方式进行资金的期限错配，赚取差价，一旦后续资金跟不上，为防止资金链断裂。平台采取垫付模式，以及"借新还旧"甚至平台内部员工都不知情，只有经手项目人以及管理层面较为了解。

2. 坏账率较高

P2P行业风险很高。2014年有报告称，近2/3的借款人意欲使用借来的资金开网店。令人担忧的是，逾30%的借款人借钱是为了度假和投资股票。

P2P平台的逾期率、坏账率公布出来的，一般在5%以下，有些是2%～3%，和银行很接近。

但实际上，有些平台会把盘子做大冲坏账，放出去更多贷款，把坏账率的分母做大，拉低坏账率。另外，在计算坏账率方面缺乏统一标准，界定标准和计算方式差距较大。P2P平台坏账率的计算公式一般采用坏账总额除以贷款总额，但在逾期时间的选择上，3个月、6个月、9个月、1年期限不等，如果平台设定的逾期时间越长，坏账率也就会越低。

有数据显示，P2P网贷行业整体坏账率上升。在征信发达的国家，P2P实际坏账率通常为5%，而国内P2P抽样实际坏账率在8%～10%之间，部分平台的坏账率甚至高达20%左右。

进入2015年，平台运营难度增加，获客成本加大，用户转化率降低等诸多问题导致平台陆续出现问题。

未来，像十几年前的互联网网站泡沫一样，中国近2000家网贷平台的红海市场，绝大多数将会被兼并重组破产，行业洗牌的趋势将加剧，最终将剩下少数几家百亿级、千亿级的巨型公司。

因出现经营苦难没有跑路的P2P平台不得已采取了债转股的形式，安抚投资者。

如2015年初，运作6年、成交量高达数百亿的深圳老P2P平台——融资城爆出提现困难，融资城称不垫付不兜底，但可以将投资转为股权。

再如，2013年8月上线的美冠信投进入2015年后因经营不善，限制提现。2015年6月18日，美冠信投发布公告称，同意将部分美冠信投平台投资人的投资款转为山东美冠臣环保科技股份有限公司股权。目前该项目总投资1.6亿元，共计1.6亿股，公司限量出让6000万股，每股折价0.5元给投资人，三年内公司以每股不低于1元的价格回购股份。

3.风控体系较弱

传统银行风控的做法是，先根据当年的宏观经济情况、大数据基础建立风控模型，制定一系列授信政策，审核人员把每个客户学历、工作、收入、年纪等信息汇总，就能按照模型计算出其信用额度，判断其信用资质。

但P2P公司营销人员的业绩考核只和放贷量挂钩，和坏账率几乎无关，即放款越多，利息越高，奖励就越高。导致放贷只求数量，不管质量，风格粗放。

在P2P公司的贷款审核上，银行至少派主办客户经理、协办客户经理双人走访企业、双人复核、互相制约。由于成本因素，P2P公司只是单人复核。银行审批贷款会调取企业征信报告，调查企业负责人个人资信和社会关系，而P2P公司只依据信贷员的报告做判断，风险较高。

4.资金需求方小而散，增加了风险识别成本

面对众多资金需求方，很难通过准确的风控体系在最短的时间内识别出企业诚信与否，如果到一家家企业摸底调查，而线下的调查就是高成本活动。

大型电商能够通过平台数据、支付系统控制降低成本，但如果一家企业没有在该电商平台上交易，就难以进行识别。P2P本身不能很好解决风险识别问题。

5.竞争激烈，费用居高不下，盈利难

来看一个例子：2015年6月，上市公司浩宁达与P2P团贷网宣布达成收购协议，团贷网约66%的股权作价6.6亿卖给上市公司浩宁达，完成后，团贷网将成为浩宁达的控股子公司。但一个月后，双方"闪电式离婚"，合作宣布取消。

团贷网官方数据显示，3年时间里，该平台累计交易68.49亿元，为用户赚取5亿多元。

虽然和收购方上市公司有业绩承诺和对赌协议，但考虑到未来盈利的不确定性，合作最终还是取消了。

团贷网2014年净利润亏损3849万元，2015年前4个月又亏损464万元。

据报道，团贷网2014年全年总营收6708万元，而仅销售费用就达8560万元，盈利艰难是目前很多P2P公司的现状。

综述

综合来看，互联网金融的本质是去金融中介化（虽然要借助于平台撮合，但借贷双方是直接交易的）。不同于实体商品，金融不需要实地仓储、物流和送货，在控制风险的前提下，运营成本低很多，而这部分成本正是导致电商企业亏损或拖累电商企业难以大幅盈利的主要原因。所以说，实体成本的大幅缩减是互联网金融的巨大优势。

有观点认为，互联网金融并没有改变金融产品的交易对象，并没有引致金融产品交易性质出现颠覆性的改变，金融产品交易的内在原理、规则和机制贯彻至今。载体、渠道和技术的变化，虽然提高了交易活动效率，但却不可能改变交易活动的实质。

然而，客观讲，互联网不仅仅是一个在金融活动中处于辅助地位的技术平台或工具，不是互联网技术和金融行业的简单相加。互联网金融重新塑造了金融市场供需双方关系，借贷双方可以在互联网上通过各种应用程序来解决金额、期限和风险收益上的匹配，开辟了一个全新的交易渠道，大大拓展了交易可能性边界，从而使金融交易组织形式发生根本性变化。

虽然互联网金融仍是在不确定环境中进行资本要素的时间和空间优化配置，内涵似乎没有根本变化。但变化积累到一定程度，就可以发生质的改变。正如现代高铁和传统绿皮火车均是帮助实现了人和物的位移，内涵似乎没变，但当其速度和便捷程度达到一定程度时，整个行业就几乎被颠覆了。

一切变革都需要一个不断尝试和试错的过程，金融渠道的革新可能需要一定的时间来寻找合适的均衡点和商业模式，这可能是蜕变的必然代价。

第五节 典型上市公司投资价值分析

一、东方财富

1. 东方财富作为一家财经资讯类的网站，日均页面浏览量超过一亿，位居国内第一，流量和客户黏性在同类中领先。2014年公司全年共实现归属于母公司的净利润1.66亿元，同比增长32倍之多。主要受益于基金销售业务的井喷式增长和金融数据服务竞争力的大幅提升，这两项业务收入占比分别为61%、24%，合计贡献超过85%。广告服务业务收入占比下降至14%。

东方财富2015年上半年盈利预告约10.37~10.47亿元，同比增长约30倍。上半年基金销售额突破4000亿元，二季度环比增长216%。

2. 截至2015年6月，我国网民规模达6.68亿，购买过互联网理财产品的网民规模为7849万，网民使用率为11.8%。公司旗下天天基金网已上线85家基金公司、2190只基金产品，2014年全年基金销售规模2298亿元，同比大增5.37倍。基金销售平均每单超过2万元，大幅领先其他竞争对手。货币基金"活期宝"全年销售额1760亿元，占销售总额百分比为76.6%。2015年第一季度销售额高达1264.39亿元，环比增长31.11%。

3. 拟收购同信证券70%股权，间接获得经纪业务资格，以便于向互联网券商业务发力，探索多位一体综合财富管理平台模式，强化金融资讯数据服务、基金销售、证券经纪、财富管理的协同效应。

4. 设立基金公司，迈入资管业务。公司探索自财经信息、数据服务和互联网基金销售服务等初级互联网金融模式，转型为以资产管理为核心的综合互联网金融平台。

5. 2.5亿参股易真股份获第三方支付牌照。东方财富2015年7月公告，拟使用自有资金投资2.5亿元获得易真股份27%股权。

易真股份全资控股的第三方支付企业宝付公司主营业务为互联网第三方支付平台的运营。通过收购易真股份，东方财富获得互联网第三方支付牌照，有利于打通互联网金融服务最后一公里。助力公司持续推出多元化的平台类互联网金融理财服务产品，真正转变为互联网金融服务公司。

6. 风险提示：盈利主要以基金代销为主，基金销售仅销售标准化产品，获取一次性销售收入，受股市行情影响大。

估值：截至2015年10月底，市值约900亿，由于2015年三季报盈利约14.75亿，业绩同比增速达20多倍，静态市盈率已没有多大参考价值。

东方财富日K线：

二、恒生电子

1. 2014年恒生电子实现营业收入14.22亿，同比增长17.45％；实现净利润3.61亿元，同比增长11.51％，扣非净利润同比增长5.4%。 2015年半年度实现归属于上市公司股东的净利润同比增长85%。

2. 恒生电子是一家全领域的金融 IT 服务商，为证券、银行、基金、期货、信托、保险、私募等金融机构提供整体的解决方案和服务，为个人投资者提供财富管理工具， 在金融 IT 市场占有率领先； 在证券核心交易系统、基金与机构资产管理系统、银行财富管理平台等领域，公司均处于绝对领先的地位，卡位优势明显。主要合同来源于沪港通业务、股票期权、信贷类业务、场外业务等其他创新业务。

HOMS 投资云是恒生电子搭建的基于互联网的金融云平台，主要服务私募机构客户，帮助私募客户与其他金融机构（券商、银行、信托、资管、基金等）实现线上对接，从而降低其产品发行成本。目前，HOMS 上已有上千家私募机构，托管了两三千亿的资产规模。按照交易流量收费是 HOMS 的主流收费方式，资本市场的繁荣和私募基金的大发展将直接带动 HOMS 平台的发展。

以宝宝类产品为主的互联网金融创新业务在2014年迎来爆发式增长，2014年诞生的绝大多数宝宝由恒生制造。

恒生电子核心交易系统OTC 市场份额超过50%。

3. 恒生电子投资国内最大的P2P 软件提供商融都科技，完善互联网金融产品布局。融都科技成立于2012年4月，目前是国内最大的P2P在线金融系统提供商，占据国内近30%的市场份额。目前拥有融都P2P网贷交易系统、移动理财APP 系统、移动银行系统解决方案，在线股票云配资系统、众筹系统以及小额信贷综合系统（含风控、业务、贷后、理财等子系统）等多款互联网金融产品方案。

4. 2014年，马云通过浙江融信收购恒生集团100%股权，成为公司实际控制人。恒生电子与阿里的合作具有很强的协同效应。

5. 恒生电子旗下数米公司引入战略控股股东蚂蚁金服。恒生电子于2015年4月与蚂蚁金服等签署《投资协议》，同意数米公司进行增资扩股，蚂蚁金服出资1.99亿元。增资完成后，数米公司注册资本增加至1.56亿元，蚂蚁金服成为控股股东占比61%，恒生电子占比24%，恒生智能占比7%。

蚂蚁金服拥有招财宝等资源更为丰富、协同效应更佳的在线理财渠道。整合数米公司可以避免未来恒生电子与蚂蚁金服这两家关联公司旗下相似渠道间的冲突和资源浪费，在保持彼此独立的前提下形成更好的产业链专业化分工与渠道资源整合。

目前在互联网基金销售领域，东方财富旗下天天基金网基金销量及收入均位居行业第一，数米则排在第二位。但数米的基金销售规模仅是东财的约1/10左右。

6. 风险提示：2015年4月，证券业协会召开融资融券业务情况通报会，要求"不得为场外股票配资、伞型信托提供数据端口等服务或便利"。多家券商也下发通知要求自查场外配资业务，在监管层落实这一规定过程中，HOMS平台或面临一定整改风险。

7月，股灾后，证监会与中登公司出台文件要求清理整顿违法从事证券业务活动。为配合监管层整顿场外配资的措施，公司关闭HOMS开立新账户、对现有账户进行清理。此举对业绩有较大负面影响。

9月，公司发布公告称，2015年9月2日下午，在沪深股票交易收市后，公司从证监会官网新闻发布栏目了解到，证监会对公司控股子公司恒生网络涉嫌非法经营证券业务案调查、审理完毕，已进入告知听证程序。证监会拟决定对恒生网络及相关责任人员依法做出如下行政

处罚：没收恒生网络违法所得1.3亿元，并处以3.99亿元罚款。如果该行政处罚在2015年完成执行，在合计5.32亿元处罚结果影响下，恒生电子全年将难以维持盈利。

结合基本面看，在这个时点估值略高：截至2015年10月底，市值约400亿，静态市盈率约110倍，市销率约28倍。

恒生电子日K线：

三、同花顺

1. 2014年全年公司实现营业收入2.66亿元，同比增长44%。公司毛利率提升近5个百分点至83.9%，带动净利润增长176%。其中，公司传统增值电信服务实现收入1.94亿元，同比增长44%，收入占比73%，是公司主要收入来源。基金代销收入发展迅速，目前上线640多家基金公司，1600多只基金产品，全年实现收入2710万元，同比大幅增长260%，收入占比10%。

2. 截至2015年6月，网上炒股的用户规模达到5628万，较去年增长了47.4%。上半年，网上炒股或炒基金的用户规模增加1809万。

同花顺是互联网金融信息服务龙头公司，拥有庞大的优质客户资源，移动端客户数行业领先。

截至2014年末，同花顺金融服务网拥有注册用户约2.26亿，同比增长超过四成。日均独立IP访问量约为393万人，每日使用同花顺网上行情免费客户端的人数平均约410万。

移动端成长迅速，2014年末公司手机客户端注册用户约5379万，日均手机客户端实时并发人数约380万，移动端客户数行业领先。

3. 公司有新业务储备，比如类似HOMS的私募微资管平台目前已经服务近500名用户。

4. 公司拟设立同花顺投资公司，经营范围包括互联网金融行业投资、实业投资、项目投资、股权投资、股票投资、创业投资、投资管理、投资咨询、投资顾问等。新设公司的目的则是为外延式扩张储备优质的项目资源，巩固和提升在行业内的竞争力。

5. 9月，公告显示，同花顺因涉及配资业务，证监会拟决定没收同花顺公司违法所得217万元，并处以653万元罚款。

估值：截至2015年10月底，市值约465亿，由于2015年上半年盈利约4.89亿，业绩同比增速达20多倍，静态市盈率已没有多大参考价值。

同花顺日K线：

四、中科金财

中科金财已成为国内领先的银行IT 解决方案提供商，参与制定多项行业标准，目前拥有150家银行客户。公司坚持以"智能银行整体解决方案及互联网金融平台运营"为核心经营战略，目前在智能银行市场、银行影像市场、票据自助处理市场、流程银行市场、银行电子商务、银行印鉴识别市场等领域均领先。

2015年3月，中科金财计划非公开发行募集资金不超过9.72亿元，投向互联网金融云中心、增资安粮期货、智能银行研发中心和补充流动资金等四个项目。

三季报显示，公司前三季度实现营业收入8.06亿元，比上年同期增长21.51%；实现归属于上市公司股东的净利润1.08亿元，比上年同期增长165.3%。

公司收入与利润大幅增长主要是滨河创新并表影响，剔除并表因素预计收入与利润的增长约不到10%与40%多。利润增速大幅高于收入增长是由于2014年4月末公司剥离了毛利率较低的 IT分销业务，以及费用控制的影响。

结合基本面看，在这个时点估值高：截至2015年10月底，市值约250亿，静态市盈率约320倍。根据2015年三季报换算的动态市盈率约195倍，市销率约23倍。

中科金财日K线：

五、金证股份

1. 2014年公司实现营收23.68亿元，同比增长16.56%，其中定制软件收入2.73亿元，同比增长39%。净利润1.53亿元，同比增长50%；软件和技术服务收入近4亿。

2. 作为证券业IT 行业龙头公司，今后券商OTC、新三板、沪港通等创新业务的经营均需要公司的IT 系统提供技术支持，公司扮演了淘金路上的卖水人的角色。

3. 通过和腾讯的合作，QQ及微信渠道平台上线，金证股份进入互联网金融。与腾讯合作推出 Q 计划、微证券，探索流量共享分成的商业模式。

4. 公司在互联网金融平台方面已有相应储备，打造互联网金融内容服务平台"平台化管理模式"。

（1）已与上证通合作打造托管云平台，未来券商的全套业务均可以托管在该平台上，盈利模式包括年服务费及分成模式；

（2）与上证通合作打造金融云平台，用来连接金融机构与互联网企业，现已与腾讯自选股合作；

（3）与深证通合作构建针对中小机构的云平台，为中小金融机构提供投资交易云平台，累计服务超过20家基金公司；

（4）给各类股权及产权交易所提供场外市场云平台服务；

（5）与平安银行、中山证券、国海证券签署了战略合作协议共同探索互联网金融发展路径；

（6）携手大智慧推出开户联盟平台。2015年6月，大智慧携手金证新设立的互联网金融平台公司金微蓝召开"大智慧+"新产品战略发布会，推出券商联合开户服务平台。该平台一期将实现一次性开通多家券商账户的功能，目前已加盟的有中山、国联、国海、湘财、恒泰五家券商，后续还将接入银河、广发、平安等。公司可从该平台每年获取流量分成收入。

5.投资设立众筹服务公司，打造未来的众筹股权交易中心。

2015年7月，公司公告与国富金源各出资5000万元设立金众前海众筹服务公司。金众前海主要面向各个股权众筹平台，为其提供投后管理统一服务，业务将以众筹股权的登记转让为主。

6.风险提示：互联网金融模式处于探索试水阶段。

结合基本面看，在这个时点估值高：截至2015年10月底，市值约375亿，静态市盈率约245倍。根据2015年三季报换算的动态市盈率约120倍，市销率约16倍。

金证股份日K线：

六、安硕信息

1. 公司是服务于银行的IT 系统提供商，主要面向银行等金融机构提供信贷资产管理、风险管理领域的IT 系统解决方案，包括软件开发、实施、维护、业务咨询和相关服务。

公司传统业务是为银行以传统方式提供软件外包服务。主要产品和服务包括信贷管理系统、风险管理系统、数据仓库和商业智能系统、其他管理系统。

公司客户包括全国性股份制商业银行、外资银行、大中型城市商业银行、省级农村信用社联合社、其他类型农村金融机构、非银行金融机构和非金融机构。

2. 参股银行凉山州商业银行并合资成立互联网金融公司。公司是A股第一家参股银行的 IT 企业，不排除未来增持的可能性。

3. 开展征信及数据服务，从软件外包开发商向银行数据服务商转型。公司已获得企业征信牌照，未来将逐步扩展到个人征信。

4. 先后投资了小贷云服务、数据服务、安硕易民互联网金融等新

业务，尝试探索2C，即面向消费者的互联网金融业务。公司大股东有2C的"易贷中国"业务，虽然不在上市公司体内，但二级市场有注入或收购憧憬。

5. 风险提示：目前的高估值很大程度上建立在大股东2C业务的注入，以及股东层面与上市公司层面的联动和协同效用，但包括P2P在内的2C互联网金融企业已是红海市场，在争取用户和占领市场方面，后进入者有较大劣势。

结合基本面看，在这个时点估值高：截至2015年10月底，市值约105亿，静态市盈率约270倍，市销率约48倍。

安硕信息日K线：

第六章

"互联网+旅游"股票投资：需求井喷的消费升级风口

"手机在手，说走就走"，吃、住、行、游、购物、娱乐，O2O服务一键一网打尽，每年节假日旅游景点管控，每年游客井喷。随着国家旅游局实施"互联网+旅游"行动计划，旅游已成为当今社会投资的热点和最具潜力的投资领域。从最初的春秋各国争霸，发展到战国群雄并起，酒店旅行社大佬、电商大鳄们时友时敌、纵横捭阖，惨烈厮杀，最终会进入移动互联赢者通吃时代，诞生一两家超级平台公司。

第一节　行业状况：在线旅游市场渗透率仅约10%

在线旅游

旅游市场主要由供应商、航空公司、旅行团运营、租车公司、酒店和旅行社等组成。

从消费流程看，交通工具、酒店、餐饮、目的地是旅游产品差异化的四个维度；

从消费者精神需求看，观光旅游、休闲度假、专项旅游（购物游、体育健身游等）是旅游产品划分的重要门类；

从组织形式看，自助游与跟团游是每个消费者出行前的必选项。

随着互联网，尤其是移动互联网快速发展，从旅行目的地选择、行程规划、预订、出游、游后评价等一系列旅游消费链条来看，互联网对传统旅游市场的改造无处不在。

移动互联网所改变的，是涵盖吃住行游的全方位生活服务。线上数据和线下服务的有效对接构建了一个包含人的服务、现金流和信息流的完整生态圈。

比如，用户可以用"去哪儿"订景区门票，用"12306"订了火车票，用"途牛"选旅行社，用"携程"订酒店，用"百度地图"查询路线，用"支付宝和微信支付"付款，用"淘宝和京东"查购物价格。

就单一在线旅游而言，也可提供旅游套餐式的一条龙产品服务。以去哪儿网为例，网站和APP提供机票、酒店、团购、度假、门票、火车票、攻略、公寓、当地人、车、汽车票等多种服务。

比如，目前一些航空公司通过携程、去哪儿网等平台卖出的票，甚至达到了30%的份额。此外，有时候一些大代理为冲业务量赚取更多后返奖励，甚至会让利销售，将原本属于自己的佣金补贴到票价中返利给消费者，使得价格比航空公司的直销价格还便宜。

整体市场容量

数据显示，2009—2013年，中国旅游业总收入从12900亿元增长至28500亿元，年复合增长率21.92%。

2014年全年国内游客36.1亿人次，比前一年增长10.7%，国内旅游收入30312亿元，增长15.4%。国内居民出境11659万人次，增长18.7%，其中因私出境11003万人次，增长19.6%。

国内旅游人数与国内旅游收入近5年复合增长率分别为13.7%和24.4%，呈现旅游人数和人均旅游花费逐年双增长的局面。预计2015年，国内旅游和出境旅游都会有10%的增长，将分别达到39.5亿人次、1.2亿人次。

中国旅游研究院发布的旅游趋势预测报告预计，2015年旅游接待总人数将达41亿人次，实现旅游总收入3.84万亿元。国家旅游局发布的全国旅游业投资报告预计，2015全年旅游直接投资将达1万亿元，未来三年将超3万亿元。

在线旅游市场容量

在线旅游市场分为：在线交通预订市场、在线住宿预订市场、在线度假旅游市场三大细分市场。

其中，在线交通预订市场囊括机票预订、火车票预订、汽车票预

订、其他交通产品等；

在线住宿预订市场则包含经济型酒店、中端酒店、高星级酒店及非标准住宿；

在线度假旅游市场则范围较广，包括周边游、国内游、出境游、跟团游、自助游以及游学游、亲子游、医疗旅游等。

数据显示，2013年中国在线旅游市场交易规模约2200亿元，同比增长29%。

2014年中国在线旅游市场（包括机票、酒店、度假旅游）交易规模达3078亿元，同比增长近40%。在线旅游的增长主要体现在在线机票、酒店和度假业务的增长。其中：

在线交通预订市场交易规模达到1942.9亿元，比2013年增长27.8%；在线机票预订业务趋于成熟，在整体机票预订中渗透率较高，未来将保持匀速增长。

在线住宿预订市场交易规模达522.6亿元，较2013年增长26.8%。

在线度假旅游市场交易规模达到约333亿元，增长约36%。这一市场主要包括跟团游、自助游、出境游、国内游等打包产品。携程、途牛和同程排名前三，市场份额分别约占31%、16%和6%，三家加起来占整个在线度假市场的53%。

可见，酒店和度假业务增长显著，在整体在线旅游市场中所占比重逐年升高，成为未来的主要增长点。

据统计，2014年在线休闲旅游度假市场中，携程旅游网作为中国发展最早的在线OTA，其市场地位与资源整合能力处在行业首位，其以31%的份额排在在线旅游度假市场第一位。

途牛旅游网以16%的市场份额占比排在第二位。同程占比6.3%，驴妈妈占比6%，遨游网占比3.4%，悠哉占比1.5%，其他占比35.4%。

可见，休闲度假市场仍然高度分散，在某一垂直领域内的深入开拓则仍存在一定的生存空间。据预测，2017年中国在线度假旅游市场交易规模将达到800亿元人民币以上。

2014年，在线预订旅行用户规模达到2.22亿，其中手机在线预订旅行用户规模达到1.34亿，占手机网民的24.1%。

在线旅游市场增长的动力来自旅游行业本身的发展和线上渗透率的提高。

目前，我国在线旅游市场的渗透率在10%左右，相比欧美成熟市场40%~50%的线上渗透率，还有较大提升空间。

政策支持

2009年12月，《国务院关于加快旅游业发展的意见》正式出台，首次将旅游业定位于"国民经济的战略性支柱产业"。

2015年8月11日，发布《国务院办公厅关于进一步促进旅游投资和消费的若干意见》，从几个方面大力支持旅游业的发展，其中包括推进邮轮旅游产业发展；积极发展"互联网+旅游"，积极推动在线旅游平台企业发展壮大；支持符合条件的旅游企业上市等。

2015年9月16日，国家旅游局下发《关于实施"旅游+互联网"行动计划的通知》（征求意见稿）。《通知》明确指出，到2020年，旅游业各领域与互联网达到全面融合，互联网成为我国旅游业创新发展的主要动力和重要支撑；在线旅游投资占全国旅游直接投资的15%，在线旅游消费支出占国民旅游消费支出的20%。而目前我国在线旅游市场的渗透率仅约为10%。

第二节　中美主要OTA企业

美国主要OTA企业

从全球范围来讲，OTA（Online Travel Agent，在线旅游服务商）领先企业主要有两家：Expedia公司和Priceline公司。

一、Expedia公司

Expedia公司成立于1996年，总部设在华盛顿州的Bellevue。作为全球领先的在线旅游公司，Expedia的业务量约占全球在线旅游市场的1/3。

Expedia网站提供机票预订、租车公司、全球超过3000个地点的旅馆及超值优惠的房价。旅客只要输入心中理想价位与地区等，在最短的时间内，即可得到即时最新报价。

Expedia收购的第一家中国互联网公司是艺龙，并于2004年12月成为在纳斯达克上市的艺龙网的最大股东。2007年，通过与艺龙合作正式进入中国市场。

截至2015年10月底，Expedia公司在美国市值约为160亿美元，静态市盈率约40倍。

2014全年营收为57.64亿美元，增长21%。全年净利润3.98亿美元，较上年增长了71%。

在收入结构中，2014年，酒店业务占全球收入的70%，广告及媒体业务占8%，机票业务占8%，其他收入占14%。

二、Priceline公司

Priceline是美国人Jay Walker在1998年创立的一家基于C2B商业模式的旅游服务网站。

Priceline属于典型的网络经纪，它为买卖双方提供一个信息平台，以便交易，同时提取一定佣金。是美国目前最大的在线旅游公司。

在Priceline网站，最直观的可选项目就是机票、酒店、租车、旅游保险。

对于希望按照某一种住宿条件或者某一指定品牌入住的客人，Priceline也提供传统的酒店预订服务，消费者可以根据图片、说明、地图和客户评论来选择他们想要的酒店，并且按照公布的价格付款。

Priceline所创立的"Name Your Own Price"（客户自我定价系统）十几年来一直是独树一帜，被认为是网络时代营销模式的一场变革。而Priceline公司则在发明并运用这一模式的过程中迅速成长。

截至2015年10月底，Priceline公司在美国市值约为700亿美元，静态市盈率约30倍。

2014年全年的旅行总预订量达到了503亿美元，同比增长了28%。

2014年全年净利润为24亿美元，同比增长26%。

中国主要OTA企业

目前，国内在线旅游公司中，已有携程、艺龙、去哪儿、途牛在美国上市。

此外，目前已出现不少传统旅游公司向在线旅游转型的案例，国旅、中青旅等传统旅游行业龙头的转型趋势也相当明显。

从第一代的依托于电话营销，到第二代的依托于PC互联网技术，再到现在的移动互联网时代，中国在线旅游市场出现过携程的平台模

式、去哪儿的搜索模式、途牛的休闲游模式等。

OTA市场份额占比，据分析，截至2015年二季度，携程市场份额约39%，排在首位；去哪儿网份额约为30%，排第二；其次为艺龙和同程。

由于处于不同经济发展水平阶段，用户以及需求也不相同，过去主要是商务出行，现在则是休闲度假强势崛起。

据统计，2013年中国OTA市场营收约120亿元，同比增长约26%。然而，因受业内持续而大规模的价格战影响，在线旅游OTA市场2013年增速低于整体在线旅游市场。

为抢夺移动市场份额，OTA企业采取用资本换取市场份额的策略，在移动端加大促销力度，返现返红包力度加大，且促销活动频繁，直接导致酒店及机票佣金收入下降。

为了争夺客源，在线旅游商自己贴钱促销，补贴费用从数百万元飙升到数千万元，之后直接变成数亿元。如携程一年就投入逾10亿元进行价格战，驴妈妈、途牛等进行持续融资后再砸数亿元进行价格战。

价格战让途牛、艺龙等业者巨额亏损，也让一直盈利的携程减少了利润。好在几大巨头有巨大的资金实力做后盾，如2015年中期携程、途牛和同程分别募集资金高达11亿美元、5亿美元和60亿元人民币。

在此情况下，那些缺乏资金基础的中小型旅游网站就难以立足。对于这些中小型旅游网站而言，不促销则失去市场份额，最终倒闭。但如果砸钱促销，很可能因难以负荷成本而倒闭得更快。

据不完全统计，在行业高峰期时，在线旅游超过100家。近年来，成立仅4~5年的旅游网站至少关闭了10多家，其中一大批旅游网站成立于2011年或之后。

移动互联网时代，互联网企业赢家通吃。预计中国OTA企业发展路径与美国在线旅游市场极为相像，即通过收购合并以及资源整合，最终将形成像美国Expedia、Priceline公司那样的2～3家巨头公司，占据几乎整个市场。

一、携程

携程创立于1999年，总部设在上海，员工超过25000人。2003年12月，于美国纳斯达克上市。

携程目前占据中国在线旅游约50%市场份额，是绝对的市场领导者。携程的酒店和机票业务在整体业务中常年分别保持在40%左右的占比，其余20%左右的份额则来自商旅管理和旅游度假业务。业务分布有利于给用户带来更好的"一站式"体验。

2015年5月，携程宣布，获得Priceline集团2.5亿美元的进一步追加投资。2015年10月，携程方面证实，Priceline最新持有携程股份的比例已经达到12.63%。

2014年8月，Priceline以可换股债券的形式对携程进行投资，总额在5亿美元。若将可转债可转换的股份计入，Priceline持有携程总流通股的比例可达到15%。

2015年，携程加大了对国内旅游企业的收购和整合力度，并把重点延展到投后管理上。

携程曾经投资的项目有：艺龙、途牛、同程、易到用车、一嗨租车、众荟、订餐小秘书、蝉游记、途风、途家、鹰漠、世纪明德、松果网。

在这些项目中，携程持股比例较高，通常都是第一大或者第二大股东，掌握一定的话语权，以便进行业务发展和战略上的整合。比如

是易到用车的单一最大股东，是途家的第一大股东，是同程的第二大股东，是艺龙的第一大股东，是一嗨租车的第二大股东。

特别是，2015年5月22日，携程宣布，联合铂涛集团（7天快捷酒店母集团）收购Expedia持有的62.4%的艺龙股份。携程出资4亿美元，在艺龙里的持股占比将达到37.6%，成为艺龙最大的独立单一股东。

收购后，携程和艺龙在在线酒店预订领域的市场份额合计已经超过了55%。不过，中国旅行市场规模巨大，由于在线旅游市场渗透率较低，携程和艺龙各自的市场份额在整个盘子里都还非常小，目前两家加起来占整个国内旅游市场的份额不到5%。

2015年10月，携程宣布与百度达成一项股权置换交易。百度将此前拥有的去哪儿网普通股置换成携程增发的普通股。交易完成后，百度将拥有约25%的携程总投票权，携程将拥有约45%的去哪儿总投票权，成为去哪儿网非控股的最大机构股东。携程至此参股了艺龙、途牛、同程，各大OTA在线旅游商多是携程系成员，而还没有成为携程系成员的只有驴妈妈、阿里旅行等少数几家。

之前，携程和去哪儿在在线旅游领域鏖战10年，业务焦点在酒店和机票领域。机票是去哪儿的传统优势，之后逐渐被携程追上；而酒店领域是携程的传统优势，携程通过并购艺龙进一步加大了酒店领域的筹码。进入移动互联时代，截至2015年第二季度，无线业务在去哪儿收入中的占比高达68%，而携程PC端的商旅客户依然占据重要位置。

百度和携程将在产品和服务领域开展商业合作。同时，百度将继续和去哪儿已有的商业合作。未来去哪儿将继续作为独立的上市公司运营，与携程在在线旅行市场切磋并进，为旅行者创造差异化的产品与价值。

这次换股意味着携程控股老的竞争对手艺龙之后，再次联手劲敌去哪儿，在线旅游市场疯狂烧钱大战有望告一段落，恶性价格战定会减少，行业利润会逐渐由负转正。

据预计，携程和去哪儿的资本合作对酒店和机票影响最大，对休闲旅游影响不大。合并后两家将控制中国酒店及机票预订市场70%～80%的市场份额，在在线机票和酒店等标准化产品上有可能出现相对垄断的局面。对于航空公司和酒店这些上游供应商来说，有可能出现佣金率提高，利益空间收窄等情况。

接下来其他纯渠道企业将会很难生存，会出现大量上下游整合、兼并，会提前终结在线旅游"窝里斗"。以机票和酒店为主要业务的其他互联网企业将受到很大冲击。而休闲游产品是非标产品，受冲击将小于机票和酒店产品。

携程2014全年净营业收入为73亿元人民币，换算接近12亿美元，成为中国在线旅游业首个佣金收入超越10亿美元的上市公司。全年净利润为2.4亿元。

在业务方面，开放平台战略带动了各业务线的销售，而移动战略也让携程旅行应用成为在线旅游业变现能力最强的应用。

在中国主要OTA企业中，只有携程维持盈利，其余的在线旅游公司全线陷入亏损。去哪儿全年亏损18.5亿元，艺龙全年亏损2.69亿元，途牛全年亏损4.49亿元。

携程步步紧逼，坚定扩张市场占有率，使所有的在线公司大亏，但保证了自身盈利，证明了携程客户的高质量和商业模式的盈利能力。

2015年Q1（1—3月）财报数据（未经审计）：净收入23亿元，净亏损1.26亿元。

2015年Q2（4—6月）财报数据（未经审计）：总营业收入为27亿，同比增长46%，归属股东的净利润达1.43亿。各业务都保持了强劲

的增长势头，住宿预订、交通票务、旅游度假、商旅业务收入分别增长47%、45%、61%和34%。其中住宿和交通两项收入均破10亿，创下新纪录。

截至2015年10月底，携程在美国市值约为130亿美元。

二、艺龙

艺龙三大股东：携程、铂涛集团和腾讯，其中携程股权占比37.6%，铂涛集团控制的Keystone和Keystone的间接持有子公司Plateno共同拥有22.2%的股份，腾讯股权占比15.4%，投资机构Luxuriant拥有3.7%的股份。

最初，艺龙在业务上采取模仿和跟随携程的策略，但业绩并不理想。后来逐渐淡化机票预订，并裁掉旅游度假和商旅管理等携程也在经营的业务，全力瞄准酒店预订市场。2015年第一季度，艺龙来自酒店预订业务的营收在总营收中占比达84%。在该细分行业中仅次于携程居第二位。

通过专注酒店业务，更加重视在线预订，弱化呼叫中心，与携程形成差异化。这个策略曾让艺龙在2011年获得利润增长，但最终这个势头没有持续。

在OTA企业烧钱争取用户大战中，艺龙以亏损来换取用户的增长，给消费者补贴的钱有时候甚至超过了佣金收入。

结果便是，2015年第一季度艺龙毛利率从去年同期的73%降至29%。同时，市场费用占毛利的比例，从2014年第一季度的76%，飙升到2015年第一季度的273%。

被携程收购后，艺龙有可能从价格苦战的泥潭中缓一口气，但对于携程来说，尽管艺龙能帮助它在酒店预订业务上确定优势，但二者业务的互补性并不强。

2015年8月初，艺龙网宣布，其董事会收到腾讯控股的私有化要约，以收购艺龙发行的除了携程、铂涛和腾讯等艺龙股东外的全部流通股。如果私有化顺利，腾讯将控制艺龙36.5%的股份。

目前，艺龙和竞争对手百度旗下的去哪儿，以及阿里巴巴旗下的去啊和美团（对美团阿里仅是参股性质的财务投资），在中国移动住宿市场的巨大潜力，不惜以每年亏损10多亿元人民币的烧钱速度在这个市场里疯狂扩张，艺龙私有化将改变现有竞争格局。随着巨头的纷纷入局，在线旅游市场将由从前OTA（在线旅游代理商）之间的竞争，变为携程与BAT（百度、阿里、腾讯）等巨头之间的竞争。

艺龙2014全年营收为11.6亿元人民币，全年亏损2.69亿元，亏损同比增加60%。

2015年Q1（1—3月）财报数据（未经审计）：净收入2.258亿元，净亏损1.807亿元，而去年同期净亏损仅为3540万元人民币。

2015年Q2财报显示，总营收为人民币2.34亿元，比去年同期的人民币3.12亿元下滑25%，净亏损为人民币3.56亿元，去年同期为净利润人民币3150万元。

截至2015年10月底，艺龙在美国市值约为6亿美元。

三、去哪儿

去哪儿原实际控制人是百度。携程与百度换股后，携程拥有约45%的去哪儿总投票权，成为去哪儿网非控股的最大机构股东。2015年6月，去哪儿曾拒绝过携程5月份的收购邀约。

去哪儿以机票比价搜索为突破口，切入在线旅游市场，其后又融入酒店预订等服务，成功从单一的旅游搜索服务商转身为在线旅游服务提供商。

从实际效果来说，去哪儿目前机票业务已经接近并有赶超携程之

势；在酒店业务方面，也已成功超越艺龙。因此从公司成长性来看，去哪儿成长性要高于其他在线旅游中概股。当然，这个过程中企业也承担了巨大的亏损。

2014年，去哪儿酒店预订量达到3210万间夜（某时间段内经由一个平台销售出的房间总数），与艺龙同年3420万间夜数量相差不大。但二者在性质上有所不同：艺龙的间夜量全部来自直销酒店，去哪儿则有一半左右的酒店来自第三方销售。

去哪儿2014年全年营收为17.6亿元，亏损18.5亿元；2013年全年亏损只有1.8亿元，亏损额超过收入额。

未经审计财务报告显示，去哪儿2015年第一季度总营收为6.71亿元人民币（1.08亿美元），同比增长100%，环比增长29.1%；而运营亏损同比增长更多，第一季净亏了7亿元人民币，同比增幅超280%。

第一季度毛利率有所下降：2015年第一季度毛利率为73.1%，去年同期毛利率和上季度毛利率分别为78.1%和73.5%。

2015年第二季度，去哪儿总营收为8.81亿元，同比增长120%，归属于去哪儿股东的净亏损为8.16亿元，去年同期净亏损为4.216亿元，同比扩大93%；

尽管第二季度去哪儿网的亏损同比扩大，但在营收方面，去哪儿已连续5个季度营收同比增速超过100%，增速明显。酒店作为旅游目的地的第一站，成为各家OTA争夺的焦点。去哪儿在酒店战略上的经营已初见成效，Q2的酒店间夜量总数达到了1780万间，二季度酒店间夜数同比增长了145%，这一增速几乎是目前同行业增速的5倍。

截至2015年10月底，去哪儿在美国市值约为65亿美元。

四、途牛

途牛实际控制人是京东商城。

2014年5月，途牛登陆纳斯达克。

2015年5月，途牛宣布完成新一轮融资，获得总计5亿美元的投资，其中3.5亿来自京东。融资完成后，京东以27.5%的占股成为途牛最大股东。在京东入股的同时，弘毅资本、DCM、携程、淡马锡和红杉资本亦将分别投资8000万美元、2000万美元、2000万美元、2000万美元和1000万美元认购相应途牛股份。

京东将为途牛提供广泛的运营支持，包括大数据、金融服务、流量及其他经营资源等。背靠京东的资金及流量支持，途牛在出境游和金融创新进一步开展布局。

区域服务中心是途牛重点发力的方向，截至2015年6月底，途牛区域服务中心已从IPO时的15家增至85家，产品总数（SKU）从20万扩充至超55万；出发城市由64个增加至120个。

途牛2014全年亏损4.49亿元，亏损同比增加432%。

2015年Q1（1—3月）财报数据（未经审计）：净收入12.5亿元，净亏损2.331亿元。

Q2（4—6月）途牛收入15.2亿元，同比增长111.9%；净亏损为2.46亿元（合3970万美元），2014年同期净亏损为1.14亿元。

具体来讲，2015年第二季度跟团游和自助游的交易额（不含门票等单项旅游产品）同比增长115.2%，至21亿元。跟团游（不包括跟团周边游）出游总人次同比增长99.1%，自助游出游总人次同比增长176.2%。移动订单数占总在线订单数超过60%。

截至2015年10月底，途牛在美国市值约为15亿美元。

五、同程旅游

数据显示，2014年中国在线旅游周边游市场规模为110.7亿元，其中同程旅游以15.8%的份额居市场第一，几乎相当于第二名和第三名份额的总和。

在线OTA景区门票市场份额中，同程占据绝对领先地位，占比超过68%，其在周边游及国内中长线市场方面有很大机会。

同程旅游2013年拟在A股创业板上市，当时净利润还是正的（约4000万元），但在近期OTA行业一轮轮的烧钱大战中，同程旅游也出现了账面亏损。

不过随着资本市场注册制的实行，创业板IPO讲不再有盈利要求，同程旅游希望重启A股上市进程。

同程旅游2008年获得1500万元风险投资，2012年获得腾讯数千万元投资。

2014年2月，同程网获得腾讯、博裕、元禾三家机构5亿元投资。

2014年4月携程旅行网宣布战略投资同程网，结束了携程和同程双方多年来的抗衡。此次交易以现金方式完成，涉及金额超过2亿美元。

2015年7月，万达文化集团宣布战略投资同程旅游，领投金额达35.8亿元，此外还有腾讯、中信等资本跟投，总计60亿元人民币。

融资完成后，万达成为同程第一大股东，而同程网管理层依然拥有最大的投票权，团队股票占比达到20%排在第二，这是因为万达委托了部分投票权给团队。

同程在最近一次融资中估值达到130亿元人民币。

六、驴妈妈

驴妈妈旅游网创立于2008年，成立之初，驴妈妈就以自助游服务商定位市场，经过数年发展，搭建了兼顾跟团游的巴士自由行、长线游、出境游等网络旅游业务。

目前在景区门票在线分销市场，驴妈妈处于领先阵营。

驴妈妈成立时获得天使投资。2009年9月，驴妈妈完成数千万元的A轮融资；2010年11月，驴妈妈获得红杉资本和鼎晖创投的B轮亿元注资；2011年9月，驴妈妈完成C轮融资，投资方为江南资本与红杉资本。

2015年6月，驴妈妈获锦江集团5亿战投，锦江资本的注入将助力打造成中国最大的旅游O2O一站式产业链集团。

第三节　资本布局和BAT的做法：互联网巨头争抢蛋糕

阿里巴巴

2010年5月，推出淘宝旅行平台；

2013年1月，阿里集团整合旗下旅游业务成立航旅事业部；

2013年5月，宣布战略投资旅行记录及分享应用"在路上"；

2013年7月，阿里旗下一淘网进军旅游垂直搜索领域；

2013年7月，阿里集团宣布入股中文旅游资讯和在线增值服务提供商穷游网，阿里巴巴还以1500万美元战略投资佰程旅行网；

2014年11月，阿里将旗下所有旅游资源整合，启用独立品牌"去啊"。在随后的2014年"双11"中，阿里巴巴集中资源，重点推广旗下在线旅游业务。

腾讯

腾讯在在线旅游领域也布局多年：

2010年，腾讯推出QQ旅游平台；

2011年7月，全资收购旅人网，后与QQ旅游整合为一个团队；

2011年5月，以8400万美元购买艺龙15%的股权，成为第二大股东；

分别于2012年和2014年投资同程网，合计持股比例为20%；

2014年9月，领投自助出境游网站我趣旅行网B轮融资，晨兴资本跟投，投资总金额2000万美元。

百度

2011年6月战略投资去哪儿网3.06亿美元，占据其62%股份。2015年，股权稀释至51%，仍属绝对控股。

京东

2015年5月，3.5亿美元投资途牛，以27.5%的占股成为途牛最大股东。

京东投入的运营资源包括京东旅行、度假频道网站和移动端的免费独家经营权。途牛在该频道独家销售打包旅游产品、邮轮、景点、签证、火车票以及租车等产品及服务，并将成为京东机票和酒店业务的优先合作伙伴。

同时，京东还将为途牛提供广泛的运营支持，包括大数据、金融服务、流量及其他经营资源等。

小米

2014年7月，小米旗下的顺为资本在"发现旅行"A 轮融资中投资数百万美元。"发现旅行"专注于精品线路和专属服务细分市场。

万达

旅行社是旅游产品主要供给方和销售渠道。截至2014年9月，万达旅业已经收购了八家国内旅行社，后续还将继续展开并购，目标是"2016年做成中国最大的旅行社集团，2018年做成全球知名旅行社品牌，2020年成为世界最大的旅游公司"。

2015年7月，战略投资同程旅游，成为同程第一大股东。

第四节 典型上市公司投资价值分析

一、腾邦国际

1. 2014年公司共实现营业收入46377.79万元，同比增长29.90%；实现归属于母公司股东的净利润12985.98万元，同比增长42.72%。2015年中报净利润为6566万元，同比增长12%。

2. 按照市场份额占比，公司目前是深圳排名第一、全国排名第二的票务代理商。2014年机票商旅服务实现营业收入36019.47万元，同比增长7.34%。

3. 商旅+金融双驱动商业模式。公司目前在互联网金融各个领域均有所布局，拥有第三方支付工具腾付通、小贷公司融易行、P2P平台——腾邦创投，以及互联网保险的兼业代理牌照和经纪牌照，并先后参股设立前海再保险公司和相互保险公司。

（1）2014年，金融板块业务实现收入10358.32万元，同比增长382.42%。

其中，腾付通实现营业收入1843.40万元，同比增长104.79%；实现净利润829.63万元。

小额贷实现营业收入8293.86万元，同比增长565.08%；实现净利润3483.57万元。

P2P实现营业收入221.06万元，同比增长100%；实现净利润34.42万元。

（2）腾邦国际于2015年6月2日晚间发布定增预案，公司拟向实际控制人钟百胜在内的5名特定对象，非公开发行合计不超过7000万股，募集资金总额不超过15.98亿元。同时公司发布公告，完善互联网金融板块，收购深圳中沃保险经纪有限公司100%股权。收购中沃保险主要目的在于获得保险经纪牌照，完善公司在互联网保险的布局。

（3）公司拟以5000万资金，参与发起设立相互人寿保险公司（组织），占初始运营资金的5%。相互保险公司的筹建设立，以及公司作为发起人、各发起人出资比例等事项均需经保监会批准或核准。

（4）以互联网金融大数据业务为依托，设立腾邦征信公司，完善互联网金融布局。

4．通过收购互联网旅游公司欣欣旅游切入互联网平台业务，打造连接旅游资源（机票加景点为主）、各类旅行社商和终端客户的B2B2C平台，形成旅游垂直领域的交易平台，交易流水增速较快。

5．风险提示：随着航空公司直销比例的增加，公司传统机票代理B2B业务增速有所下滑。

机票代理佣金率下调是大势所趋，如2014年6月，国航将国内机票销售代理费从3%下调至2%，南航、海航、东航随后一并跟进；2015年1月，南航将其国内客票代理费从2%降低为1%。后南航又宣布，自2015年6月1日起，中国境内（不含香港、澳门、台湾地区），其销售代理人的代理手续费将从原来的1%调整为0。

机票代理佣金包括基础佣金+返点奖励佣金两部分，虽然基础佣金下调为0，但还会有奖励返点佣金。

结合基本面看，在这个时点估值一般：截至2015年10月（已停牌），市值约91亿，静态市盈率约70倍。根据2015年三季报换算的动态市盈率约62倍，静态市销率约20倍。

腾邦国际日K线：

二、石基信息

1. 国内酒店信息化行业领先企业。公司是目前国内最主要的酒店信息管理系统全面解决方案提供商之一，目前拥有"石基"和"西软"两个品牌，在中国酒店行业处于优势明显的领先地位，在五星级酒店市场占有率超过80%，中高星级酒店客户数超过5000家。

公司在酒店领域的直连技术可以实现系统之间的数据交换，实现预订自动化；在支付环节的收单一体化技术将酒店收银系统与银行收单系统连接起来，通过专线方式与银行网络联网进行电子交易，节省了录入和对账的人工环节。直连技术和收单一体化技术大大简化了工作流程，节约了用户成本。

2. 2014年公司实现营业收入21.86亿元，同比增长99.72%；实现利润总额4.44亿元，同比增长11.66%；实现归属于上市公司股东净利润3.82亿元，同比增长6.23%；扣非后归属于上市公司股东的净利润3.62亿元，同比增长28.85%。

3. 助力淘宝打造新旅游生态圈。2014年3月，公司公告了与阿里签署《战略合作协议》，双方就淘宝旅行与酒店信息系统直连、淘点点与餐饮信息系统直连、支付宝与石基产品渠道推广方面达成全面战略合作共识，共同开拓酒店餐饮O2O市场。

公司掌握国内大量酒店CRS、PMS系统的核心数据接口，并拥有直连的技术能力。这一技术优势将成为淘宝旅行的重要一环，帮助淘宝建立起"直连+后付"业务模式，并可获得分成收入。

2015年5月，公司与阿里云计算有限公司签署《战略合作协议》，就酒店及餐饮行业云计算业务展开深入的合作，携手阿里云共同建设在线酒店及餐饮云平台，加速占据中低端酒店及餐饮入口。合作期限2年。

4. 公司成功推出基于云计算的XMS云酒店信息管理系统和云POS"HERO"餐饮管理系统；加强了与微信、支付宝的"O2O"平台合作，可为餐饮企业提供更多的O2O运营方式，从而为公司创立新的盈利模式。

5. 风险提示：2014年公司主营业务中，酒店信息管理系统业务增长13.78%，餐饮信息管理系统业务增长8.55%，增长不明显。

营业总收入的高增长是因为收购中电器件、思迅软件后并表所致。其中收购了中电器件增加了低毛利的商品批发业务，业务流水大，但对利润增长的贡献不大。

结合基本面看，在这个时点估值高：截至2015年10月底，市值约355亿，静态市盈率约93倍。根据2015年三季报换算的动态市盈率约91倍，静态市销率约16倍。

石基信息日K线：

第七章

互联网巨头的系统布局：跨越跟随创新，激发原创创新

　　截至2014年底，按照市值全球互联网十强公司排名中，第一位是谷歌，第二位是脸谱，第三位是阿里巴巴，第五位是腾讯，百度位列第六，京东位列第十。美国企业占了六家，中国企业占了四家，世界互联网产业格局被中美两国企业瓜分。作为曾经通过复制和模仿成长壮大起来的"小兄弟"中国互联网巨头，能否成功挑战并超越"老大哥"美国互联网巨头，非常值得期待。

第一节 阿里巴巴：从超级"平台型"电商转向超级"生态系统"投资体

阿里巴巴集团于1999年在杭州创立，2014年9月19日，在纽约证券交易所正式挂牌上市，员工总数目前约3.5万人。

阿里巴巴旗下业务和公司包括：淘宝网、天猫、聚划算、全球速卖通、阿里巴巴国际交易市场、1688、阿里妈妈、阿里云、蚂蚁金服、菜鸟网络等。

阿里巴巴以自有电商平台沉积以及浏览器UC、高德地图、微博等作为端口导流，围绕电商核心业务，形成了一个包括支撑电商体系的金融业务、相关配套的本地生活服务和健康医疗、游戏、视频、音乐等业务的完整商业生态圈。

这一商业生态圈以支付宝为整合抓手，核心是数据及流量共享，基础是营销服务及云服务业务。

在业务架构和组织上，阿里将全部业务划入25个事业部，由各事业部总裁（总经理）负责。之后，管控模式逐步从公司化运作升级到集团化运作，阿里影业、阿里音乐、阿里体育、阿里健康分别拆分并独立为阿里的控股子公司。

2014年财务状况

阿里巴巴的收入主要来源于零售平台上的竞价排名收入、展示广告收入和交易佣金收入，在总营收中合计占比约为75%。

自2011年第一季度，阿里巴巴集团开始盈利。2014年全年，阿里巴巴总营收762.04亿元人民币，全年净利润234.03亿元。

从交易额来看，2014年阿里平台全年交易额GMV（Gross Merchandise Volume）为2.3万亿元人民币，同比增长47%。其中：

来自于中国商业零售业务的营收为597.32亿元，较上年同期的人民币428.32亿元增长39%。该部分业务的同比增长主要得益于在线营销服务营收和佣金营收的增长。

移动营收为178.4亿元，在总营收中占比约30%，而上年同期为人民币29.05亿元。移动营收的增长主要得益于移动交易总额的增长，以及移动货币化比率的提升。

来自于中国商业批发业务的营收为32.05亿元，较上年同期的23亿元增长39%。该部分业务营收的同比增长主要得益于付费用户数量的增长，以及付费用户平均营收的增长。

来自国际商业零售业务的营收为17.68亿元，较上年同期的9.38亿元增长88%。

来自国际商业批发业务的营收为47.18亿元，较上年同期的39.13亿元增长21%。该部分业务营收的同比增长主要得益于付费用户数量及每用户平均收入的增长。

从分项看：

营收成本为238.34亿元，占营收的31%。而上年同期营收成本为133.69亿元，占营收的25%。

产品开发开支为106.58亿元，占营收的14%。而上年同期产品开发支出为50.93亿元，占据了营收的10%。

销售与营销开支为85.13亿元，占营收的11%。而上年同期销售与营销支出为45.45亿元，占营收的9%。

总务及行政支出为78亿元，占营收的10%。而上年同期产品开发支出为42.18亿元，占营收的8%。

股权奖励支出为130.28亿元，占营收的17%，较上年同期的28.44亿元增长了358%。

无形资产摊销为20.89亿元，而上年同期仅为3.15亿元。

运营利润为231.35亿元，较上年同期的249.20亿元下滑7%。

利息和投资收入为94.55亿元，较上年同期的16.48亿元增长474%。

利息支出为27.50亿元，较上年同期的21.92亿元增长25%。

所得税支出为64.16亿元，较上年同期的31.96亿元增长101%。有效税率为19.8%，高于上年同期的11.9%。

2015年第一季度

2015年第一季度，阿里集团营收174.25亿元，同比增长44.83%，毛利同比增长31.90%，但毛利率从去年同期的71.16%下降至64.80%。

本季度，阿里在研发、市场乃至行政方面都加大了投资，营业费用同比去年增长了190.54%。

本季度，阿里中国零售平台淘宝、天猫、聚划算增长强劲，移动端成交额首次占比超过50%，GMV为6001亿元，其中天猫占比36.5%，移动GMV占比50.6%。GMV同比增长为40%，与行业水平相似。预计2015年阿里全平台交易额将突破3万亿人民币。阿里巴巴计划5年后目标交易额超过1万亿美元，未来10年建成全球电子商务网络。

本季度，阿里平台活跃用户为3.5亿，2014年同期为2.55亿，同比增长37.25%，比去年同期增加了9500万，来自一二线城市以外的用户增长尤为迅速。

截至2015年3月31日，阿里巴巴集团持有的现金、现金等价物和短期投资总额为1223.41亿元，而截至2014年12月31日为1307.41亿元。

2015年第二季度

本季度，阿里巴巴集团收入达人民币202.45亿元，主要由中国零售平台的强劲增长带动。受在线营销服务收入和佣金收入增长推动，中国零售平台收入增长至人民币157.12亿元。

受益于阿里影业估值大幅提升，本季度阿里巴巴集团净利润猛增148%达到308.16亿。主要来自于阿里影业完成融资后，阿里影业剥离出报表，并大幅推高阿里巴巴集团持有阿里影业股权的估值，因此带来高达247.34亿元人民币的处理收益计入。

本季度，阿里中国零售平台的商品成交额（GMV）达人民币6730亿元；淘宝及天猫的季度成交额分别达人民币4270亿及2460亿。截至2015年6月30日，中国零售商务平台上的年度活跃买家达3.67亿，同比增长32%，平均每个年度活跃用户下单超过50单。

2015年第三季度

阿里巴巴第三季度财报显示，本季度收入221.71亿元人民币，同比增加32%，其中，移动端营收105.2亿元，同比大增183%。

由于阿里健康的资产收益重估，增加了186.03亿元人民币的非现金收益。该季度阿里净利润增至人民币227.03亿元，同比增长649%。若基于非美国通用会计准则，则阿里净利润为人民币92.52亿元，较上年同期的60.08亿元增长36%。

该财季阿里中国区零售业务商品成交额（GMV）至7130亿元人民币，同比增长28%，约占当季中国社会消费品零售总额的9.6%。其中移动端交易额占比62%至4420.6亿元。

以上数据均超出华尔街分析师预期。

阿里表示，优惠和物流的提升，使得天猫超市、天猫电器城在北方，特别是北京市场，不断提升市场份额，将更多消费者转化为重复购买者。天猫提供的北京消费数据显示，最近三个月以来，天猫超市北京地区用户数量同比增长近6倍，交易额同比增长超过10倍，其中移动端交易额同比增长15倍。

活跃用户数的增加是商品成交额和营收增长的主要动因。该平台年度活跃买家达到3.86亿，比上季度增加1800万。同时阿里移动月度活跃用户单季度净增3900万，达3.46亿，巩固了全球第一大移动生活平台的地位。

报告期内天猫成交额达到2750亿元，同比大幅增加56%。同期淘宝为4380亿元人民币，同比增长15%。不计阿里巴巴自2015年2月以来停止的彩票业务的影响，报告期内淘宝的商品成交额同比增长17%。

阿里62%的收入来自移动业务，移动业务收入飙升183%至105.20亿元。阿里在移动方面继续保持领先优势。本季度中国零售平台的移动GMV达人民币3710亿元，较去年同期上升125%，占平台总GMV比例达55%。移动月度活跃用户进一步增长63%至3.07亿。

本财季报告中有一个有趣的现象，就是净利润超过了总营收：净利润为人民币227.03亿元，而集团总营收为221.71亿人民币。

导致这个情况的原因是在该季报表中新计入了一家独立上市公司阿里健康信息科技有限公司（阿里健康）的业绩，阿里获得其186.03亿元人民币的持股收益，使得集团第二财季利息和投资利润达到181.5亿元人民币，大大超过去年同期的4.68亿元。

同样在这一财季，阿里的净利润大增得益于阿里影业估值的提升。阿里影业完成融资后剥离出报表，并推高阿里巴巴集团持有阿里影业股权的估值，带来247.34亿元人民币的处理收益计入。

淘宝网

2003年5月，阿里创立购物网站淘宝网。

2008年4月，淘宝网推出专注于服务第三方品牌及零售商的淘宝商城。

2011年6月，阿里宣布将淘宝网分拆为一淘网、淘宝网、淘宝商城三家公司。

2012年1月，淘宝商城正式更名为"天猫"。

2015年第一季度，淘宝交易额达3810亿，天猫交易额达2190亿，活跃买家达3.5亿，移动月活跃用户达2.89亿。

支付宝

2004年12月，阿里推出第三方网上支付平台支付宝。

2015年2月10日，阿里宣布与蚂蚁金服集团完成重组，蚂蚁金服成为支付宝的母公司。

2015年6月，更新的支付宝9.0版本取消了服务窗、探索功能，新增"朋友"和"商家"入口，并且加入了亲情账户、借条、群账户、余额宝买股票等众多新功能和"美食"、"电影"、"酒店"、"周边游"等产品。原来的"支付宝"和"支付宝钱包"合二为一，组成新的"支付宝"，标志着从单纯的支付工具转化成基于支付场景的包括消费、生活、金融理财、沟通等多个领域、以每个人为中心的一站式场景平台。

支付宝将通过开放平台的方式为口碑的商家提供服务接口与流量，包括支付、营销、商家、服务窗、登录、分享、信用和大数据等九大接口，帮助商家更加精准的为消费者提供优质服务。

比如，在"朋友"一栏当中，用户可以与朋友一对一或者以群组为单位交流，不仅支持AA付款，还可以分享餐厅、理财产品等信息。群功能中，最有意思的则是"经费群"功能，学生可以建立班费群，每位同学入群时缴纳班费，每一笔收入与支出都被详细记录，向所有群成员开放。亲情账户允许用户帮助家人理财，帮孩子"保管压岁钱"。对于朋友间经常有金钱往来的用户来说，新版支付宝可以向朋友打电子借条，约定金额、期限和利息，到期后系统会自动提醒还款。

由此可见，支付宝不再仅仅是网购时的支付渠道，也不是一个电子钱包，如今努力成为一个用户的入口。

这是由于，2015年4月，成立10多年的支付宝活跃用户数量约为2.5亿，而同期微信用户数量已达约5.5亿，巨大入口端口的微信对支付宝构成了一定威胁。

在线旅游

阿里早在2010年5月就推出了淘宝旅行平台。

2013年1月，阿里整合旗下旅游业务成立航旅事业部。

2013年5月，阿里宣布战略投资旅行记录及分享应用"在路上"。

2013年7月，阿里旗下一淘网进军旅游垂直搜索领域；同月，阿里集团宣布入股中文旅游资讯和在线增值服务提供商穷游网。

2014年9月，阿里以28.1亿人民币战略投资酒店信息服务商石基信息，占领在线旅游入口；在交易完成后将持有15%股份，并获得一个董事会席位。目前国内大多数五星级酒店的信息管理系统来自石基信息，阿里旅游平台与其系统对接，可以提升在旅游市场的基础服务能力。

2014年11月，阿里将旗下所有旅游资源整合成独立平台"去啊"。在随后的"双11"中，阿里巴巴集中资源，重点推广旗下在线旅游业务。

2015年9月，阿里旗下蚂蚁金服与丽江市人民政府达成合作，共同建立"互联网+城市"战略丽江示范区，智慧旅游成为其重要内容之一。丽江全城将全面接入支付宝。除丽江机场成为全国范围内继北京、上海、杭州、重庆之后的第五个支付宝"未来机场"外，游客还可以在丽江古城使用支付宝预订酒店、买车票、支付车费，古城内的景点门票、就餐购物、旅游导览、地图、Wi-Fi等服务亦可以在手机上完成。丽江市政府表示，丽江古城等重要旅游景区已基本完成支付宝选点布局推广工作，超过80%的商户已同意接入使用支付宝。

O2O领域

阿里在O2O商业领域的布局主要以与两家商业公司的合作进行的，一家是银泰商业，一家是苏宁电器。

2014年7月，阿里入股港股公司银泰商业集团，阿里以53.7亿港元对银泰商业进行战略投资，双方将打通线上线下的未来商业基础设施体系，并将组建合资公司，以推进O2O、电商等合作，进行行业资源的整合。

一年后的2015年5月，银泰商业发布公告称，公司新董事会主席将由新上任的阿里巴巴CEO担任，表明了阿里对该业务板块的重视程度。银泰商业未来可能更名为阿里商业。

2015年7月，银泰商业发布公告，控股股东之一沈国军持股比例由原本的30.2%减少至12.01%，不再成为银泰商业的控股股东。阿里巴巴则持有银泰商业的32%股权，成为单一最大股东。

在规划中，阿里将把银泰商业作为进行零售商业线上线下融合创新的平台，在实体经济和数字经济融合时代，阿里可以看作是空军，

银泰可以看作是陆军。双方已联合推出银泰宝、喵货、喵街等新产品，实现了支付和会员体系的打通。

比如，喵街APP是一款"逛街神器"，能够基于用户当前位置，提供周边商场及品牌门店信息，并提供吃喝玩乐购的一站式服务应用，包括即时优惠、室内导航、停车找车、餐饮排队等。

2015年5月开始，喵街已与西湖银泰城、西溪印象城等近10家杭城商家合作。7月，借由与万科旗下的社区商业合作，喵街正式进入上海。喵街已经启动"JUMP计划"，面向全国商业综合体、购物中心、百货开通入驻方案。阿里方面透露，初期阶段申请入驻喵街有400多家百货、购物中心企业。

但是，阿里入股银泰商业一年，除了在部分城市的银泰实现用支付宝付款外，当初所宣称的愿景多数未实现。随着沈国军离任，早期O2O团队也基本全部解散。

在与苏宁的合作中，阿里计划投资283亿成为苏宁二股东。

2015年8月10日盘后，苏宁云商公告称，拟以15.23元/股非公开发行不超19.3亿股股份，募资不超293.43亿元，其中阿里巴巴集团旗下淘宝（中国）软件有限公司认购18.6亿股，占发行后总股本的19.99%，认购金额283.43亿元，成为第二大股东。

与此同时，苏宁云商将以不超过140亿元人民币，按照81.51美元/股的价格，投资认购阿里巴巴增发的不超过2780万股普通股股份，预计发行完成后，公司将持有阿里巴巴股本总额约1.09%。

苏宁称，此次换股的目的是以股权为纽带确立长期战略合作关系，坚定加速推进公司O2O战略转型。

计划中，阿里和苏宁将携手整合双方优势资源，利用大数据、物联网、移动应用、金融支付等手段打造O2O移动应用产品，创新O2O运营模式。具体讲，双方将尝试打通线上线下渠道，包括苏宁辐射全国的1600多家线下门店、3000多家售后服务网点、5000个加盟服务商，以及苏宁物流拥有452万平方米仓储面积、4个航空枢纽、12个自动化分拣中心、660个城市配送中心、10000个快递点，将与阿里的线上体系实现对接。未来苏宁物流将成为菜鸟网络的合作伙伴，合作后的物流几乎覆盖全国2800个区县。

另外，双方合作后，首先会在天猫上开设苏宁易购天猫旗舰店，同时使用天猫的物流体系；其次，苏宁会为天猫商户提供售后服务，线下所有门店向淘宝商户全面开放，无论是商品展示还是物流。

分析此次合作，可以看出，在目前阶段，苏宁看重的是阿里的流量资源，当然，巨量资金的投入可以为与京东的比拼储备更多的子弹；阿里看中的是苏宁大体量的自有仓储物流体系和分布于全国的庞大线下网点，这也正是主营平台模式的阿里所欠缺的。接下来，如果苏宁自营做得好的话，不排除阿里通过增持股份的方式获得苏宁控股权，进而将其改造成阿里自营模式的一大平台，与京东平分秋色，实现商品流通行业中的平台模式和自营模式的天下通吃。

此外，快的打车可以看作是阿里在O2O领域的另一个业务。

快的打车是国内领先的手机打车应用，已覆盖到全国360个城市，用户数超过1亿。

2013年4月，阿里联合经纬创投投资1000万美元于快的打车A轮融资。

2015年1月，快的打车完成新一轮总额6亿美元的融资，由软银集团领投，阿里巴巴集团以及老虎环球基金参与投资。

2015年2月，快的打车与滴滴打车宣布进行战略合并。

互联网医疗

2014年1月，港股上市公司中信21世纪向阿里巴巴和云锋基金配发44亿股股份，每股配售价0.3元，较股份停牌前折让约63.9%，阿里以13.3亿元入主中信21。中信21拥有两项资源：一是业内第一块第三方网上药品销售资格证的试点牌照，二是全国药品电子监管码。

2013年11月12日，国家食药总局批准了国内首家可开展互联网药品交易B2C第三方平台试点——河北慧眼医药科技有限公司95095医药平台，该平台隶属于中信21世纪。

认购事项完成后，阿里巴巴和云锋基金持有中信21逾54.33%股权，成为大股东。阿里及云锋基金将分别持有38.1%及16.2%，原大股东中信集团持股量降至9.92%。

2014年5月，中信21世纪改名为阿里健康。

2015年4月，阿里宣布和香港上市的阿里健康信息技术有限公司达成最终协议。根据协议，阿里巴巴集团将天猫在线医药业务的营运权转让给予阿里健康，以换取阿里健康新发行的股份和可转股债券，阿里健康成为阿里巴巴集团的子公司。

目前在天猫平台上，有186家互联网药房在销售非处方药、医疗器械、隐形眼镜和其他保健产品。数据显示，2014年3月至2015年3月，天猫在线医药业务的总商品交易额达到了47.4亿元人民币。

该交易完成后，阿里健康在后台负责运营天猫医药的商家，并与天猫医药联手，包揽药品上市及销售的全部流程。

2015年4月1日，阿里健康云医院正式上线。按照阿里健康的畅想，是计划通过介入医院电子处方环节，以及通过类似"滴滴打车"模式，进军医药电商领域，倒逼医药分家，打造"医院、患者、阿里健康、药店"的O2O闭环，改造传统医院的就医流程甚至整个生态。

2015年3月，阿里健康接入新浪爱问医生平台。爱问医生是新浪微博在2014年6月推出的在线医疗服务平台。

2015年4月，阿里健康宣布与浙江迪安诊断技术股份有限公司达成战略合作框架协议。迪安诊断是国内独立第三方医学诊断服务机构，以提供诊断服务外包为核心业务，目前为全国8000多家医院提供医疗检验服务。

除了上述公司外，阿里健康还与上市公司华润万东、卫宁软件、白云山等建立了合作关系。

2015年7月，阿里健康披露的年度业绩公告显示，截至2015年3月31日，2014年度亏损额为1.01亿港元，较上一财年亏损额增加159%。阿里健康称，销售、市场推广费用以及产品研发等基础建设导致的早期人力成本的支出，是连续亏损的原因。

互联网金融

蚂蚁金服集团是阿里互联网金融业务承载主体和战略平台。蚂蚁金融服务于2014年10月成立，之前称"小微金融服务集团"。

旗下业务包括支付宝、余额宝、招财宝、蚂蚁小贷、芝麻信用和网上银行，涵盖了支付、活期资金管理服务、理财产品、小微企业贷款和信用评估管理等多个金融服务领域。

2013年，支付宝联合天弘基金推出了第一只互联网货币基金产品余额宝，盘活了支付宝中的存量资金。芝麻信用结合云计算技术，通过对用户行为数据分析实现对用户信用的评估，成为提供金融服务的重要基础。小微企业贷款则面向一个针对小微企业，传统商业银行没有有效方法判断和管控、供给缺乏的市场。但在大数据、云计算技术的支持下，以上问题有可能得到解决。

2015年年中，蚂蚁金服引入全国社保基金、人保、国寿、国开金融以及邮储银行等机构投资。此轮投资中，蚂蚁金服的估值大约在300～350亿美元之间。社保首单百亿直投项目持股5%，成蚂蚁金服外部股东。

此前，蚂蚁金服40%的股份由蚂蚁金服的员工及阿里全体员工作为股权激励持有，剩余60%的公司股份用于在未来分步引进战略投资者。

2014年6月，阿里以11.8亿元认购天弘基金26230万元的注册资本出资额，持有天弘基金51%的股份。成为首家控股基金公司的互联网企业。天弘基金的注册资本也由此前的1.8亿元增加至5.14亿元，成为注册资本金第二大基金公司。

截至2015年6月底，天弘基金管理33只基金，合计规模6685亿元，在100家公募管理机构中排名第一。

天弘基金2015年半年报显示，上半年主营业务收入26亿元，净利润为6.17亿元，而2014年天弘基金主营业务收入为36.92亿元，净利润6.32亿元。天弘基金2015年上半年收入已达去年全年的七成，净利润则已接近2014年全年。

不过，主力产品余额宝的规模在二季度环比大幅缩水。数据显示，二季度余额宝的基金净值为6133.8亿元，较2015年一季度末7117亿元的规模缩水近1000亿元，降幅则达到13.8%。

余额宝的收益率下降，是导致余额宝规模缩水的重要原因之一。实际上，2015年6月以来，余额宝的七日年化的收益率已经下降至约3.5%。

另外，股市的火热，资金搬家也是导致余额宝规模急剧下降的因素之一。

阿里在互联网金融的另一块重要布局是恒生电子。2014年3月，马云以现金32.99亿元，收购价格较停牌前的价格溢价21.5%，控股恒生电子。恒生电子是传统金融机构最大的IT供应商。计划中，收购完成后，恒生电子将在阿里的控制下，逐步转型为一家互联网金融企业。

恒生电子HOMS系统在2015年股灾中承担了很大压力，理由是该系统引入的配资资金在短时间内出逃引发了减杠杆的连锁反应。

HOMS是一个IT系统，恒生电子对HOMS系统的最早开发始于2012年，当时一些管理资产数额较大的私募基金客户找到恒生电子，他们希望在原来简单的网上交易系统之外，还能有一个更专业的系统去管理资产。恒生电子开发出一款方便私募基金管理资产的系统，取名HOMS，即恒生订单管理系统。此后，从事股票交易、期货交易的私募基金业也开始使用HOMS。

HOMS系统有两个独特的功能很受用户的欢迎。一是可以将私募基金管理的资产分开，交由不同的交易员管理，二是灵活的分仓。后来，这些功能被一些配资公司和一些P2P公司注意到并加以利用。

在互联网银行领域，2015年6月，作为国内首批试点的五家民营银行之一，蚂蚁金服设立了浙江网商银行。蚂蚁小微金融服务集团有限公司认购该行总股本30%股份；上海复星工业技术发展有限公司认购该行总股本25%股份；万向三农集团有限公司认购该行总股本18%股份；宁波市金润资产经营有限公司认购该行总股本16%股份。

网商银行将目光锁定在阿里的生态圈，比如，"双11"为天猫商户提供流动性贷款，在阿里和蚂蚁金服联合成立的本地生活服务平台上为线下实体商户提供"口碑贷"等。

网商银行称，开业近4个月累计发放信贷约30亿元，为18万家小微企业提供了信贷支持。网商银行的目标是2015年内覆盖50万家小微企业。

在创投众筹领域，2015年10月，蚂蚁金服战略投资36氪，但36氪

管理团队仍控股并将保持36氪的独立运作。

36氪网站上线于2010年，主要从事创业媒体业务。经过5年的成长，如今36氪已经形成了三大支柱业务线——36氪融资、氪空间与36氪媒体，并已从最开始的单一媒体业务成长为国内最大创业生态服务平台。

截至目前，36氪平台上聚集了超过4万家企业、2000家专业投资机构和超过2万名高净值个人投资人。其中，有超过4000家创业公司正在36氪平台上融资，通过私募股权融资平台融资金额已经破亿，通过创业孵化器氪空间融资金额超过6亿，融资成功率达到了97%。

36氪的定位是股权投资平台，在2015年6月推出了股权众筹平台。但8月证监会下发的《关于对通过互联网开展股权融资活动的机构进行专项检查的通知》，明确了股权众筹的公募特性。36氪的定位也转为私募股权融资。

作为创业生态服务平台，36氪聚集行业内最多的互联网创业项目，为创业公司提供各项创业服务。蚂蚁金服是国内最大的互联网金融公司，双方合作能更好地为创业者打造创业生态。

在大众创业浪潮下，股权融资是当下最有潜力的金融服务方向之一。面对这一前景广阔的蓝海，2015年5月，蚂蚁金服推出股权众筹品牌蚂蚁达客，并成为首个获得工商登记确认的股权众筹企业。

蚂蚁达客虽然与36氪同属股权融资，但一个属于公募性质，一个是私募性质，形成互补。蚂蚁金服对36氪的投资有助于完善它在股权融资领域的布局。

影视传媒

2013年4月，阿里以5.86亿美元购入新浪微博。阿里目前持有从新浪剥离出来的微博公司32%股权。新浪、阿里分别列微博第一和第二大股东。

在BAT中，腾讯和百度分别有腾讯新闻、百度新闻，而阿里在此领域仍然是空白。阿里曾经收购了属于综合新闻门户的雅虎中国网站，但经过数次转型和整合，并不成功。

2014年4月，阿里战略投资华数传媒，与其他合伙投资人以65.36亿元投入持股20%，进入互联网传媒领域。

一般讲，内容可以为阿里电子商务带来流量。如在阿里成为新浪微博的股东之后，用户明显感受到，微博中嵌入的淘宝广告越来越多。在新闻内容领域，阿里或其关联公司和云峰基金等还先后投资了科技博客虎嗅网、无界新闻、封面传媒等。

此外，2015年6月，阿里巴巴以12亿入股上海文广集团（SMG）旗下的第一财经传媒有限公司。阿里与SMG联合宣布，将借助第一财经的内容及传播优势和蚂蚁金服的数据优势，共同开拓数据服务领域，把第一财经传媒有限公司打造成新型数字化财经媒体与信息服务集团，从而希望成为中国版"彭博"。

2014年6月，阿里完成收购电影及电视节目制作商、港股公司文化中国传播约60%股权，后更名为"阿里巴巴影业集团"。淘宝电影已位居行业第二，一天可以售出30多万张电影票。

2014年11月，参与华谊兄弟定向增发，完成后，持股比例为8.08%，与腾讯并列第二大股东。

2015年3月，光线传媒最新股权变动说明书显示，阿里创投以24亿元参与定增的方式获得了光线传媒8.78%的股权，成为公司的第二大股东。光线传媒将依托大量的影视作品、艺人等优势内容与阿里巴巴数字娱乐产业、电子商务平台、互联网金融相结合，打造以传统媒体、

互联网、金融等方式相结合的全新互动体系，获得内容传播与商业收益的双赢。此外，光线传媒还将入驻天猫开设光线传媒旗舰店，销售公司电影及艺人衍生品。双方合作的电影项目将在同等条件下优先与淘宝网就线上票务销售进行合作。阿里将提供淘宝网优势资源进行重点宣传推广。

生活服务O2O领域

阿里在生活服务O2O领域的主战场是自己的"亲儿子"口碑网，对美团网只是参股财务投资。阿里曾于2011年下半年领投了美团5000万美元的B轮融资，并于2014年5月再度投资3亿美元于美团C轮投资。目前，口碑网与美团形成了事实上的竞争关系。

口碑网是阿里巴巴集团于2006年10月投资取得的本地化生活社区平台。

2015年6月，阿里巴巴与蚂蚁金服宣布，注资60亿元加码放了"四年长假"的本地生活服务平台"口碑"，将口碑网与淘点点合并，使其复活，划入蚂蚁金服旗下，阿里与蚂蚁金服各持50%股份，阿里准备亲自来经营这块O2O业务。预计仅2015年口碑的投入预算就高达百亿。并希望用6个月的时间，在到店业务中做到行业第二，一年内做到第一。第二年推出到家业务，会与京东到家和58到家形成直接竞争。

在线上线下融合市场，口碑网的服务会首先覆盖外卖、餐厅和其他娱乐设施、便利店和医院、药店。用户可以通过手机淘宝和支付宝钱包使用这些服务，这两大APP将通过移动支付，形成消费者和实体店之间的互动闭环。预计2015年产生高达3000亿元人民币的交易额。

2015年9月，支付宝宣布将启动"百万招聘"计划（也叫全民开店计划），逐步投入10亿元在北京、上海、广州、深圳、杭州等全国123

个城市招聘100万名"口碑客"，发动群众说服身边的餐饮商店去"口碑"开店，每成功一单可获300元现金奖励和相应的店铺优惠券。阿里希望通过百万名口碑客的拉动，吸引大约100万家商铺进驻"口碑"平台，而目前平台上商户数量有10多万家。

网络视频

2014年4月，阿里携手旗下云峰基金以12.2亿美元战略投资优酷土豆，阿里巴巴持股比例16.5%，云峰基金持股比例2%。资金主要用于购买更多的版权以充实内容端。

2015年3月底，阿里巴巴对优酷的占股比例又从16.5%增至20.7%，超越古永锵成为优酷土豆的单一大股东。

2015年10月，阿里巴巴宣布全面收购优酷土豆集团。按照每ADS（美国存托凭证）26.60美元计算，预计总金额将超45亿美元。

优酷土豆目前活跃用户超过5亿，特别是在移动视频端有显著领先优势，加入阿里大家庭后，将为阿里数字"快乐"战略、虚拟商品消费战略、多屏战略增添核心支柱。

阿里巴巴电商业务亟缺一个移动入口，优酷土豆无疑是个很好的选择。在移动端排名前三类的APP分别是社交类、新闻类和视频类。社交产品里面腾讯的地位无法撼动，而新闻类的APP里面阿里暂时还难以涉足，因此剩下的视频就成为战略重点。

百度、阿里巴巴、腾讯、京东等每年购买第三方互联网公司流量的成本以数十亿元计，随着宽带的普及，带宽成本的降低，视频服务成为流量最大的来源，而优酷土豆一直排名中国视频网站第一。

拿下在移动互联网拥有庞大用户量的优酷土豆之后，阿里巴巴就可以将自己的电商产品定向推向用户，在优酷土豆上投放视频广告，

在移动端获得一个很好的入口。

此次全面收购意在使双方合作更加紧密，把阿里巴巴的电商、媒体、广告、金融等数据驱动平台与优酷土豆的视频内容业务更好结合。优酷的视频与内容平台与阿里的云计算、营销、数据、影业、家庭娱乐、音乐、体育等业务的优势互补，将全面革新用户的数字消费体验。

从2015年第一季度中国网络视频市场广告收入的市场份额看，优酷土豆、爱奇艺、腾讯视频分列中国网络视频市场广告收入的前三名。

对于爱奇艺而言，虽然近两年发展的不错，但亏损现状令其成为控股股东百度的一块鸡肋。特别是随着百度将重金投向O2O领域，爱奇艺局面则更显尴尬。

物流领域

近几年来阿里以及旗下的云峰基金以投资入股的方式布局了多家物流快递公司，包括星晨急便、百世汇通、全峰快递等。

菜鸟网络是阿里为物流企业打造的智能物流信息平台，一方面为买家及卖家提供实时信息，另一方面向物流服务供应商提供有助其改善服务效率和效益的信息。

目前，以申通、圆通、中通、韵达等"三通一达"为主体的中国快递企业，70%以上的货量都来自为天猫和淘宝商家进行的递送。阿里通过菜鸟网络与"三通一达"等快递企业保持良好合作关系，这几家也都参与了菜鸟网络的投资，分享菜鸟网络的数据信息。

从本质上看，菜鸟网络应归属于物流平台模式，与京东的自建物流模式有所不同。

但成立已两年多的菜鸟物流目前看起来仍处在买地、建仓库、与政府谈判的阶段，当时合作的"三通一达"也各自陆续启动了"电商仓配一体化"的发展战略，在全国各地租用和购买仓储资源，合作仍有待进一步深入。

2013年12月，阿里对海尔集团子公司海尔电器进行总额为28.22亿元港币的投资，其中对海尔电器旗下日日顺物流投资18.57亿元港币。

双方将通过新设立的日日顺物流合资公司，联手打造家电及大件商品的物流配送、安装服务等整套体系及标准，打造覆盖各级市场的领先的家电及大件物品的物流及服务网络。日日顺物流及服务网络将为天猫商家及消费者提供高质量的家电和大件商品的物流、配送及安装服务。

数据显示，截至2013年底，海尔电器旗下的日日顺物流在全国拥有9个发运基地，90个物流配送中心，仓储面积达200万平方米以上。同时已建立7600多家县级专卖店，约26000家乡镇专卖店，19万个村级联络站。并在全国2800多个县建立了物流配送站和17000多家服务商网点，可以实现配送、安装、售后等整体服务。

阿里投资日日顺物流网络，可以强化其大家电物流服务，为电商平台上的企业解决商品，尤其是家电、家具等大件品类的物流、安装、售后等问题，提高在三、四线市场的渗透率。

2015年5月，阿里集团与云峰基金联合对圆通快递进行了战略投资。具体投资金额估计为数十亿元。

圆通创建于2000年，业务量仅次于申通排名第二，占有20%左右的市场份额。数据显示，2014年，圆通全网快件业务量达到21亿件，营业额达到240亿元，单日揽收量最高达2500万件。

云计算

数据显示，2013年全球云计算服务市场达1300亿美元以上。排列前茅的云计算服务商包括知名科技巨头亚马逊、微软、谷歌（AWS、微软Azure、谷歌云平台）等，与之相对应的是传统IT服务商如IBM、惠普、EMC、甲骨文等公司的产品销量的缩减，因为更多公司选择通过租赁模式使用云计算服务。

其中，亚马逊在全球份额接近1/3，大大领先其他竞争者。其2014年度云计算业务带来了超过60亿美元的营收，以及约10亿美元的利润。

据预测，未来几年云服务市场将保持15%以上的增长率，有望于2017年接近3000亿美元。长期看，全球云计算市场或是一个价值数万亿美元的市场。而目前中国云产业总体规模在全球云计算服务市场份额不足3%。

IDC发布的《中国公用云服务追踪研究》显示，阿里在国内云服务市场中份额位居首位，市场占有率约30%，分布于金融、药监、石化、政府、交通等领域。

就阿里自身生态而言，在安全性保证的前提下，云计算可以为其电商平台的用户行为分析、广告精确投放、LBS（Location Based Service，基于位置的服务）入口业务的整合、蚂蚁金服的小微贷款和信用评估提供不可或缺的技术支持。

阿里从2010年开始对外开放云服务计算能力。2015年8月，阿里宣布将投入60亿发展阿里云业务。

2014年，阿里云计算和大数据服务业务收入虽仅占总收入的约2%，但增速却高达约82%，位居各业务增速首位，显示出很好的成长性和增长潜力。

2015年第三季度阿里云计算和互联网基础架构营收为6.49亿元人民

币，比去年同期的2.85亿元人民币增长了128%，超越亚马逊的云计算业务增速（78%）。其中云计算业务同比增长106%，是集团业务中增速最为强劲板块。阿里云第二季度公布客户数量超过160万，已经超过亚马逊。

增长的主要原因在于，近年来涌现了大量创业公司，相较传统的IT搭建方式，使用云的启动成本较小，业务扩展弹性空间大，很多初创公司使用云来搭建自己的IT服务能力。作为云计算的提供方，由于自身电商业务的现实需要，阿里具有强大的后台处理能力，可以机动地利用闲置计算机资源来为初创公司使用，并逐步把它转变成一项独立的对外业务。云计算业务的增长主要是由于付费客户数量增加以及阿里巴巴云计算服务的使用量增加，包括提供了更多复杂的产品，例如内容发布网络和数据库服务。

就拿阿里控股的恒生电子来说，公司向银行、证券、保险、基金管理等金融机构提供应用软件的解决方案，目前国内有100多家券商、数十家银行和保险公司、近800家P2P公司成为阿里金融云客户。

越来越多的创客采用云计算实现业务突破，云计算让创业者的试错成本降至最低。比如阿里云计算平台支持了脸萌、唱吧、超级课程表、Face++、魔漫相机、货车帮等众多互联网应用在短时间内走红。数据显示，阿里云上的创业者六成为首次创业。企业选择采用公共云平台后，计算成本降低了70%，创新效率上升了300%。

互联网音乐

2015年7月，阿里宣布成立阿里音乐集团，全面整合虾米、天天动听等阿里所有音乐业务，为用户提供更好的产品和服务。

阿里音乐正式组建于2015年3月，由阿里巴巴集团旗下两款音乐服

务应用虾米音乐、天天动听合并而成。数据显示，在中国数字音乐平台的市场份额中，天天动听占17.3%，虾米音乐占4.6%，合并后，两者市场份额累积达到21.9%。由此阿里音乐成为中国数字音乐行业的领先企业。

互联网文学

在网络文学IP的衍生渠道如影视改编方面，阿里文学将与阿里影业、光线传媒、华谊兄弟等公司达成深度合作关系；游戏改编资源则包括国内手机网游联运平台九游等。

网络游戏

阿里曾公开表态"饿死不做游戏"，但毕竟游戏行业前景良好，现金流丰裕，这两年阿里也开始涉足游戏业务。

2014年初，阿里推出了手游平台，利用手机淘宝、支付宝钱包等阿里旗下用户过亿的超级APP入口开展游戏分发业务，同时独家代理发行《暖暖环游世界》《愤怒的小鸟斯黛拉》等多款手游。

随着UC全资融入阿里，UC九游开始与阿里游戏开展初步整合，九游游戏已经登陆手机淘宝和支付宝钱包，位置类似于京东在微信的推广入口。

移动互联网入口

2014年6月，阿里收购UCWeb。数据显示，UCWeb是中国排名第一的移动浏览器，在印度和印度尼西亚也是最流行的第三方移动浏览器。

UC旗下拥有UC浏览器、神马搜索、UC九游、PP助手等多个行业领先的移动互联网产品及平台。UCWeb在2015年6月已经拥有3.3亿全球活跃用户。凭借UCWeb的用户基数，阿里的移动互联网业务，有望在移动搜索、移动应用分发及游戏社区等业务上占得先机。

手机业务

阿里在2015年2月斥资5.9亿美元入股魅族，海通开元基金也跟投6000万美元，魅族共计获得6.5亿美元投资。魅族计划在2016年的出货量达到2000万台。

投资魅族后，阿里将在电商、互联网、移动互联网服务、智能手机系统方面、数据分析及支付等方面为魅族提供资源与支持，魅族将在智能手机系统的推广、针对硬件和用户在视觉和交互上的定制化、市场策略、线下销售渠道方面为阿里提供支持与帮助，从而延伸阿里巴巴的移动互联网优势。

同时，阿里的YunOS移动端系统可以获得硬件载体支撑，YunOS操作系统规划未来成为覆盖智能手机、智能家居、客厅娱乐、智能穿戴设备乃至智能汽车的全场景终端，探索物联网生态。

地图业务

高德公司于2002年成立，是中国领先的数字地图、导航和位置服务解决方案提供商，2010年登陆美国纳斯达克。

2013年5月，阿里巴巴集团向高德软件注资2.94亿美元，获得高德软件28%的股份。

2014年4月，高德与阿里签订的私有化协议，阿里收购尚未持有的高德软件股份，交易总金额约为11亿美元。高德软件已经要求在纳斯达克全球市场停止交易该公司的ADS并申请退市。交易完成后，高德将成为阿里全资子公司。

互联网体育

2015年9月，由阿里集团控股、新浪和云锋基金共同出资，阿里宣布成立阿里体育，正式全面布局体育产业，并提出要以数字经济思维创新发展体育产业链。

阿里称，阿里体育主要还是以体育IP为核心，通过阿里巴巴的数字经济平台，为用户提供体育产业链上的各类产品和服务。阿里体育将整合电商、媒体、营销、视频、家庭娱乐、智能设备、云计算大数据和金融等平台，融合形成一个贯穿赛事运营、版权、媒体、商业开发、票务等环节的产业生态。

2015年11月，广州恒大淘宝足球俱乐部在新三板正式挂牌上市（股票代码：834338）。

俱乐部由恒大地产与阿里巴巴分别持股60%和40%，于2010年3月成立，是目前亚洲首家登陆资本市场的足球俱乐部，挂牌后成为"亚洲足球第一股"。

互联网汽车

2014年4月，阿里与上汽集团共同宣布，将合资设立10亿元的互联网汽车基金，合作开发互联网汽车。

按照约定，上汽集团将提供制造支持，阿里则将其自主开发的YunOS操作系统嵌入到汽车中，背靠其云计算平台和互联网大数据，实现"人、车、路和基础设施"全新的交互方式。

公共服务领域

阿里在公共服务领域所提供的服务，目前主要通过支付宝来完成。

据统计，2014年，用户通过支付宝缴纳水电煤费用已经达到8642

万笔。

具体做法是这样的，阿里在支付宝移动端新开了一个功能入口，对以前就存在于支付宝钱包内的水电煤缴费功能进行了拓展，新增了包括挂号预约、婚姻登记预约、港澳通行证续签、景点门票、路况信息、小客车摇号等公共服务功能。

比如，在试点初期阶段，上海用户可以预约婚姻登记、查询图书馆藏书资料；广州用户能在手机上用支付宝续签港澳通行证、查询身份证和户口的办理进度；而杭州用户不仅能在上面进行小客车摇号，还能接入中石化掌上营业厅，将加油卡绑定支付宝进行充值和缴费。

在入口布局上，城市服务将分发到支付宝钱包、手机淘宝、新浪微博这三个入口上。这三个入口可带来巨大的导流效应，比如2015年上半年，三者的月活跃用户数分别达到了2.7亿、2亿、1.79亿。

总　结

未来，阿里将不仅仅是一个提供电商服务的大平台，阿里提供的服务会是企业继水、电、土地以外的第四种不可缺失的商务基础设施资源，企业核心资源也将围绕它来重整。

阿里战略实施主要通过"平台、金融、数据"三方面进行：

平台不仅指电商平台，还包括资金平台以及声誉和品牌平台。阿里上市融取了约200亿美元资金，依靠强大的资金实力和影响力，阿里在生态系统的各个垂直领域，通过自建和并购的手法大举扩张，而且，力图获取控股权和主导权，有亲力亲为的意思。

2015年二、三季度，阿里旗下阿里影业、阿里健康、口碑网、阿里音乐集团、阿里体育集团相继成立，剑指各大垂直领域宝座位置。

影业、音乐、体育、健康构成阿里集团电商外的四大核心业务。

阿里通过收购而非投资相关领域有价值的资产，原有相关业务被分拆，打包进收购资产，组建控股公司。控股公司独立运营和核算、独立估值，并引入新股东，布局整条产业链。公司市值也随之膨胀。

线下布局主要由菜鸟物流和283亿元入股苏宁的形式来进行，通过投资与传统大企业战略结盟。

金融主要由蚂蚁金服和阿里小微金融服务集团来承担。

数据主要指"大数据"，这是基于阿里的巨大交易量而累积的海量数据资源，其应用前景正处于开发过程中，被寄予厚望。

总起来说，在阿里经营哲学里，儒家的有为思想成分或许比较多一些。阿里喜欢"控制"，想什么都做，把什么都做好，但这也比较矛盾。过度四面出击，亲力亲为就不如专心做好自己最擅长的事情。当然，阿里也意识到了这一点，新的战略核心是做商业社会基础设施的提供者。

第二节　腾讯"连接"万事万物，"半条命"在外

腾讯1998年11月成立于深圳，2004年在香港联交所主板上市，是香港恒生指数成分股之一。

腾讯多元化业务包括：社交和通信服务QQ及微信WeChat，社交网络平台QQ空间、QQ 游戏平台，门户网站腾讯网、腾讯新闻、腾讯视频、搜搜、拍拍、财付通等。

腾讯打造了中国最大的网络社区，可以满足互联网用户沟通、资讯、娱乐和电子商务等各方面的需求。基础产品QQ最高同时在线人数，已经于2014年超过2亿。

简言之，腾讯目前最重要的两个核心业务：一个是从社交平台发展起来的开放平台，以开放为战略来进行连接一切；另外一个就是数字内容，也就是数字文化创意内容，包括游戏、视频、音乐、动漫、文学网站、影视内容制作等。

腾讯的优势在于通信和社交两大平台，为把资源集中于此，腾讯把搜索与搜狐外包合作，电商与京东外包合作，O2O与大众点评网外包合作，从而回归到最本质的业务——连接器。

腾讯2014年业绩情况

腾讯业务收入主要来源于游戏和会员费这两项高毛利率、高边际利润项目。

2014年全年，腾讯总营收789.32亿元，比去年同期增长31%。同期经营盈利为305.42亿元，比去年同期增长59%；经营利润率由去年同期的32%升至39%。同期净利润为238.88亿元，比去年同期增长53%；净利率由去年同期的26%升至30%。

从2014年第四季度单季度财务来看，增长状况良好：

增值服务方面：公司增值服务业务的收入171.37亿元，较同期增长44%。

游戏收入方面：收入为119.64亿元，同比增长41%。主要受 QQ 手机版及微信上智能手机游戏收入大幅增长所推动，主要源于用户群的扩大和游戏组合的丰富。

社交网络方面：收入增长50%至51.73亿元。主要受益于从QQ会员、超级会员、QQ空间及数字内容订购服务所得的订购收入的增加。

电子商务交易方面：收入较2013年第四季下降87%至2014年第四季的人民币4.46亿元。主要由于2014年3月腾讯与京东进行战略合作后将流量转移至京东，以及腾讯的易迅业务由自营重新定位为交易平台，导致电子商务自营业务的收入下滑。

2015年第一季度业绩情况

2015年第一季度，腾讯继续延续增长势头，总收入为人民币223.99亿元，比去年同期增长22%。

经营盈利为人民币93.72亿元，比去年同期增长20%；经营利润率与去年同期的42%持平。

期内盈利为人民币69.30亿元，比去年同期增长8%；净利率由去年同期的35%降至31%。

公司权益持有人应占盈利为人民币68.83亿元，比去年同期增长7%。

在分项增长方面：

公司增值服务业务的收入同比增长29%至人民币186.26亿元。

网络游戏收入增长28%至人民币133.13亿元。

社交网络收入增长32%至人民币53.13亿元。

公司网络广告业务的收入同比增长131%至人民币27.24亿元。

2015年第二季度及中期业绩情况

截至2015年6月30日未经审核的第二季度及中期业绩显示，腾讯上半年总收入为人民币458.28亿元（74.96亿美元），比去年同期增长20%；期内盈利为人民币143.26亿元（23.43亿美元），比去年同期增长17%。

单季看，腾讯第二季度营收为人民币234.29亿元（38.32亿美元），比去年同期增长19%。按非通用会计准则计算，第二季度净利润人民币79.75亿元（13.04亿美元），比去年同期增长32%。

二季度业务有两点需要注意：

一是网络游戏收入环比下滑。二季度，腾讯网络游戏收入为人民币129.70亿元，同比增长17%。但较第一季度133.13亿元收入，网络游戏业务出现下滑，这也是今年来腾讯网络游戏首次出现环比下滑。

二是网络广告营收快速增长。在网络广告业务方面，腾讯公司收入为人民币40.73亿元，同比增长97%。品牌展示广告收入同比增长47%至人民币20.16亿元，主要受视频广告收入的贡献比例增加营销。得益于在微信朋友圈等移动端社交网络效果广告的收入增加，效果广告收入同比增长196%至20.57亿元。

2015年第三季度业绩情况

财报显示，腾讯第三季度总收入为265.94亿元（41.81亿美元），比上年同期增长34%。腾讯营收增长主要驱动力是广告：腾讯第三季度网络广告营收达49.38亿元，同比增长102%。

其中，品牌展示广告收入同比增长67%至25.52亿元，主要受腾讯视频及腾讯新闻等移动媒体平台因流量增加而推动收入的增长；效果广告收入同比增长160%至23.86亿元，主要反映QQ空间手机版、微信朋友圈及微信公众账号上的社交网络效果广告的贡献增加。

经营情况

总起来讲，腾讯在2014年主要在以下四大领域取得进展：

（1）拓展了在游戏和网络媒体方面的领导地位；

（2）在包括网络安全、安卓应用商店、移动支付等新兴领域实现了突破；

（3）实行了连接的策略，将腾讯庞大的用户群与合适的内容、服务连接在一起；

（4）通过投资和商业合作与大量垂直领域的领先合作伙伴建立了战略合作关系。随着移动互联网在用户日常生活的进一步渗透，参与到垂直领域的增长中来。

经营策略

在腾讯看来，互联网最终会像蒸汽机、电力等工业化时代的产物一样，成为可以给所有行业应用的工具。腾讯把自己定位成一个零部件，作为一个开放接口去"连接一切"，即通过微信、QQ通信平台，成为连接人和人、人和服务、人和设备的一个连接器。在PC端、移动端、多终端，腾讯一端连接合作伙伴，一端连接海量用户，共同打造一个健康活跃的互联网生态，连接一切。

腾讯积极整合传统行业里能够在自身垂直领域做出成绩的合作伙伴，腾讯认为自己只掌握半条命，另外半条命交给这些合作伙伴了。这是因为，未来的"互联网+"模式是去中心化，凡是跟地理位置有关的，千人千面，每个人需求都能实现，而不像过去是一个集市。

2014年，腾讯专注于"连接"策略，将用户与内容、服务及硬件连接起来，以提升用户的线上及线下生活。

凭借核心通信及社交平台、微信与QQ手机版，利用在统一登录、用户社交关系链、多平台市场推广能力、基础设施能力、支付解决方案及对用户需求的洞察方面的优势，腾讯在培育健康的移动生态系统方面取得较大进展。

具体而言，2014年，通过智能手机游戏及社交网络效果广告，腾讯初步推进了移动互联网业务的变现能力。

在文学、音乐和视频服务等内容业务上，腾讯做出了大量投资，助力流量大幅增长。

在实用工具类应用（包括移动安全、浏览器及应用商店）方面，取得了稳健市场份额增长。例如，应用宝成为中国领先的安卓应用商店之一。

理财平台的推出及关联银行微众银行的成立，大幅扩大了移动支付平台的用户群。

与京东进行战略交易，重新定位电子商务业务，并通过向行业领袖（包括58同城、大众点评网、滴滴打车及口袋购物）进行战略投资及合作，丰富了O2O生态系统，并将大量流量导向了京东和58同城。

分部及产品

2014年，腾讯各分部及产品情况如下：

QQ月活跃账户数达到8.15亿，比去年同期增长1%。

QQ智能终端月活跃账户达到5.76亿，比去年同期增长33%。

QQ最高同时在线账户数达到2.17亿，比去年同期增长21%。

微信和WeChat的合并月活跃账户数达到5亿，比去年同期增长41%。

QQ空间月活跃账户数达到6.54亿，比去年同期增长5%。

QQ空间智能终端月活跃账户数达到5.4亿，比去年同期增长30%。

增值服务付费注册账户数为0.84亿，比去年同期下降6%。

绑定银行账户的微信支付和QQ钱包账户超过1亿。

网络游戏

腾讯是中国最大的网络游戏商，占据了中国游戏市场半壁江山。网络游戏在腾讯的总收入中约占据了60%的份额。

就PC游戏而言，主要游戏和新推游戏，如《英雄联盟》的用户及收入大幅增长，带来了2014年收入。

腾讯有意将在中国网络游戏市场的领先地位由PC扩大至移动端。移动游戏在2014年实现了强劲增长，成为中国最大的发行平台及全球领先的发行商之一。智能手机游戏组合实现了多元化，由休闲游戏延伸到中度游戏及由自行开发到代理游戏。

微信

微信是腾讯于2011年1月推出的一款可以发送图文信息、语音视频信息，支持多人语音对讲等功能的移动社交软件。用户可以在朋友圈中和好友实时分享生活点滴。

作为时下最热门的移动社交平台，微信正在改变人们的沟通方式和生活方式。众多企业借助微信公众平台为用户提供了更加订制化和更创新的服务体验。

2015年第一季度，QQ月活跃账户数8.32亿，微信月活跃账户数5.49亿。三季度微信全球月活跃账户数达到6亿。在不远的未来，在数量上微信用户将超越QQ用户。

截至目前，在维持普通用户免费服务的同时，微信仅在朋友圈广告上小试牛刀，将逐步探索微信最终盈利模式。

电商

2012年5月，腾讯完成对电商网站易迅的控股，易迅并入腾讯电商业务。

2012年11月，腾讯领投中国女性时尚电商平台美丽说D轮融资。美丽说于2012年初与腾讯微信展开合作，腾讯投资美丽说，可为美丽说提供大量资源和入口。美丽说2009年创立，面向年轻女性销售服装、鞋子、提包、配饰和美妆等品类商品。美丽说先后获得蓝驰创投、红杉资本、纪源资本、清科创投共计5轮融资。宣传文件显示，公司2014年交易额为人民币56亿元。

2014年3月，腾讯以2.14亿美元收购京东3.5亿多股普通股股份，占上市前在外流通京东普通股的15%。同时京东、腾讯还签署了电商总体战略合作协议，腾讯将旗下拍拍网C2C、QQ网购等附属关联公司注册资本、资产、业务转移至京东，同时京东还获得易迅网少数股权和购买易迅网剩余股权的权利。

2014年5月，腾讯宣布成立微信事业群，撤销2012年组建的腾讯电商控股公司，其中的O2O业务并入微信事业群，实物电商业务并入

京东。

2014年8月，万达集团、腾讯、百度宣布共同出资成立万达电子商务公司，即俗称的"腾百万"。万达集团持有70%股权，百度、腾讯各持15%股权。

影视业

2011年5月，腾讯投资4.5亿元入股华谊兄弟传媒股份有限公司，完成后，腾讯持有华谊兄弟4.6%的股权，成为华谊兄弟第一大机构投资者。

2014年11月，华谊兄弟向腾讯、阿里创业投资、平安资管定向增发，筹集36亿元人民币。增发完成后，腾讯与阿里的持股比例均为8.08%，并列第二大股东。

达成的战略合作发展业务包括在电影及游戏业务等方面的合作，腾讯获华谊兄弟电影的信息网络传播的优先合作权，参与投资华谊兄弟电影投资额的5%～10%，3年内将取得5部电影的共同制作发行权利等。

2015年4月，与万达等共投资1.05亿美元，参投了做微信电影票的微影时代。

2015年9月，腾讯连续成立两家从注册日期、注册资本、经营范围都一模一样的影业公司——企鹅影业和腾讯影业。前者来自OMG网络媒体事业群，依托的是腾讯视频业务；后者来自IEG互动娱乐事业群，依托的是腾讯旗下的在线文学阅文集团、游戏等泛娱乐业务。

企鹅影业主要是以网络剧为核心和主要业务，电影业务以参投为主，在短期内不进行主控项目和开发，2015年其前身腾讯视频参与投资的《捉妖记》获得了24多亿元的高票房。腾讯影业的重点在于以IP价值构建为核心，通过影视、文学、动漫、游戏、衍生品等多元化的明星IP运营和协同。越来越多的网络文学、网络动漫正在被改编成影视作品并取得成功，腾讯影业更像是一家有互联网特色的影业公司。

此外，两家公司的主战场不同，腾讯影业主要是电影市场，企鹅影业的主战场是互联网市场。

和阿里、百度各自成立一家阿里影业、百度影业不同，腾讯成立了两家影业公司。在腾讯内部，此前也曾有过类似的内部竞争和业务安排，如在移动社交领域，腾讯不仅有手机QQ，也有微信。

本地生活O2O领域

2011年2月，由美国最大团购网站Groupon与腾讯合资的高朋网正式宣告成立。高朋网是一个团购网，双方各出5000万美元，各占50%股权。

2012年8月，高朋网宣布与F团（也叫"放心团"，是中国领先的品质生活团购网站）合并，成立网罗天下集团。同年12月，合并后的高朋网获得Groupon和腾讯追加投资4000万美元。高朋网目前是"网罗天下"的主打品牌。网罗天下是国内鲜有的一家拥有多个大流量团购平台的团购企业。

2014年6月，腾讯投资7.36亿美元获得58同城19.9%的股份。

作为中国最大的分类信息网站，58同城服务覆盖生活的各个领域，提供房屋租售、招聘求职、二手买卖、汽车租售、宠物票务、餐饮娱乐、旅游交友等多种生活信息，覆盖中国所有大中城市。同时还为商家建立了全方位的市场营销解决方案，提供网站、直投杂志《生活圈》、《好生活》、杂志展架、LED广告屏"社区快告"等多项服务，并为商家提供精准定向推广的多种产品，如"网邻通"、"名店推

荐"，等等。

2015年4月，赶集网与58同城合并，此次的合并采用5∶5换股的形式进行，58同城以现金加股票的方式获得赶集网43.2%的股份。合并后新公司的估值达100亿美元以上，成为该领域的绝对老大。

合并前，起步于分类信息的两大平台，在传统业务上拼杀10年，导致每年的广告费呈几何级增长。58同城与赶集网的业务重合度不是很高，比如，58同城成立独立子公司58到家深耕本地生活O2O，并在各细分领域有一系列投资并购；而赶集网则深耕二手车电商和蓝领招聘。

2015年三季度，58旗下子品牌"58到家"已获得新一轮融资，有意思的是，投资方之一为阿里巴巴。在O2O领域，腾讯与阿里的竞争越来越激烈，大家都在争夺看好的资源。

2014年2月，腾讯联合红杉资本投资3.5亿美元，入股大众点评网，获20%股权。

大众点评网成立于2003年4月，是中国领先的本地生活信息及交易平台，也是全球最早建立的独立第三方消费点评网站，餐饮是其主要经营品类。

大众点评提供吃喝玩乐的本地生活服务，它连接人与服务，帮助1000万商户，服务好10亿消费者。不仅为用户提供商户信息、消费点评及消费优惠等信息服务，同时亦提供团购、餐厅预订、外卖及电子会员卡等O2O交易服务。

在O2O市场中，大众点评网份额仅次于美团网，位居第二，百度的糯米位居第三。数据显示，2015年上半年，中国团购市场规模约为770亿元人民币，美团市场份额约为52%，大众点评市场份额约为30%，百度糯米约为14%，这三家的竞争很激烈，趋于白热化。

大型O2O平台公司的盈利主要来源于商品交易佣金提成。比如，美团宣布其2014年概念交易额达460亿，美团从中抽取的佣金比例约为5%。而大众点评本身不是团购平台，广告营收是其主要收入来源，

2014年3月，大众点评网与腾讯达成战略合作，获得了微信的超级入口，大大增强了大众点评网移动端的力量，使其客户端一度位列各大餐饮O2O下载榜首。一个是深耕10多年的丰富的商户资源积累，一个是优质的消费决策入口，构成了大众点评网的核心优势。

截至2015年第二季度，大众点评月活跃用户数超过2亿，点评数量超过9000万条，收录商户数量超过1400万家，覆盖全国2500多个城市及美国、日本等全球200多个国家和地区的800座城市。大众点评月综合浏览量（网站及移动设备）超过200亿，其中移动客户端的浏览量超过85%，移动客户端累计独立用户数超过2亿。

2015年10月初，美团与大众点评共同宣布两家正式合并。合并后，新公司估值有望达千亿人民币以上，成为继阿里、腾讯、百度和京东后的中国第五大互联网公司。合并后的新公司将占据中国团购领域80%的市场份额。但短期内，新公司还将面临巨亏的窘境，年度亏损额甚至将以数亿美元计。

大众点评正处于基于商户点评信息平台向交易平台转型的过程，与定位于交易的美团有差异：大众点评的模式是基于信息延伸做交易，而美团则是由交易产生信息。在O2O本地生活服务领域，美团在酒店、电影、外卖、周边游等领域全部采取自营模式，不可避免与行业内垂直竞争者产生竞争，而大众点评采取与垂直领域公司合作的方式发展。

美团依靠团购起家，在酒店、电影、外卖等垂直领域深耕，其强项是团购交易，主力区域在二、三、四线城市，其优势业务的餐饮、电影呈现典型的高频、低客单价特点。大众点评的强项是信息评论，

主力区域在一、二线城市，其优势业务的婚庆、展会呈现典型的低频、高客单价业务特点。合并采取联席CEO制度。在接下来的业务整合方面，需要深层次的工作推进。

合并前，腾讯对大众点评持股20%，为单一最大股东，阿里巴巴对美团持股约10%。根据新的股权协议，腾讯对新公司的持股将降至8%甚至更低，阿里巴巴持股也将降至6%以下，两者对新公司的控制力将进一步削弱。合并之后红杉资本成为新公司最大股东。

两家合并后，将会给原来的行业老三百度糯米以巨大冲击；新公司将直接成为饿了么的股东，新公司和饿了么的恶性竞争有望缓解；还可以腾出更多资源输血给酒店和电影票业务，以对抗携程、艺龙、去哪儿以及淘宝电影。

2015年1月，腾讯联合中信产业基金、京东、大众点评、红杉资本投资网上外卖平台"饿了么"3.5亿美元。此前，饿了么在与外卖O2O老大美团的烧钱大战中，耗尽了现金，资金链几乎处于断裂的状态。

2015年8月，饿了么宣布完成6.3亿美元新一轮融资。本轮融资由中信产业基金、华联股份领投，华人文化产业基金、歌斐资产等新投资方以及腾讯、京东、红杉资本等原投资方跟投。本轮融资后，融资总金额约11亿美元。

6.3亿美元的融资，使得饿了么创下全球外卖平台单笔融资金额的最高纪录。融资后，饿了么估值超过30亿美元，与美国GrubHub、德国Delivery Hero、英国JustEat同为全球价值最高的外卖巨头。

饿了么2009年创立于上海，现已成为中国最大的网上"即时配送"订餐平台。截至2015年7月，员工总数突破1万，在上海、北京、广州等25个一二线城市拥有超过4000人的专职配送团队、超过20万人的兼职配送团队，为2万余家连锁品牌商户、10万多家本地中小商户提供即时配送服务。目前饿了么的开放配送平台已覆盖全国260多个城市，日峰值配送订单突破80万单，日交易额超过6000万元，超过98%的交易额来自移动端。

饿了么的目标是成为O2O上门服务领域集合流量、物流、支付场景三位一体的综合性平台，定位是餐饮外卖行业的淘宝。除了自建物流之外，也与本身有配送队伍的餐馆合作，并且也将积极引入社会第三方配送队伍。

饿了么与微信合作推出外卖微信拼单服务，还打算跟腾讯地图合作，用户可以在腾讯地图上看到饿了么上餐饮商家的门店。

与大众点评相比，饿了么偏重于O2O"到家"服务，大众点评则侧重于O2O"到店"服务。

互联网出行

2013年4月，腾讯集团投资滴滴打车B轮融资1500万美元。

2014年1月，滴滴打车宣布获得1亿美元融资，由中信产业基金领投，腾讯跟投3000万美元。

2014年12月，滴滴打车宣布获得超过7亿美元融资，由腾讯主导投资。

滴滴打车是一款应用广泛的手机打车软件。目前，滴滴已从出租车打车软件成长为涵盖出租车、专车、快车、顺风车、代驾及大巴等多项业务在内的一站式出行平台。

2015年2月，滴滴打车与阿里投资的快的打车进行战略合并。滴滴、快的合并后共融资30亿美元，远超最初计划的融资额，目的是储备更多弹药，以便在与优步Uber的大战中取胜，最终将其打跑。此前，滴滴打车从A轮到D轮的融资中合计融资约8.2亿美元，快的打车从A轮到D轮的融资中合计融资约7.9亿美元，已经有过巨量的融资。

之前，滴滴、快的双方"永远比你多补贴一元"的烧钱大战打得难解难分，根据合并报表，由于补贴，每做一单就要亏损约17元。不过，此次战役开启了中国互联网产业2015年烧钱大战的大幕。

合并前的滴滴、快的，当时只有出租车和专车两条业务线，除了进驻的城市数量有差别，在业务线和产品设定上几无差别。顺风车、快车以及之后的代驾、巴士等业务都是合并后催生的新业务。

目前，合并后的滴滴快的已占整体市场份额的约七八成，Uber约一两成。战事处于胶着状态。

合并后的滴滴快的还以1亿美元战略投资了美国打车应用Lyft，以抗衡Uber。在美国，Lyft目前是Uber的最大竞争对手。

2015年1月，腾讯、京东和易车网宣布达成战略合作关系，京东和腾讯将对易车网进行总计13亿美元现金和资源投资，其中腾讯将购买1.5亿美元易车网新发普通股。

互联网医疗

2014年6月，腾讯首次投资可穿戴设备的缤刻普锐Picooc。

2014年9月，腾讯战略投资医疗健康网站丁香园7000万美元。丁香园与腾讯开展多平台的合作，包括微信与手机QQ的对接。丁香园是中国最大的医生社区平台。

2014年10月，腾讯领投挂号网，总融资额超过1亿美元。

2015年，腾讯旗下腾讯梦工厂孵化器出品智能血糖仪——糖大夫，可以打通微信，利用互联网开拓应用场景。

2015年，腾讯公司与贵州百灵开展长期合作。

贵州百灵将负责慢性病相关药物的研发、生产、临床检测等，并适时提供相关医疗器械，以及为患者提供全面的远程医疗咨询、管理与诊疗服务。

腾讯公司也将利用自身优势，构建慢性病用户大健康数据中心，搭建慢性病软件和硬件管理系统，同时双方也将一起加速"互联网+"在慢性病医疗领域的推广与普及。

腾讯将尝试以可穿戴健康设备硬件为切入点，打造大数据的健康管理平台。与贵州百灵的合作，将成为腾讯首款智能医疗设备的试水点。

互联网金融

2012年8月，腾讯、阿里巴巴集团、中国平安合资成立上海陆家嘴金融交易所，从事互联网金融业务，陆金所目前已成为国内P2P领域领先企业。

推出财付通。财付通是在线支付应用和服务平台，提供在线支付服务，业务覆盖B2B、B2C和C2C等领域。可以为个人用户提供收付款、交易查询管理、信用中介等账户服务，为企业用户提供专业的支付清算平台服务和增值服务。

2014年12月，腾讯公司旗下民营银行——深圳前海微众银行获准开业，这是中国首家民营银行。微众银行注册资本达30亿元人民币，腾讯认购该行总股本30%的股份，为最大股东，百业源投资和立业集团分别持股20%。在设想中，微众银行要成为没有网点、不依赖贷款和存款、不靠息差生存的银行。

微众银行目前采取与合作银行联合放贷的模式，微众银行负责前台获客，并收取服务费。目前联合贷款的银行包括上海银行和包商银行。

消费金融业务领域目前只上线一款商品，即2015年5月推出的微粒

贷。这是一款针对零售客户的贷款产品，微粒贷采用白名单制。截至2015年10月，微粒贷用户约100万，但依旧处在白名单制中，并未完全放开。贷款余额20亿元，累计放贷40亿元。

在财富管理方面，微众银行的APP是财富管理的载体。但相比于阿里的"蚂蚁聚宝"，微众银行的APP走的并非理财超市的路子，而是尝试在不同期限、不同收益率之间仅提供1～2款产品。

微众银行虽然是首家民营互联网银行，但受限于刷脸开户尚未得到监管部门放行，作为一个"弱账户"，微众银行的账户只能同名进出。"存贷汇"三个业务里面眼下也基本上只有"存"，消费或者给他人转账甚至贷款，都基本还未成行。

经过约1年的运行，微众银行正副行长先后离职，实际情况似乎和预期有些差距。

2015年7月，来自证监会的信息显示，腾讯将联合高瓴投资申请设立高腾基金管理有限公司，其中高瓴持股51%，腾讯持股49%。高腾基金注册地拟在深圳前海，注册资本金拟为5亿元。

网络文学

目前，"腾讯系"已经占据网络文学市场半壁江山。

腾讯文学正式亮相于2013年9月，并于2014年4月宣布以子公司形式独立运营。腾讯文学拥有以男性阅读为主的"创世中文网"和主打女性市场的"云起书院"，移动端应用APP"QQ阅读"和触屏网站"QQ书城"两大移动阅读产品，以及以手机QQ阅读中心为代表的综合内容拓展渠道。

2015年3月，腾讯文学和盛大文学联合成立阅文集团，发展方向主要包括扩充内容、内容精排、强化搜索、产品全移动化、研发电纸书设备、提升网络原创内容、维护版权开发以及全渠道全平台推广等八个方面。

纵观腾讯体系的多个产业，会发现原生态的腾讯并不提供或很少提供内容，腾讯一直有一块没有补足的内容短板。从近年的趋势看，腾讯吞并数字文学一把手盛大文学，构建起悦文集团，在腾讯视频进行大手笔的版权投入，以及布局成立不久的腾讯影业，这一切都暗示着腾讯对于内容层面的高度重视。腾讯开始意识到，无论互联网科技发展到何种地步，内容或许才是竞争的制胜王牌。

腾讯视频

作为中国在线视频的领先企业，腾讯视频是一家聚合了热播影视剧、优质独家出品内容、体育赛事、大事件、新闻资讯等为一体的综合视频内容平台。

2014年3月，腾讯视频以3.18亿的月度覆盖用户数成为中国覆盖用户最多的视频网站。在未来规划中，腾讯视频计划整合打通腾讯独有的移动及社交产品体系，升级成为具有互联网属性的新娱乐平台。

互联网旅游

2011年5月，腾讯投资8440万美元入股艺龙网，占艺龙总股份的约16%，成为艺龙网第二大股东。

2015年8月初，艺龙网宣布，其董事会收到腾讯控股的私有化要约，以收购艺龙发行的除了携程、铂涛和腾讯等艺龙股东外的全部流通股。如果私有化顺利，腾讯将控制艺龙36.5%的股份。

2012年，腾讯投资数千万元投资同程网。2014年2月，腾讯联合博裕资本、元禾控股合计5亿元注资同程网。

网络广告

网络广告在腾讯总营收中约占据12%的份额。

2014年，品牌展示广告和效果展示广告均取得增长。其中，由于视频播放量大幅增长，如包括来自《中国好声音》第三季和国际足联世界杯内容所产生的流量，使得视频广告增长强劲。

在QQ空间手机版及微信公众号的移动广告方面也取得了较大增长。

软件及搜索业务

2011年7月，腾讯以8.92亿港元购得金山软件15.68%的股份，成为金山软件第一大股东。

2013年9月，搜狐公司及搜狗公司与腾讯共同宣布达成战略合作，腾讯向搜狗注资4.48亿美元，并将旗下的腾讯搜搜业务、QQ输入法业务和其他相关资产并入搜狗。交易完成后腾讯获得搜狗完全摊薄后36.5%的股份。

在腾讯投资后，搜狐及其关联方仍是搜狗的控股股东，而搜狗将继续作为搜狐的子公司独立运营。

2015年11月，腾讯、搜狗完成对知乎5500万美元C轮融资，知乎早期投资者赛富、启明创投和创新工场进行了跟投，目前知乎的估值超过3亿美元。

资料显示，知乎成立于2010年12月19日，目前主要产品包括问答社区（包含Web端及移动APP）、移动资讯客户端知乎日报及移动端内容消费APP读读日报。其中主产品知乎社区目前已成为国内较受认可的知识分享型社区，也是中文互联网优质原创内容诞生地。

截至2015年10月，知乎社区已拥有3300万注册用户；月UV 1.42亿，月累积页面浏览量达38亿（含移动端）。现在知乎全站已累计产生约620万个问题，以及近2000万个回答。

搜狗宣布将独家接入知乎的全量数据，搜狗搜索的用户可在搜索结果中即时获取知乎2000万专业问答知识，同时上线的搜狗知乎频道，将一站聚合知乎优质内容。

自2013年腾讯入股搜狗，并将旗下搜索与输入法业务全部交予搜狗后，搜狗在最短的时间里完成了"聚变"反应，连续两年保持高速增长。搜狗2015年三季报显示，第三季度收入10.21亿元，同比增长56%。移动搜索收入占整体搜索收入的比例从去年同期的14%攀升至30%。在非美国通用会计准则下，净利润达2.14亿元，是2014年同期的5倍之多。截至第三季度，搜狗已经连续7个季度盈利。

地图业务

2014年4月，A股上市公司四维图新与腾讯产业投资基金有限公司签署了股份转让协议，完成后，腾讯持有四维图新7800万股，占公司总股本的11.28%。

总　结

自2011年起，经过"3Q大战"，腾讯从封闭走向开放。

腾讯的核心是做"连接"，包括人与人的连接、人与设备的连接以及人与服务的连接，充当一个超级开放平台的角色。比如，腾讯通过公众号和服务号接入线下商户，目前其公众号数量超过1000万。

腾讯重新梳理业务，改变了原来什么都做的业务战略，卖掉搜索、电商，砍掉很多O2O和小的业务。腾讯将O2O两头的"O"都交给合作伙伴，将自己的"半条命"和合作伙伴捆绑在一起。

腾讯以微信为核心，延伸到不同的使用场景，建立生态系统，通

过微信支付完成闭环。O2O业务全部并入微信事业群。滴滴、京东、58同城、大众点评是腾讯布下的四大棋子，通过对这四家的投资，微信支付已经完成了对中国主要线上O2O的长期覆盖。

从控制的角度来看，腾讯显然走的是一条和阿里不同的道路。近五六年的时间，腾讯在不同领域对外累计投资了约100亿元，但并不刻意谋求控股地位。正如微信产品的诞生在腾讯内部并不是自上而下的产物一样，在腾讯经营哲学里，无为而治、顺其自然的成分似乎更多一些。

第三节 百度："用技术改造世界"的"技术控"

百度是全球最大的中文搜索引擎中文网站。2000年1月创立于北京中关村，6月百度正式推出中文搜索引擎，目前员工2万多人。

截至2015年第一季度，百度移动搜索月活跃用户超过6亿，占国内移动搜索市场份额的80%左右，已成为国内移动端最大的入口。

百度于2015年1月进行了大的组织架构调整，将原有业务群组重新整合为三大事业群组——搜索业务群组、移动服务事业群组、新兴业务事业群组。三者的任务分别是守制、开疆、创新业务的研发。

百度战略

百度的战略，是以"连接人和服务"为核心理念，在移动端和PC端同时发力的双引擎战略。"连接人和服务"的闭环模式可以重新定义搜索框，来保障O2O中的医疗、教育和金融等垂直服务领域的发展。直达号、百度钱包、百度金融、投资Uber、技术研发等，无不与此有关。

在2014年第四季度，百度的移动营收在财报中占比已达42%，12月份单月移动搜索收入已超过PC。

2015年上半年，百度的移动业务收入已全面超过PC，占比在50%以上。这标志着百度成功地从以PC为中心的公司过渡成为一家以移动为先的公司。

2014年财务状况

百度营收绝大多数来自于在线营销广告业务，业务占比高达近99%。这种收费形式被形象的简称P4P（Pay for performance的简写），中文含义是按效果付费，即广告投放商不是按照广告投放时间来付费，而是按照广告投放后带来的点击量、实际效果和实际用户数量来付费。

2014年百度总营收为490.52亿元，较2013年同比增长53.6%；净利润为131.87亿元，较2013年同比增长25.4%。

从收入成本各分项具体数据看：

2014年，百度网络营销营收为484.95亿元，比2013年增长52.5%。营收的增长，主要得益于活跃网络营销客户数量和每客户营收的增加。百度2014年活跃网络营销客户数量约为81.3万家，比2013年增长8%。百度2014年来自每家网络营销客户的平均营收约为5.94万元，比2013年增长40.8%。

2014年，百度流量获取成本为63.28亿元，在总营收中所占比例为12.9%，2013年所占比例为11.6%。流量获取成本在百度营收中所占比例的增长，主要反映了广告、移动以及通过百度网络所进行的hao123促销活动的贡献增长。

2014年，百度宽带成本为28.48亿元，在总营收中所占比例为5.8%，2013年所占比例为6.1%；折旧成本为19.59亿元，在总营收中所占比例为4%，2013年所占比例为4.6%。

2014年，百度内容成本为18.72亿元，在总营收中所占比例为3.8%，2013年同期所占比例为2.6%。百度内容成本的增长，主要由于爱奇艺的内容成本增长。

2014年，百度销售、总务和行政支出为103.82亿元，比2013年增长

100.7%，主要由于移动产品和服务的促销支出增长。

2014年，百度研发支出为69.81亿元，比2013年增长70%，主要由于研发员工人数增加。

2014年，百度股权奖励支出为9.627亿元，2013年为人民币5.147亿元。百度股权奖励支出的增长，主要由于向公司员工授予的股权数量增加。

2014年，百度运营利润为128.04亿元，比2013年增长14.4%。

2014年，百度所得税支出为22.31亿元，2013年同期所得税支出为人民币18.29亿元。

2014年，百度净运营现金流和资本支出分别为179.37亿元和48.27亿元。

2015年第一季度业绩情况

百度2015年第一财季总营收为人民币127.25亿元（约合20.53亿美元），同比增长34%；净利润为人民币24.49亿元（约合3.951亿美元），同比下滑3.4%。

第一财季，百度网络营销营收为人民币125.19亿元，同比增长33.5%。百度活跃网络营销客户数量约为52.4万家，同比增长17.5%，与上一财季相比持平。百度第一财季来自每家网络营销客户的平均营收约为人民币2.38万元，同比增长13.9%，比上一财季下滑9.8%。

百度第一财季流量获取成本（TAC）为人民币17.22亿元，在总营收中所占比例为13.5%，去年同期为12.4%，上一财季为13.4%。。

2015第二季度业绩情况

百度第二季度总营收为人民币165.75亿元（约合26.73亿美元），

同比增长38.3%；净利润为人民币36.62亿元（约合5.906亿美元），同比增长3.3%。

从主要运营数字来看，2015年6月单月，百度移动搜索活跃用户数达6.29亿，较去年同期增长24%。百度地图移动端单月活跃用户数达3.04亿，较去年同期增长48%。第二季度来自网络营销业务的收入为162.27亿元人民币，较去年同期增长37.1%。本季度，百度为近59万家客户提供网络营销服务，活跃客户数量较去年同期增长20.9%，较Q1增长12.6%。客户均收入达到2.74万元人民币，与去年同期相比增长13.2%，较Q1增长15.1%。

2015第三季度业绩情况

百度2015年第三季度净利润为28.41亿元（约合4.47亿美元），同比下滑26.7%。财报显示，百度净利大幅下降的原因是在O2O业务上的大度前期投入消耗。另外，网络视频、在线旅游业务也产生大量成本。

百度地图

地图是百度目前唯一有较大优势的项目，也被百度看作移动端重要的入口之一。

数据显示，2015年第一季度百度地图活跃用户市场份额增至62.2%，位居中国手机地图APP活跃用户覆盖率榜首。2014年百度地图市场累计份额为65.2%，用户接近4亿，用户关注度达到70.9%。

地图作为导航工具，在交通工具和出行规划大有可为。在缺席滴滴快的出租车和专车大战后，百度接连投资了Uber、51用车和天天用车，力推顺风车服务，利用地图的工具属性和导航刚需，将出行和基于LBS的共享经济服务相结合，依托地图打造一个围绕交通出行方方面面的服务平台。

比如，2014年12月，百度与Uber共同签署了战略合作及投资协议，双方达成全球范围内合作，将通过技术创新，开拓国际化市场，以及扩展中国O2O服务等。

Uber于2010年正式成立于旧金山，是全球第一家利用移动互联网技术实现即时叫车的创新平台型创业企业。作为全球即时用车软件的鼻祖，Uber背靠全球领先的算法和技术，采取系统匹配距离最近的乘客和司机的派单机制，短短几年时间业务已遍及50多个国家和地区的300多个城市。

Uber凭借独创的平台模式，利用互联网快速实现了对社会闲置资源的重新配置，既满足了用户需求，也提升了整个社会运行的效率。独特的技术解决方案包括确保效率最优的派单系统、大数据分析系统、率先开创的安全保障体系以及基于市场供求原理实现自动调节的动态价格体系。

截至2014年底的E轮融资，Uber已累计融资超过40亿美元，市场估值达到410亿美元，堪称有史以来估值最高的未上市创业公司。

2014年，百度技术研发投入占营收比近15%，远超硅谷科技企业平均7%的投入比，在云计算、人工智能、大数据、LBS等前沿领域斩获颇丰。这两家以"技术驱动"为代表的公司强强联手，有望改写中国租车市场格局。

生活服务O2O领域

2014年1月，百度宣布全资收购人人网旗下的糯米网。

2015年6月，百度表示，3年内对糯米业务投资200亿元。

目前的团购领域市场格局以美团、大众点评领衔，百度糯米、口碑紧紧跟随。数据显示，2015年5月，美团网的销售额是86亿元，大众点评是46亿元，糯米网则是14亿元。大众点评的背后由微信支付提供，口碑的背后由支付宝提供支持。

传统团购模式下，用户对价格非常敏感，对商家的忠诚度较低。往往会造成商家营业额增加，但利润却下滑的局面。不同于传统团购的做法，百度糯米计划搭建"会员+"O2O生态战略。

基于"会员+"系统，百度将联合商户，开发出店铺页聚合、储值卡、到店付等方式，打通糯米会员体系与商户CRM管理系统。商家可利用百度资源，以大数据和用户行为来提供决策依据，提高留存率和消费频次。

对于用户，消费行为越多就会获得越好的待遇，如VIP积分与衣食住行连接，餐厅无需排队、看电影获得好的座位等，以此得以把用户消费习惯逐步培养起来。

目前国内本地生活O2O分类信息网站领先企业是58同城、赶集网和百姓网。

2015年7月，有媒体报道百度已入股百姓网，投资金额约为2亿元，但双方均未做出公开回应。

百姓网成立于2005年3月，业务范围覆盖免费查找和发布二手物品交易、二手车买卖、房屋租售、招聘求职、交友活动、宠物领养、生活服务等本地生活信息。

资料显示，2008年，百姓网获得来自金沙江创投的首轮融资。当时，客齐集中国创始团队和硅谷风险投资机构金沙江创投先后接盘eBay持有的大部分股份，客齐集更名为"百姓网"。之后，百姓网分别于2011年、2013年获得两轮融资。

2015年1月，百姓网对外宣布完成其D轮融资，融资金额近1亿美元。公司CEO王建硕当时表示，该轮融资主要用于二手车领域、移动端和提升用户体验，不过关于此轮的投资方并没有透露。

2015年7月，百姓网宣布完成超20亿元融资，已完成拆除VIE，计划最快10月于新三板挂牌上市。此次投资方包括中信、苏高投、深创投、中建投等多家国内投资机构和战略投资人。而对于此前传出的绯闻投资对象百度，百姓网也予以默认。

在百度2015年战略规划中，O2O是其主攻重点领域。

数据显示，2014年全国本地生活O2O市场规模为2350亿元，相比于1.8万亿的网络市场，本地生活O2O渗透率较低，仅为4.4%，潜在市场很大。

广义上的中国O2O市场容量高达数万亿，根据百度2015年二季度财报，其GMV（电商化交易额）数据，包括百度糯米、百度外卖和去哪儿合计交易额达405亿，较去年同期增长109%。

这说明，百度已不仅仅是一家纯粹的搜索业务公司，还是一家准电商化服务平台公司，这也是百度尝试转型的发展方向。百度的发展方向是在完成用户的搜索请求的同时，打造一个闭环的生态系统，把自己转型为一家搜索和电商结合的企业。

腾讯在O2O上的做法主要基于自身的社交平台，以QQ、微信为中介，将各类O2O服务连接到社交用户上，实现"连接人与人"。同时，还通过入股大众点评、58同城等，投资滴滴快的，联姻京东一系列举措，进入到O2O细分领域中，获得线下商户端口。

百度的做法是，宣布打算3年内对糯米业务追加投资200亿元，以糯米为本地生活平台，接入和引导更多的服务，将自身的搜索、地图、分发组合成三大入口。通过投资90亿做同城物流、新推出商家直

达号，投资主打C2C分类信息的百姓网，把旗下的电商、零售、餐饮、出行、旅游、家装、地产等众多O2O细分领域整合其中，使入口与服务生态结合形成闭合的O2O生态圈，最终实现"连接人与服务"。

相比腾讯和阿里，百度的技术属性是最强的，近两年来投入了大量资源进行人工智能等前沿科技的研发，在企业架构和人才储备上也越来越倾向于技术驱动。技术的快速发展，例如语音识别、图像识别、人工智能、大数据等技术的突破，可以把"连接人与服务"的理念落实得更好。

中国的O2O市场潜力尚未完全释放，目前业界更多是处于跑马圈地和各种新项目的试水阶段，服务体验和质量尚且参差不齐，线上和线上的对接远未完善，地域之间的不平衡性等问题也开始凸显。在O2O市场，最终鹿死谁手，谁笑到最后，还需拭目以待。

百度在O2O上采取多入口的策略：搜索框、直达号、百度地图、手机百度等应用组成移动端的一个个入口，用户从不同入口进来，将底层数据打通，服务的闭环最终由百度糯米来完成。

百度外卖

百度外卖于2014年5月20日正式推出，是由百度打造的专业外卖服务平台，主打中高端白领市场，提供网络外卖订餐服务。

订餐时，消费者进入手机APP后，无需输入具体位置就可精准地搜索到附近餐饮商家，可以基于地理位置搜索到附近的正餐快餐、小吃甜点、咖啡蛋糕等外卖信息，可自由选择配送时间、支付方式，并添加备注和发票信息，随时随地下单。

目前，品牌餐饮的批量入驻形成了百度外卖独特的资源优势，麻辣诱惑、必胜客、赛百味、吉野家、周黑鸭、西少爷肉夹馍等品牌已入驻，星巴克和满记甜品也已在上线。

在线旅游

2011年6月，百度战略投资去哪儿网3.06亿美元，对应持股62%。

2015年3月发布的2014年报显示，百度对去哪儿持股51%，去哪儿CEO持股为7%，整个去哪儿高管团队持股比例为14.5%，百度且拥有大概68.7%的投票权。

2015年10月，携程与百度达成股权置换交易。交易完成后，百度将拥有约25%的携程总投票权，不再拥有去哪儿股权。携程将拥有约45%的去哪儿总投票权，成为去哪儿网非控股的最大机构股东。

百度和携程将在产品和服务领域继续开展商业合作，如携程半数以上的外部流量来自百度。在百度搜索"机票"等关键词，首要推广位和品牌专区的重要推广位置均由携程购得。

同时，百度将继续和去哪儿已有的商业合作。百度在移动端手机百度、百度地图、百度糯米三大移动入口均全面接入去哪儿的酒店和旅游订票服务，成为去哪儿移动端流量与成单量举足轻重的来源。

比如，去哪儿2014年通过"知心搜索"给百度贡献了7亿元收入。"知心搜索"强调分行业"即搜即得"，从行业纬度出发，通过搜索请求智能化判断所属垂直行业，推送按该行业属性整合后内容、服务给用户。

之前，带有阿里和腾讯背景的滴滴快的、美团点评、58赶集合并之后，均称为各自细分行业老大，而与此对应的百度背景的Uber、糯米、百姓网居于老二位置。

携程和去哪儿合并后，百度终于在在线旅游领域暂时领先阿里和腾讯，获取了老大位置。

实际上，类似携程、58同城、美团、搜房等这类垂直平台型行业网站，与BAT不同，大多介于传统企业和互联网之间，它们从互联网上低成本获取流量，然后，要么给传统企业导流，要么将传统企业的交易搬到网上，做交易佣金。它们充当传统行业和互联网之间的嫁接人角色，干了许多脏活累活，比如似美团的地推，携程的呼叫中心等，因此，BAT难以取代它们。于是，BAT主要通过投资的方式参与进来，它们之间的烧钱大战其实是在BAT撑腰下的消耗战。

移动互联网入口卡位

2013年7月，百度宣布全资收购港股网龙控股子公司91无线，总价为19亿美元，创造了当时中国互联网最大并购案，随后，旗下14个APP用户过亿。收购91无线是百度进一步加强在无线互联网领域的举措，意在进一步加强百度在移动应用分发方面的入口作用。

91助手是针对智能手机用户的中文应用市场。91助手兼容安卓（Android）、苹果（iOS）两大智能平台，支持电脑（PC）端、移动（手机）端同步管理，是国内最大、最具影响力的智能终端管理工具，也是全球鲜有的跨终端、跨平台的内容分发平台。

互联网教育

2013年12月，百度以数百万美元入股传课网。传课网是定位于中小学教育领域的C2C电子商务平台，已经覆盖7000家教育机构，提供超过25000节课程。

2014年8月，百度出资数千万美元全资收购传课网，传课网正式成为百度全资子公司。且百度度学堂和传课网完成合并，启用新品牌"百度传课"。

互联网文学

百度在2014年年底宣布成立百度文学，对纵横中文网、熊猫看书、百度书城等网络文学品牌和内容进行整合，并通过百度贴吧、百度游戏、百度音乐、百度视频等资源对原创网络文学进行推广、版权授权，以及对原创作品改编成影视、游戏后进行推广与运营等。

网络视频

2010年，百度发起组建爱奇艺。随后，美国私募股权投资基金普罗维登斯资本向爱奇艺投资5000万美元。2012年11月，百度收购普罗维登斯资本所持爱奇艺股份，爱奇艺成为百度全资子公司。

2013年5月，百度收购PPS视频业务，并将PPS视频业务与爱奇艺进行合并，PPS将作为爱奇艺的子品牌运营。

互联网医疗

百度医生是百度在"连接人和服务"的核心理念开发的一个医患双选平台，旨在让用户能够快速预约身边的医生，有效降低预约就诊的时间成本，提升医患匹配效率及服务体验，实现医疗资源的合理配置。百度医生移动网页（Web）版于2014年10月上线，APP版于2015年1月正式上线。目前，百度医生在三省接入的会员总数近700家，医生超25000名。以期形成线上线下闭环，实现其连接人与服务的目标。

百度还与301医院合作共建了网上医疗服务平台。2015年2月，百度完成了对健康医疗类网站医护网的战略投资。

医护网是面向大众提供就诊服务的门户，主要通过线下运营和服务换取医院门诊信息资源。目前与300家三甲医院合作，约占全国三甲医院数的28％，并与5万多医生展开了深度合作，新业务微导诊也覆盖

了500家三甲医院。

通过战略投资，百度将为医护网提供图像语音识别、技术交互、大数据和人工智能等技术支持，共同探索医疗领域O2O的服务模式及创新运营模式。

互联网金融

2015年11月，百度与中信银行在北京宣布共同发起成立直销银行——百信银行。

直销银行是没有实体网点，没有营业柜台，而是依靠网络、手机等方式提供服务的银行。目前国内已有超过20家银行上线了直销银行。百度联手传统银行一起开办直销银行，可以直接利用中信银行的线下网络开户，从而多了一个渠道。

百信银行注册资金暂定为现金投入20亿元人民币，由中信银行、百度公司共同出资。在BAT中，相较于腾讯的微众银行和阿里巴巴的网商银行没有银行大股东，百度和中信银行的联姻为互联网金融提供了新的合作模式。

传媒娱乐

2015年6月，百度、厚朴基金和天安财险共斥资4.5亿港元，购入中国最大的影院营运商之一星美控股6亿股新股，占星美控股的4.8%。

百度将会对星美控股开放各项资源，包括搜索地图和移动定位等，并提供全面技术支援及新产品研发、在线众筹等金融产品合作，和星美百度联名卡的销售及广告支持。两者在线上线下的全面商务合作与在线支付也将紧密结合。

总　结

百度的核心理念是"连接人与服务"。生活服务O2O业务是其目前战略下的最大的赌注。

百度的基本策略是充分利用流量——接入尽可能多的行业，通过人工智能更有效率地匹配用户需求，再把流量分发出去、获得分成，最终形成一个基于流量和变现的商业生态。

百度将大量的垂直行业分为头部、中部和尾部，吃喝玩乐等高频、日订单量超过百万为头部行业，洗衣、家政等日订单量在万级以上为中部，剩下还有大量千单、百单的长尾应用。其中，头部自营或者由第三方合作者提供服务；中部以投资为主；尾部以接入为主。

总起来说，公司文化就是"老板"文化，百度的口号是"用技术改造世界"，其更像一家"技术控"公司。

第四节　京东商城：专注于B2C的"自营型" 电商

2014年5月22日，京东在美国纳斯达克证券交易所上市，是中国第一个成功赴美上市的大型综合型电商平台，也是中国最大的自营式电商企业。销售超数万品牌、4000多万种商品，包括家电、手机、电脑、母婴、服装等10多个大品类，其2015年第一季度在中国自营式B2C电商市场的占有率为56.3%。目前，京东集团旗下设有京东商城、京东金融、拍拍网、京东智能、O2O及海外事业部。

截至目前，京东正式员工已超过10万人，加上农村电商兼职代理已达30万人。

自营电商

2014年，京东以1150亿元人民币的净收入超过苏宁云商，一跃成为中国第一大自营零售商。

从交易额来看，2014年京东平台全年交易额2602亿元人民币，同比增长107%。自营电商和开放平台都实现了高速增长，达到行业平均增速的2倍多（天猫的GMV同比增长大约为60%）。对应全年总收入1150亿元人民币，同比增长66%。全年活跃用户数同比增长104%，到达了9660万。2015年第一季度，活跃数量用户破亿，达1.052亿，远高于上年同期的5550万。

2014年中国网络购物市场交易规模达到2.8万亿，同比增长48.7%。

京东占比近10%，虽然与阿里巴巴80%的占比相比还较小，但京东同比增长为107%，阿里同比增长为47%。可以说，京东与阿里的差距在逐步缩小。

GMV和活跃用户总数，一个体现的是体量，一个体现的是增量，京东在这两个数据上面表现得都不错。

从利润角度看，2014年京东净亏损50亿元人民币。亏损归因于激励和与腾讯战略重组带来的一次性费用，比如上市前对刘强东本人股权激励高达4%，摊销36亿元。

另外，与腾讯的战略重组产生了一些花费。腾讯宣布入股京东，作为协议的一部分，腾讯将QQ网购、拍拍、易迅等业务甩给了京东，导致无形资产摊销费用的激增，拖累了盈利步伐。

京东在努力控制成本。从京东过去三年的财务报表来看，在综合费用率方面，整个京东集团综合费用率在12%左右，比国美、苏宁、沃尔玛都要好，其他商家综合费用率最高能达到接近19%。

从非美国通用会计准则来看，2014年第四季度京东实现净利润人民币8380万元，净利润率为0.2%，实现微盈利。

重组后，京东与腾讯战略合作的效果逐渐显现。

数据显示，2014年第四季度，京东商城20%的新用户来自微信和手机QQ这两个移动端入口。上述数据在2015年3月份得到明显提升，微信和手机QQ当月为京东平台每天引进的新注册用户数占京东全平台一半以上。

与此同时，移动业务大幅增长。2015年第一季度，京东完成订单量为2.272亿，较去年同期的1.293亿猛增76%。其中通过移动端渠道完成订单量约占总完成订单量的42%，较去年第四季度36%的占比率再上涨了6个百分点，而同比增幅高达329%。

微信对京东的导流效果在三四线城市比较明显。数据显示，京东微信购物来自三四线城市的用户占比为41%，相比之下京东整体移动网购平台上来自三四线城市用户占比为25%。

目前京东在北京和上海等一线城市已经取得了相对优势的地位，三到六线城市稍微差一点。但增速已经远远超过一二线城市，预计不久来自三到六线城市的订单数量很快能够超过总订单的一半。

截至2015年中，京东已经建立了近300个"县级服务中心"和800多家"京东帮服务店"，覆盖近4万个乡镇和超过26万个行政村。

2015年7月24日，纳斯达克证券交易所宣布，由于京东的整体业务良好表现，正式将京东纳入纳斯达克100指数和纳斯达克100平均加权指数成分股。

2015年财务状况

未经审计财报显示，京东2015年第一季度净营收人民币366亿元，同比增长62%；净亏损人民币7.102亿元。

2015年第一季度，京东GMV为878亿元，同比增长99%。

2015年第二季度，净收入则达到459亿元，同比增长61%。其中，来自于服务项目与其他项目的净收入为33亿元人民币，同比增长108%。

不过，在营收持续高速增长的同时，京东依旧尚未盈利。2015年第二季度净亏损人民币5.104亿元（约合8230万美元），而上年同期净亏损人民币5.825亿元（约合9390万美元），同比略有减少。

截至2015年6月30日，京东第二季度交易总额（GMV）达到1145亿元，同比大增82%。

按照国家统计局公布的上半年全国网上零售额同比增长39.1%计

算，京东的交易总额保持了两倍于行业平均增速的增长速度。

2015年第二季度完成订单量为3.056亿，与2014年第二季度1.637亿相比，同比增长87%。其中，通过移动端渠道完成订单量约占总完成订单量的47%，同比增长290%。

年度活跃用户数由2014年6月30日的6850万增长至2015年6月30日的1.18亿，同比增长72%。

自2014年5月上市以来的五个季度，京东每个季度的交易总额同比增幅均保持在80%以上，持续演绎着大体量、高增长的发展态势。

2015年第三季度，京东交易总额（GMV）达1150亿元，同比增长71%。如果扣除拍拍C2C平台的交易额，京东核心交易总额（Core GMV）为1110亿元同比增长76%。营收方面，京东第三季度净收入为441亿，同比增长52%。

今年三季度京东自营与第三方平台核心GMV分别为613亿元与497亿元，同比2014年第三季度分别增长了52%和121%。京东开放平台业务的收入增加，来源于入驻商户数量的增加，第三季度京东开平台商户数约为9万家，在过去一年间约增长了3万家。从去年第三季度，京东第三方平台GMV占比也从39.8%提升到今年第三季度的43.2%。可见京东第三方平台发力著有成效。

京东三季度净亏损为5.308亿，净利润率为－1.2%，亏损面较去年同期有所扩大，至今京东已连续亏损了8个季度。

不过京东三季度毛利率有所提升，为13.8%，较上年同期提升1.6个百分点，较上一季度提升0.9个百分点。

在京东第三季核心交易总额中，其核心品类3C家电占到了51.1%，占比已经较一年前缩小了5.5%，相应销售额占比上升的是日用百货及其他品类商品。

三季度营销费用为17亿，同比增加了89%。营销费用的增加，主要是由于流量获取及线上线下品牌广告投放的支出增加。

三季度京东存货周转为38.7天，而2014年同期为41.1天。供应链金融业务的发展，拉长了平均账期，由2014年同期的47.9天，增加到2015年第三季度的51.8天。

截至2015年9月30日，京东公司现金及现金等价物总额为234亿元人民币。

京东物流

在电商领域，京东的价值是品质保证。价格便宜，送货快，其中的最后一条不是每家电商都可以做到的。

很多电商如当当、阿里等偏重于纯互联网模式，即轻资产模式，而京东是重资产模式。

2014年，国家公布的社会化物流成本占GDP总值17.8%。这个数字欧盟是7%～8%，日本是5%～6%%。整个中国商品平均搬运次数是5～7次，而京东商城设计商业模式的时候，决定自建物流，坚持走自营为主的商业模式，努力减少物品的搬运次数，终极目标是只搬运两次，甚至当工厂还没有生产出来的时候，京东就把客户找到了，工厂出大门之后，不再经过京东的库房，只经过京东物流直接送到用户手里，连库房都不用去了。

京东商城的物流绝大部分电子产品跟厂商直接合作，从工厂大门生产出来，第二天就进了京东全国的七大库房。目前京东在全国有超过166个库房，全国2043个区县都有京东自营的品牌，有将近10万员工。

对于电商和传统零售商来说，衡量供应链效率最核心的因素就是库存周转率，也就是说每采购一批货平均需要花多少天把它卖掉。同样的竞争对手，其平均账期一般要100多天，意味着厂商把一批货给了它，要100多天之后才能拿到钱，其库存周转天数大概是六七十天。而京东2015年Q2财报显示，其库存周转仅为35天。

2015年三季度京东在全国46个城市已运营196个大型仓库，并拥有4760个配送站和自提点，自建物流体系覆盖区县数量已增至2266个。

医药电商

2015年5月，京东与上海医药签署《战略合作框架协议》，双方将在医药电商领域共同开拓相关市场机遇和商业机会。

上海医药将提供广泛的线下零售资源和药品品类，全面支持上药云健康业务发展，并协助上药云健康取得与其业务经营相关的证照及资质证书。

京东将全面协助上药云健康处方药电子商务的线上平台和线下网络的建设，包括频道展示及流量支持、电子商务交易平台、仓储物流解决方案等。

O2O领域

2015年以来，京东通过投资并购已进入汽车电商、旅游、外卖、生鲜、医药等领域，并与合作伙伴展开从商品品类到物流服务的深入合作。

2015年8月，京东宣布已与A股中市值达400多亿的永辉超市达成战略合作，将以9元/股的价格认购永辉超市定增股份，投资总金额为43.1亿元。交易完成后，京东将持有永辉超市10%的股份并获得两个董事会席位。

这是京东自上市以来最大的一笔投资，此举意味着京东对于O2O不断加码。

永辉超市用十几年的时间在中国建立了一套最好的生鲜供应链系统，直接从田间到餐桌。京东计划和永辉共享一个供应链，一个线上销售，一个线下销售。

在战略层面来讲，虽然永辉超市在全国有超过350家连锁店，但这还不足以覆盖全国。在永辉实体店覆盖不到的区域，京东可以提供O2O的模式来提供服务。永辉超市有采购、产品、仓库等条件，而京东则有递送网络，所以说双方在这个领域存在很大合作空间。

值得注意的是，相比于阿里巴巴在A股市场上的纵横捭阖、不断并购，京东此番入股永辉超市，应该是其首次试水A股市场。

软件领域

2015年5月，京东集团与港股上市公司金蝶国际软件集团达成合作协议，京东将以13亿港元现金认购金蝶约10%股份，成为金蝶的第二大股东，合作为中小企业提供基于云服务的ERP整合解决方案。

金蝶国际软件集团始创于1993年，是香港联交所主板上市的服务于企业的中间件软件、在线管理及全程电子商务服务商，目前已为世界范围内400多万家企业、医院和政府等组织提供软件产品与云服务。

合作中，京东希望凭借金蝶广泛的企业客户资源，进一步将京东电子商务和物流IT方案与金蝶ERP解决方案相集成，将整合方案迁移到企业云平台，从而实现在云计算领域的快速圈地。

金蝶软件旗下金蝶医疗在医院信息服务方面的准入牌照，也是京东所看重的。作为中小企业ERP解决方案的提供商，金蝶软件旗下医疗子公司金蝶医疗拥有"移动互联网医院"解决方案，并较早地布局了医疗服务O2O模式。

互联网金融

京东金融已经形成众筹、消费金融、财富管理、供应链金融、支付、保险与证券七大业务板块，陆续推出了京保贝、京东白条、京东钱包、小金库、京小贷、权益类众筹、股权众筹、众筹保险等创新产品以及京东众创生态圈。

京东金融依托了京东生态平台积累的交易记录数据和信用体系，基于大数据、厚数据、动数据的风险管理体系，京东金融建立了新型金融信用模型。从刚开始只有50个变量的评分卡模型，到有约1000个变量的机器学习模型，中间已经更新了五代。

股权众筹不仅能够让创业者更快的获得融资，也能够进一步筹人、筹智、筹资源。很多众筹平台上的创业企业正在跟京东商城、京东到家、京东支付、京东保险等进行合作。创业企业之间也已经通过京东金融搭建的平台共建了社群，社群成员之间也相互合作、共创、孵化出了很多新的项目。这些孵化出来的新项目，反过来又可以通过京东股权众筹和产品众筹，进一步实现规模扩张和产品落地。

在中国，股权众筹方兴未艾，数据显示，截至2014年底已经有128家股权众筹平台上线。在互联网与金融业巨头中，京东布局最早，蚂蚁金服与平安的股权众筹平台也在筹备过程中。截至2015年6月30日，京东众筹项目筹资成功率已超90%，筹资人民币百万级项目超100个。京东金融东家平台于2015年3月上线，目前已经累计为50多家创业企业融资，累计融资额超过5.5亿元，平均融资率超过100%，目前是市场表现非常好的平台。

京东白条是京东独创的互联网金融创新产品，其主要内容是消费者在京东购物便可申请最高1.5万元的个人贷款支付，并在3~24个月内分期还款。

2015年9月，"京东白条资产证券化"项目获证监会批复，由华泰证券发行完毕，并于2015年10月在深交所挂牌，成为首单基于互联网消费金融资产登陆国内资本市场的资产证券化项目。

该项计划募集规模为8亿元，存续期限为24个月，基础资产为北京京东世纪贸易有限公司通过京东商城网站向合格用户以"白条"的形式进行赊销商品所产生的应收账款。依照该等商品买卖合同，原始权益人向用户配送并交付商品，用户按照约定期限向原始权益人支付相应对价。

网络游戏

2015年4月，京东进军游戏界，并宣布要成立中国游戏产业联盟，计划在3~5年内，培育和扶持30个游戏品牌，纳入500款Game+游戏产品，并与20款重点游戏深度合作。

总　结

在互联网+布局上，京东互联网+战略主要聚焦于四大方向：互联网+社区服务（已成立京东到家），互联网+农业（农业电商），互联网+金融（京东白条、众筹），互联网+国际贸易。

这其中，互联网+金融是现阶段一大重心。京东只做B2C，与电商无关的业务不碰。京东依托电商、金融、技术三大业务，以电商为立身根本和主业，并不断去进行创新和完善。

第五节　乐视网：特立独行的超"2""傻子精神"和"疯子精神"

乐视于2004年由贾跃亭创立，乐视网原来是一个视频终端，以网络视频业务起家。后积极介入影视业务，并曲线申请了互联网电视牌照，进而向超级电视、超级手机，甚至乐视汽车布局，企图通过不同关键智能设备，掌控终端消费者一系列消费行为。乐视致力打造基于视频产业、内容产业和智能终端的"平台+内容+终端+应用"完整生态系统，被业界称为"乐视模式"。

经过近两年的迅猛发展，目前整个乐视集团有近8000名员工。

乐视生态

"生态"是乐视的显著标签。

乐视认为，生态有三个层次：生态圈、生态链、生态系统。最高层次是生态系统。

生态圈等多元化公司的好处是交易成本和创新成本的降低，如腾讯的互联网生态圈、阿里巴巴的电商生态圈、小米的硬件生态圈等。而乐视正处于第二阶段的生态链上，初具生态系统的雏形，但是效果已经开始初现。

在"乐视生态"中，乐视正着手打造一个垂直产业链，在这个产业链中，有乐视影业、乐视体育提供内容，有电视、手机和汽车三个终端。最终，这些业务拼图可以组合成一个巨大的乐视帝国版图，形

成一个有机的生态体系。

乐视生态系统分7个子生态，最基础的是互联网生态，一切以互联网为核心，以互联网为基础。在此之上连接6个子生态：内容生态，大屏生态，手机生态，汽车生态，体育生态，互联网金融生态。

从产品、产业上来看，生态闭环基本上完成。接下来要不断去打破7个产业的边界，不断实现跨界创新。

事实上，乐视的一些商业行为在当时看起来有些超前，并不被外界看好，但最终却做出了样子。

比如，在网络视频业同行不屑版权，盗版横行时，乐视在视频行业最先重视版权，积极开发原创产品。三五年后，外界要从乐视购买版权，乐视也成为中国第一个，目前也是唯一盈利的视频公司。

当外界认为像乐视这样的互联网公司介入影业制作发行是不务正业时，乐视却逆流而动，取得快速进步，分享了中国电影市场的高增长红利。别人反应过来要追赶时，乐视影业已经成为互联网影业公司的领跑者。

互联网公司一般比较轻视硬件制造，乐视却自主研发了超级电视和手机。和传统家电厂商和手机厂商不同，乐视在产品内容方面，拥有独一无二的优势，即便和同类的互联网公司相比，乐视的内容优势也很明显。在多年经营下，内容已经成为乐视竞争优势和核心资源，同时为乐视生态提供了强有力支撑。

目前，上市公司乐视网并表子公司已达12家，其中花儿影视、乐视流媒体广告等6家是全资子公司，乐视致新、乐视体育等6家为参股子公司。除此之外，乐视手机、乐视影业、乐视汽车、网酒网等尚处于乐视上市公司体系外。

目前，乐视已基本构成了以互联网及内容生态、体育生态、大屏生态、手机生态、电动汽车生态为内容的生态体系。这个体系包括了5亿总人数的覆盖、超1亿注册用户和超1000万跨终端用户数。2014年乐视全生态业务总收入接近100亿元。

在播放时长和用户覆盖两项关键性指标上，乐视网保持稳定增长。在第三方专业媒体监测平台ComScore发布的2015年6月VideoMetrix视频网站月度总播放时长TOP10榜单中，乐视网排名位居行业第二位；在视频网站月度总uv排名中月度覆盖人数名列前三；在视频网站日均uv排名中，日均覆盖人数名列前三。

截至2015年9月底，乐视网站的日均uv（独立访问用户）约5300万，峰值接近9000万；日均vv（视频播放量）2.9亿，峰值3.6亿。乐视云视频开放平台CDN节点全球覆盖超过650个，物理带宽总储备约10T。

生态一旦形成，各业务板块的协同聚合效应就会集中迸发，即业务之间的化学反应就产生了；反之，各业务点的化反越多，生态就越健康强大。生态和化反之间形成"鸡生蛋、蛋生鸡"的正向循环效应。

比如说，乐视手机和超级电视的硬件销售可以带来会员和广告的增长，乐视2015年广告收入30多亿元，如果硬件销售持续下去，2016年广告收入预计可达60多亿元，2017年可能会破百亿元。据估算，当乐视手机销售破千万台，新增的广告收入，将能够完全抵消对手机硬件的补贴。

内容业务

乐视内容业务是公司的根基。

2015年5月，乐视网发布公告，将募集资金75亿元，其中的44亿元都要投入到内容上，并且在两年之内完成投资。第一年花25亿（6亿买电影+ 12亿买电视剧+ 4亿买综艺+ 1亿买其他+ 2亿自制节目）；第二年

花19亿（5亿买电影+ 8.5亿买电视剧+ 3.5亿买综艺+ 1亿买其他+ 1亿自制节目）。

早在八九年前，当时的主流视频网站将重心放在了免费分享的UGC（User Generated Content用户原创）内容上，各家无暇购买版权，只有乐视网大批低价购入，坚持正版长视频收费模式。随着时间的推移，当版权凸显价值时候，乐视已经凭借先天优势，聚集了中国最大的内容库。

到2009年，乐视网已拥有9万多集电视剧、5000多部电影网络版权，成为国内拥有影视剧版权最多的视频网站。当政府监管部门加强版权管理之后，各大视频网站不得不下架盗版向乐视转买正版，百度、PPTV、优酷、搜狐和迅雷这五个主要客户的版权购买费用曾占乐视分销业务的62%、总收入的37%，成为坐着收钱的"二房东"。

当行业内纷纷效仿购入版权之时，乐视将视线转移至IP（知识产权）购买，通过网络小说、话剧等IP制作内容，开创了互联网IP（知识产权）购买转换模式，推出或参与了《消失的子弹》《小时代》系列、《九层妖塔》等多部IP电影的投资和发行。

如果说2013年是互联网教育元年，2014年是互联网医疗元年，那么，2015年就是互联网体育元年。据统计，乐视已将200多项体育赛事版权收入囊中，辅之以自主体育赛事IP的运营，已成功地在互联网体育领域实现了先期卡位布局。

正是有了内容这块王牌，乐视硬件产品如乐视盒子、乐视手机、互联网电视等才有机会"接地气"，两者形成共生系统。并进一步通过衍生和增值手段，开拓分销、广告等业务来源，推出满足不同细分市场的独创性和差异化产品，最终将生态系统的概念由空中落地，以实现企业跨越式发展。

超级电视

乐视在2013年开始进入到电视领域，采取以内容驱动电视的策略，以成本价格出售硬件，依靠用户年费获得收入。

数据显示，2014年中国智能电视用户激活总量是3110万台，海信800万居第一，第二是TCL的650万，第五的康佳有400万，乐视有150万。从品牌销量排名看，乐视超级电视品牌销量处于行业第六位。截至2015年上半年，中国智能电视累计保有量为8580万台。

然而，据调查，2014年1—9月，包括海信、创维、康佳、长虹等品牌市场份额整体都处于下滑态势，但乐视超级电视市场份额从2014年1月的1.83%升至9月的6.12%。仅9月乐视TV月销量就突破20万台，实现逆势增长。

2014年中的数据显示，网络销售每4台智能电视，就有一台是超级电视，销售增长迅猛，而同期传统彩电销售则持续萎缩。

2014年乐视超级电视卖出了约200万台。乐视年报显示，2014年1—10月，在中国绝大多数彩电品牌销量均呈现不同程度下滑的背景下，乐视TV超级电视逆势高速增长，销量份额（线上+线下）从年初的1.8%上升至10月份的7.73%，市场占比扩张超过四倍，继续领先三星、夏普、索尼（3S）等洋品牌。

此外，乐视TV在40吋、50吋、60吋、70吋尺寸段的单品，累计夺得线上线下总量的41个月度第一，其中50吋和60吋的单品，连续10个月每个月单品总销量第一名；70吋上市8个月勇夺7个月度销量第一。

2015年9月19日，乐视在"9·19乐迷节"上推出第三代超级电视，开启了"生态补贴硬件、低于量产成本定价"的销售模式。随后，乐视宣布当天一共卖出了38.2万台电视。并且在9月24日公司推出第三代超级电视六款新品X40、X43、X50、X55、Max65、Max70，开启生态

补贴硬件、低于量产成本定价新模式。

截至2015年10月，乐视电视一共卖出了400万台，绝对数量不算大，但已成为线上电视第一品牌。2015年乐视计划销售超过400万台，品牌知名度已经超过了某些深耕多年的传统品牌。

进入2015年中，在互联网电视行业，与主要竞争对手小米相比，乐视着眼于打造以产业链垂直整合为基础的闭环生态系统，不靠硬件赚钱，靠加收会员服务费和生态服务来盈利。由于影视内容资源成本是一定的，况且属于沉落成本，乐视会员越多、播放越多，会费和广告收入也就越多。这种模式与以产业联盟为拓展手段、以硬件为基本盈利点的小米在策略上完全不同。

2015年10月，乐视发布了一款120吋的电视，可以用作电影院。这款电视的价格是49.99万元，与三星百万元以上的110吋电视相比，价格腰斩。

乐视手机

传统手机企业目前正面临硬件产品越来越趋于同质化和价格战导致的低毛利两大难题。

"传统硬件派"把精力投放在纯硬件产品和系统软件上，如联想手机、华为手机等。做的不错的如华为积极布局通信上游技术，尝试极致整合硬件，已攻克芯片技术难题，可以更加自由地控制电路设计思路，从而优化用户体验，因此自主芯片和省去的授权费可以帮助华为获得更高毛利。"互联网营销派"的代表是小米，通过交互式的用户体验和网上营销创新实现了小米手机销售的奇迹。

但进入2014年，手机市场环境再次出现潜移默化的变化，硬件迭代速度明显放缓，硬件性能、工艺水平乃至外观逐步趋同。在存量市场的博弈中，手机厂商从比拼手机硬件转向比拼极致体验和个性化服务。

乐视手机的玩法开创了"生态系统派"，乐视把手机硬件当作自身服务入口，并不通过硬件赚钱，而是通过服务收入补贴其硬件。传统的手机商业模式，必须是每台硬件都有利润，而乐视是向服务要利润，并不是一个传统的手机厂商。随着手机销量的增长，服务性收入如会员会费和广告费等也会同比增长。此外，乐视的智能电视业务和智能汽车业务可以在外围为乐视的整个生态提供增量和支持。

2015年4月，乐视发布新品乐视手机，公布"手机BOM成本"，同时宣布按照量产成本定价，或者将低于成本定价，打出"硬件免费、软件赚钱"的口号，尝试互联网智能手机新模式。8月，乐视宣布智能手机三个月时间销量突破100万部。

乐视认为，与苹果相比，苹果的生态是封闭，不如乐视开放，不但始终没有电视机产品和一些应用，而且手机人均月流量远不如乐视超级的1.2G。

2015年6月，乐视耗资21.9亿元入股在香港上市的手机厂商酷派集团，占股18%，成为酷派第二大股东。

酷派集团2014年上半年营业收入同比增长54.8%，达到149.34亿港元；利润4.12亿港元，同比增长94%。2014年的出货量超过6000万部，2015年上半年手机出货量为5000万部。

乐视和酷派将展开全方位合作：在手机方面，ivvi品牌作为载体率先打通酷派和乐视，推进在用户运营、内容运营等方面的合作，ivvi手机也将整合引入乐视EUI（EUI是随乐视超级手机一起推出的生态手机操作系统）。同时，乐视网、乐视体育都将作为酷派手机的营销渠道，但两个品牌的手机在运营上保持独立。

2015年10月，乐视推出售价低于制造成本的乐1s智能手机，乐视公布了乐1s的量产整机成本，包括主芯片、Memory、射频模块、多媒体模块、结构件、包装及配件、材料及制造、软件及专利、物流售后等。乐1s最终定价1099元。

乐视认为，乐1s的最大定价特征是能够低于量产成本定价，因其具有生态型盈利模式，具有多维度、多层次的生态盈利能力，可以通过生态补贴硬件。

在供应上，从过去的"抢购+预售"的模式升级为"现货+预售"的模式。销售通道长期开放，消费者可持续购买。只有当现货供应暂时不能满足用户的时候，现货自动转为预售模式。而且，硬件不再捆绑会员销售。

业内认为，乐视这种颠覆性打法将在市场上引发一轮新的风暴，将引领旗舰手机进入1099元硬件负利时代。

当然，根据规模效应规律，乐视手机一开始可能亏本，但上量后边际成本会下降，变动成本摊销使得接近盈亏平衡点，并最终实现盈利。

需要注意的是，乐视手机由乐视网关联方乐视移动智能作为出品方。

乐视影业

乐视影业自2011年成立，定位为"互联网时代的电影公司"。乐视影业最先尝试用互联网模式来重新定义电影产业。

成立第二年，乐视影业票房收入6.25亿元，跻身华语电影公司票房四强。2013年乐视影业发行9部电影，票房收入约10.5亿元，2014年乐视影业总计票房收入近24亿元人民币，环比实现130%的票房增长，仅次于华谊、光线。

作为一家平台公司，乐视影业拥有全国最强大的地面发行系统，已覆盖136座城市，1200家电影院，覆盖占92%以上市场份额的影院。

乐视旗下的花儿影视全称是东阳市花儿影视文化有限公司，成立于2006年11月，是一家集投资、策划、制作、发行于一体的专业性影视制作公司。公司主要产品是电视剧，先后投资制作了《幸福像花儿一样》《金婚》《甄嬛传》《红高粱》等电视剧。

在制作发行环节，乐视大量采用互联网IP转换成电影，《小时代》等都是用网络小说改编的，如今很多公司也已经跟随乐视影业的步伐，改进运作模式。互联网影视注重"C2B2C"模式，即让用户参与进作品的创作，让用户来创造内容、价值，再反过来回馈给用户。依托乐视生态系统，乐视有条件实现从传统的线下电影院发行，再到乐视网、超级电视，整个发行全流程化，影片的价值可以得到最大化程度的利用。

需要注意的是，乐视影业与乐视网属于关联方关系。

乐视体育

数据显示，目前中国体育产业规模约为3100多亿元，仅占GDP约0.6%，而美国体育产业在GDP中占比达3%，人均体育产值是中国的40倍。目前，中国只有27.5%的经常参与体育人口，即使在上海，经常参与体育人口也仅为40%左右。而在发达国家则达到70%。中国体育产业近5年的年平均增长率为16%，远高于国民经济增速。

然而，过去中国体育产业从最初的第一家国有企业中体产业的上市，到后来的几千亿元市场规模中约80%集中在如李宁、安踏、匹克等运动产品销售上，真正的产业链没有建立起来，存在很大的整合空间。在互联网+的冲击下，体育和互联网媒体的嫁接成为当下体育产业的热点，2015年可以称作为中国互联网体育的元年。

乐视网体育频道于2012年8月上线，为用户提供足球、篮球、网球、高尔夫等赛事的直播、点播和资讯的视频服务。

2014年3月，乐视体育文化产业发展（北京）有限公司在乐视网体育频道的基础上正式成立，由单一的视频媒体网站的业务形态发展为基于"赛事运营+内容平台+智能化+增值服务"的全产业链体育生态型公司。

2015年5月，乐视体育宣布完成了A和A+两轮融资，其中获得阿里和万达各自旗下云峰基金和万达投资的投资，共计8亿元，从而使乐视体育的估值达到28亿元人民币，创造了中国体育产业首轮估值及融资额的双重纪录。主要投资机构不但财力雄厚，而且体育资源丰富，将给乐视体育带来资金和资源的双支持。

计划中，乐视体育的核心是基于"赛事运营+内容平台+智能化+增值服务"的垂直生态链，充分利用和整合"万达的产业资源＋阿里的用户资源＋乐视的生态资源"，打通上自内容IP、下至2C服务的体育消费全产业链。

传统的互联网体育只具有媒体属性，几大门户发一些新闻、转一些赛事。乐视尝试把这个产业链彻底整合在一起，从最上游的赛事运营，到赛事的直播，到媒体，到赛事内容的二次加工，到最后赛事衍生品，再到整个体育智能。以形成赛事直播、赛事运营、衍生品、体育智能产品的垂直产业链条。

乐视体育聚合了全网赛事版权资源。根据2015年三季报，乐视体育通过争夺体育IP，目前已拥有17类运动项目共计121项赛事的版权，能够实现平均每年4000场的版权赛事直播，其中超过一半是细分领域的比赛。

乐视体育成立一年半时间，手中已经握有250项以上的赛事版权，对于版权拥有者而言，将通过分销回收成本。分销是吃下版权后回笼资金的关键环节，这意味着其他平台想要在合同年限内转播乐视版权的话都要通过乐视购买。

比如，2014年2月，乐视体育与NBA签约，成为"NBA中国官方互联网电视播出合作伙伴"；7月，乐视体育与F1携手，作为中国大陆地区独家新媒体转播权持有商；8月，乐视体育签下2014—2015赛季英超版权，成为大陆地区能够播出380场全部英超比赛的三家平台之一。乐视体育还拥有CBA、欧冠篮球、亚冠、中超、WTA与ATP巡回赛、中网、高尔夫美国大师赛、英国公开赛、PGA锦标赛和高尔夫莱德杯等版权，几乎囊括了全球顶级赛事资源。

2015年，乐视体育成功获取英超、意甲和欧冠版权，购买2015—2018三个赛季的欧冠版权，以及抢到2015—2018三个赛季的意甲独家版权。

再如，在足球领域，毕竟，中国足球的主战场还是在亚洲。2015年10月，乐视体育花费1.1亿美元（约合6.96亿元人民币），获得亚足联旗下2017—2020所有赛事的大陆地区全媒体版权。亚足联旗下的赛事总共包含12类，以签约年限来看，其中包含的2018年国际足联世界杯亚洲区预选赛决赛（12强赛）、2019年的亚洲杯、男子U23锦标赛（2020年奥运会预选赛）和亚冠联赛都是重点赛事。中国国家男子足球队和中国职业俱乐部在亚洲层面的赛事几乎全包括在内。

此外，在获得亚足联旗下赛事版权的同时，乐视体育也宣布斥资7500万美元入股独家拥有亚足联旗下所有赛事转播权和商业开发权的拉加代尔体育集团，拥有拉加代尔20%的股份，成为该集团第二大股东。今后该公司在中国以外其他地区的版权出售，乐视体育都将分一杯羹。

2015年4月，乐视体育宣布与飞鸽集团成立合资公司，推出智能自行车系列产品，改款产品成为乐视体育公司成立后发布的首款智能硬件产品。

在游戏分开发内容方面，乐视体育将打造中国第一体育游戏分发平台，并会借助资源进行IP合作、引进等。2014年11月，乐视体育游戏平台上线试运行，提供近千款游戏产品，日均吸引付费用户数万人。

乐视体育彩票业务计划于2015年第一季度上线，提供PC、手机和超级电视三端购彩服务，实现赛事直播和实时购彩的服务组合。

不过，新营收模式还在探索和尝试中。在赛事运营方面，乐视体育2015年的收入来源还将是相对传统的广告赞助、票房和转播权。

另外，融资后乐视母公司对乐视体育股权减至10%左右，乐视体育不再是乐视网的控股子公司，乐乐互动（乐视同一实际控制人）变为控股股东。

2015年7月，乐视网购入港股上市公司北青传媒1953.3万股，涉资9591万港元，完成交易后，持有北青传媒流通H股35.58%的股份。若以截至2014年12月31日北青传媒已发行的股份总数1.9731亿股计算，乐视占北青传媒股本总额9.9%。

买入北青传媒，据认为是为乐视体育上市铺路。

2015年11月，乐视体育在北京宣布与鸟巢文化中心共同成立"鸟巢乐视体育文化产业基金"，基金规模大约在50亿元人民币，这是中国体育产业规模最大的一项创投基金。鸟巢文化中心于2015年3月正式落成开放，该中心以搭建体育文化、金融创投孵化平台为目标。开业8个月以来，先后举办了200场文化体育相关的活动。"鸟巢乐视体育文化产业基金"是鸟巢成立的首只基金，接下来，鸟巢文化中心将与中关村北京产业交易所、上海文交所等机构积极合作，推进体育产业的创投动作。

数据显示，目前国内视频媒体体育频道的总有效播放时长方面，乐视排名第一，优酷排名第二，乐视似乎已成为国内互联网体育最大的玩家。需要注意的是，乐视体育与乐视网属于关联方关系。

互联网汽车

2015年10月，作为全球首家宣布造车的互联网公司，乐视宣布首款互联网汽车Mule Car已经完成，且正在工程样车阶段，准备进入下一个生产试制阶段。

乐视认为，与特斯拉相比，尽管乐视超级汽车和特斯拉一样瞄准了电动化、智能化，但二者有着本质区别：特斯拉是一家汽车公司，而乐视汽车是集电动车、互联网、智能化于一身的汽车生态。互联网和智能化是乐视汽车的优势，这与以传统理念造车的特斯拉有很大不同。比如，乐视汽车用开发手机的理念、技术开发车辆中控系统，而特斯拉用开发汽车的理念、技术开发车辆中控系统。

互联网出行

2015年10月，乐视控股发布公告，宣布乐视汽车已正式签署对易到用车的股权投资协议。根据协议，交易完成后，乐视汽车获得易到用车70%的股权，成为其控股股东，投资金额外界估计约为7亿美元。此前，易到曾有意与百度达成投资协议，但是百度最终还是投资了Uber。

乐视作为战略投资者身份投资易到用车，在完成一系列交易后，公司会重组为"管理层+携程+乐视"的股权结构，其中乐视会取得控股地位。乐视控股后，易到依然保持独立运作，仍会寻求独立发展以

及独立上市的机会。

乐视取得控股地位后，会逐步深入和乐视生态各个环节进行合作，其中包括手机、电视、内容、商城、会员、影视植入。随着汽车战略的浮现，最终易到将和乐视汽车战略深度融合，基于乐视的业务，未来会打造免费生态专车。

值得注意的是，目前市场中比较重要的玩家分别是滴滴出行、Uber、易到、神州。在曾经的行业巨头滴滴和快的合并后，占据了其中约七八成的市场份额。神州作为上市公司，有一定的优势，模式为有别于其他同行的B2C模式，Uber则有国际巨头的母公司作为后盾。

尽管当前易到用车的体量和市场覆盖率无法和滴滴、Uber抗衡，但其差异化经营的思路和全球布局，势必将助其在未来的专车市场杀出一条"血路"。同时，这笔交易也让乐视成为继BAT之后，另一家加入"互联网+出行"服务市场的IT业巨头。

资料显示，易到用车于2010年5月创立，此前易到用车天使轮获得真格基金投资；2011年8月获得晨兴创投、美国高通风险投资公司千万美金级A轮融资；2013年4月获得晨兴创投、美国高通、宽带资本2000万美金B轮投资。2013年12月获得由携程和DCM领投的总金额近6000万美金的C轮融资。2015年6月，携程再次向易到用车追加了1亿美元的融资，加上此前的两轮注资，携程共计向易到用车投资1.53亿美元。

据透露，滴滴快的、Uber中国以及神州专车在融资时，都与投资人签订了排他协议，因此，易到用车在2015年三季度的融资可能会比较迫切，与乐视牵手似乎顺理成章。

互联网医疗

2015年，乐视与卫宁软件结成长期、全面的战略伙伴关系，围绕公众健康服务的需求和健康服务业的发展趋势，充分利用双方在各自领域的优势，在有效促进公众健康，提升健康服务水平，打造健康服务生态，建立垂直服务体系等方面资源共享、相互协作，整合多方资源，以开放的心态，共同营造具有"平台+内容+终端+应用"模式，积极探索各类互联网+模式下的医疗健康云服务。

特殊股权结构

乐视的管理型组织结构有两个特征：交叉管理和扁平化。

传统的组织结构是金字塔式的逐级单向汇报，有可能成为滋生本位主义的温床。乐视的特殊之处，在于安排不止一位领导分管相关业务，这样可以大大拓宽管理层视野。另外，安排一位高级经理或者总监负责项目统筹，以项目型组织的办法完全打破管理层级，体现了网络化的管理思路和明确的目标导向。

乐视把大部分股权都分配给了管理层和团队，不是大量给财务投资者。自创立以来，坚持以自有资金为主，较少对外融资，避免了其他互联网公司创业早期资本进入后，被左右决策的困境。

在乐视看来，中国独立生存互联网公司少了，几乎大部分都是被BAT垄断了，要么被买掉了，要么就被直接打死了，独立非常难。

乐视这种特殊的股权激励机制，使得其没有失去对于公司战略的控制权，如果是让太多的财务投资者进入董事会，因为财务投资者都是看相对比较短期的财务目标，就会一定程度上扼杀公司的原创性和长期战略打算。

2015年11月，乐视创始人兑现了2015年初实现全员持股计划的诺

言，将非上市板块拿出一半的股权分给全体员工。

据称，乐视全体员工收到了一封名为《全员激励计划正式启动》的邮件。之后，乐视在公司内举行了首批股权激励授予仪式，来自乐视控股、乐视云计算、乐视体育等各家公司的首批被授予人员签署了相关的股权授予协议。

乐视称，该计划一是为最慷慨的激励额度。按市场通行的惯例，更多公司的股权激励并非面向全员。而在乐视股权激励计划中，每一位乐视正式员工在满足基本的门槛条件下，都能够享有股权激励，分享生态成长的价值。二是为最彻底的价值分享。与其他公司"员工享有公司价值增值"的激励原理不同，本次乐视的股权激励员工基本不需要出资购买，这意味着收益接近股份的全价值。三是为最具生态特点和激励性的经济收益。为了促进生态协同，员工除了享受自身业务的激励之外，同时享受整体生态的激励，两种激励取其大，始终保证员工享受到最大的经济收益。

从该员工股权激励计划的具体内容可知，乐视的全员股权激励计划的确非常慷慨和具有创新性。乐视控股（全球）将拿出原始总股本的50%作为股权激励总量，且原则上员工不需要出资购买，这在中外企业界是非常少见的。和其他企业股权激励的享受范围仍然限制在一定比例和层级不同，乐视此次可谓实现了真正意义上的全员激励，其慷慨程度在中外企业界是首屈一指的。

乐视创始人之前曾表示的，乐视生态不希望有打工者，希望每一位员工都是股东，都是共同的创业者，而乐视仅仅只是为员工提供平台。

股权激励机制可以在最大程度上源源不断激发团队的活力，很大程度上使全体员工觉得不是在从事一项谋生的工作，而是参与到公司梦想中，同时在做一项属于自己的事业，在共同利益和价值观下，自我激励，自我驱动，共同努力，共同奋斗。

总起来说，乐视的商业模式，或者说打法经常不被外界理解，并且触动多方利益，争议也很大。但对于外界的嘲笑，乐视已经习惯。乐视愿意走自己的路，让别人说，正如创始人所说，将这种特立独行超"2"的"傻子精神"和"疯子精神"进行下去。

第六节　小米科技：营销创新引领下的"反木桶理论"思维

小米公司成立于2010年4月，是一家专注于智能产品自主研发的移动互联网公司。目前员工约8000人，其中客服约3000人，物流和售后各1000人，其他核心员工约3000人左右。

2010年小米的首轮融资为4100万美元，首轮估值为2.5亿美元。而截至2015年上半年，小米一共已经完成5轮融资，总融资额为10亿美元，公司估值相应升至约450亿美元。

硬件方面，小米三大核心业务是手机、电视、智能家居。手机业务2014年做到了国内第一、全球第三；电视业务销售快速上量，内容在补齐短板，电视盒子做到了国内份额第一；智能家居方面，小米智能路由器份额第一，空气净化器每月销量超过10万台，市场份额约20％。

软件服务方面，小米在互联网服务领域的收入已达到50～60亿元左右。

小米的发展思路，是先从开源的安卓操作系统切入，做好用户体验，等操作系统起来了，再做手机，然后通过电商模式卖产品，最终靠软件和互联网服务来赚钱。所以，小米先做了手机操作系统MIUI，然后做小米手机，再是打造MIUI生态圈，在MIUI上继续提供小米金融贷款等服务，以及第三方服务，比如外卖、预约挂号、火车票、手机充值和打车等。小米把智能硬件看成电脑，用智能的安卓系统来做软件体验，再通过电商把价格降低。

小米手机

通过低价策略、高性价比策略和用户体验的强化，小米手机在短时间内异军突起，给国内智能手机市场带来巨大冲击。

具体讲，最初小米手机模仿苹果手机，但价格不到苹果的一半，以追求极致的高性价比作为竞争手段。小米还通过官微、论坛、社交软件米聊等来培育一大批"米粉"群，形成了以用户为核心的"米粉"文化。小米公司一方面重视参与感，通过提供各类意见平台，让用户成为产品共同开发者和创造者；另一方面强调互动，小米团队各员工积极利用多种社交平台，建立了与用户间的双向沟通交流机制。

数据显示，国产智能手机销量占国内手机市场份额从2010年的16%上升至2013年的72%，占全球市场份额从2010年几乎为零跃升至2013年的33.8%。在如此庞大而快速增长的市场里，小米是最大的赢家。

不过，中国智能手机的年化增长率已经从2014年一季度的39%下降到2015年一季度的17%。据预计，2015年中国智能手机出货量将仅增长2.5%，首次低于全球。中国智能手机市场创新到了瓶颈期，整个市场在放慢步伐。

2014年，小米销售手机总计6112万台，较2013年增长227%；含税销售额743亿元，较2013年增长135%，登顶中国市场份额第一。

公开数据显示，同期华为和TCL的销量分别是7500万部和7349万部，但华为销量中有很大一部分是海外销售，占比约50%。小米在海外销售比例较小。

2015年第一季度，苹果和小米在中国市场的出货量分别为1450万部和1350万部，分居一、二位，两者紧紧跟随，不相上下。小米2015

年计划目标是8000万~1亿台。

但是，进入2015年，小米的势头有被华为超越之势。

华为2015年上半年在全球的智能手机出货量接近5000万部，而小米同期手机销售量为3470万部。从销售收入来看，华为手机今年上半年在国内市场的营收将超过430亿元，已经超过了小米，这主要是因为华为品牌的智能手机平均售价更高。

而从增速来看，2015年上半年华为手机销量同比增长39%；小米手机则增长了33%，销量约为3470万台。从小米上半年销量来看，低于2014年下半年的3500万部，在同类型手机品牌如荣耀、联想、乐视、魅族、中兴通讯等冲击下，销量出现环比下滑。

但MIUI是小米公司的杀手锏。MIUI（米柚）是小米科技旗下基于Android操作系统所开发的Android ROM，专为中国人习惯设计，能够带来更为贴心的Android智能手机体验。

小米通过销售大量的手机，已经形成了超过1亿规模的MIUI用户量和180亿的小米应用商店分发量。

不过，小米手机也有其短板，如专利申请少、低价导致用户黏性低、售后服务体系差等。在目前国内智能手机已经饱和的市场状况下，面临着一定的挑战。

生态链战略

小米经营战略思维类似于"反木桶理论"，即一种与传统木桶理论相对立的思维。

木桶定律指一只水桶能装多少水取决于它最短的那块木板，也可称为短板效应。任何一个组织，可能面临的一个共同问题，即构成组织的各个部分往往是优劣不齐的，而劣势部分往往决定了整个组织的水平。因此，每个组织或个体的人都应思考一下自己的"短板"，并尽早补足它。

反木桶理论却认为，在目前分工如此明细的现代社会，每个组织都有应有自己的特色资源和核心竞争力，每个人都应找出并培养自己的特长，即凭借自己最长的那块板，将比较优势最大化，从而实现个性化和差异化的超越。

在小米战略规划中，由于精力实在有限，小米自身只生产所擅长的手机、平板、电视、盒子、路由器五类核心产品，其余产品小米计划用投资的方式入股约100家硬件公司，寻找到有潜力的智能硬件公司。通过投资，让他们把智能硬件当作电脑来做，并通过小米网销售，于是实现了避重就轻。小米以合作代替控制，并向其开放品牌和流量，以覆盖多数智能硬件领域。通过投资生态链的做法整合整个智能制造硬件行业，带动全行业的革新。

生态链的产品，质量和性能特别好的就带小米名字，还有一些产品不带小米名字，大概占比20%。

一旦小米认可了某个方向，决定要投资一家生态链公司时，小米会选择在这个行业做得最好的公司进行投资，即团队最好的公司。

小米目前已经投资了约40家硬件公司。在其长远规划中，小米将打造国内唯一的硬件平台，通过推出接口和智能模块，达到连接一切硬件的目标。

规划中的小米可以划分为以下几个部分：

"第一个小米"：包括小米手机（含小米平板）、小米电视（含小米盒子）和小米路由器三大硬件核心产品线；

"第二个小米"：小米系统MIUI及其所构建的移动互联网内容和服务生态；

"第三个小米"：计划花50亿美元投资的智能硬件100家公司。

比如，2015年12月，小米战略投资美的。小米科技通过认购美的集团通过定向发行股票的方式，投资12.7亿元，持有美的集团1.29%的股份，并提名一位核心高管为美的董事。

美的一年生产3亿台家电。对于小米而言，和美的的合作，可将小米生态延伸到美的旗下冰空洗、小家电等终端上，相当于一个巨大的生态入口。

小米电视

在电视业务，小米过去两年共实现了小米电视+盒子累计677万台的销售。

在产品内容方面，2014年11月，小米拿出10亿美元，计划打造内容生态。

小米提供的数据显示，小米电视拥有18000多部视频内容，包括7700多部电影、2800多部电视剧、2000多部综艺、3300多部动漫、2000多部纪录片。并与100家视频网站合作，创建了百川视频网站大联盟。目前，小米视频网站联盟的市场份额超过85%。

在具体合作上，小米计划与爱奇艺、芒果 TV、百事通、优酷、电影网、搜狐视频等合作打造电影库；与华策影视、华视网聚、盛世骄阳、海润等合作打造正版电视剧内容库；与芒果 TV、爱奇艺、搜狐视频、PPTV、百事通、时尚星光打造电视综艺节目库；与爱奇艺、芒果TV、搜狐视频、PPTV、乐看少儿、小伙伴TV携手打造动漫资源库；与乐看、凤凰、央视、爱奇艺、搜狐视频合作打造纪录片库。

但在电视内容方面，小米还有很多事情要做，比如各家视频网站的会员体系有待打通，还不能"一票"看所有付费内容，院线电影还不能同步在电视上播映。另外，售后维修是小米电视的薄弱之处。

网络视频

2014年11月，小米和旗下的顺为资本以18亿人民币入股爱奇艺，同时百度也追加了对爱奇艺的投资。此轮投资完成后，爱奇艺将与战略股东小米在内容、技术产品创新，尤其是移动互联网领域展开深度合作。

2014年11月，小米与优酷土豆达成资本和业务方面的战略合作。合作内容包括两个方面，一是小米公司将向优酷土豆投资并在自制内容及联合制作、出品和发行方面紧密合作；二是双方将在互联网视频领域开展内容和技术的深度合作，共同研发视频移动端播放等技术。

互联网金融

2015年5月，小米金融正式上线互联网金融产品"小米活期宝"。另外，小米投了几家互联网金融公司，目标是未来3~5年成为中国互联网金融的主要参与者。

2015年9月，小米推出一款信贷产品"小米贷款"，用户在小米金融APP上绑定银行卡并进行身份认证后，便可进行贷款申请。使用小米的时长、小米商城的购物记录、小米社区的活跃程度、小米自带应用的使用情况都可作为贷款的判断依据。目前，小米贷款只有小米用户可以使用。

在线旅游

2014年7月，小米旗下的顺为资本投资了数百万美元，给予"发现旅行"A轮融资。

"发现旅行"走的是"精品"策略，即线路不求多但求精。融资之后，"发现旅行"会将资金投入提升产品和服务以及招聘人才。"发现旅行"已经在每个目的地都设置了可以提供服务的自由行管家，超过50%的订单量来自口碑传播。

李宁智能跑鞋

2015年7月，小米联合李宁推出智能跑鞋。

本次发布的李宁智能跑鞋共分两款，一款是面向跑步爱好者及专业跑者的"烈骏"跑鞋；另一款是面向普通大众用户的"赤兔"跑鞋。产品的售价分别为399元及199元。

这两款跑鞋整合了超过600万小米手环用户的大数据分析结果，并结合了李宁运动科学实验室的研究成果。小米运动APP可以通过云端推送个性化的慢跑初学者训练计划。跑鞋中的蓝牙传感模块与小米运动APP可以智能检测跑步着力点并作及时提醒，保护跑步初学者，防止跑步时脚掌损伤。在下一版本的APP里，还将接入社区交流的功能，通过小米运动APP与更多跑步爱好者线上社区交流。

第七节　"互联网+"的本土化商业模式创新："小兄弟"挑战超越"老大哥"

在互联网行业，我国目前做到了"六个第一"：网民数量全球第一、宽带网接入数全球第一、国家顶级域名注册量全球第一、手机用户全球第一、手机上网人数全球第一、互联网交易额全球第一；2014年底评出的世界十大互联网公司，分别是谷歌、脸谱、阿里巴巴、亚马逊、腾讯、百度、eBay、Priceline、雅虎和京东，全被中美企业瓜分，中国占了4家。这些纪录足以说明我国已然成了一个网络大国。

在2015年9月国家主席习近平访美期间，于西雅图举办的中美互联网论坛中，上述成员大佬悉数登场。经统计，参会企业市值总和超过了2.5万亿美元，接近中美2014年GDP总和的1/10。中美企业各自市值总和分别为5000多亿美元和2万多亿美元，中国约为美国的1/4。

有意思的是，上榜的中国三家互联网企业巨头阿里巴巴、百度和京东，均可从中找到自己的"老大哥"，其崛起均不同程度归因于对"老大哥"商业模式的成功模仿。如阿里对eBayC2C模式、百度对谷歌搜索模式、京东对亚马逊电商自营模式的模仿，就连腾讯的QQ，当初也模仿了以色列的ICQ。另外还有例子，如新浪微博之于Twitter，携程之于Priceline，优酷土豆之于YouTube，美团之于Groupon，滴滴快的之于Uber，都多少带有这种痕迹。

虽然创新可分为原始创新和跟随创新，通过模仿和学习，将成功的商业模式移植到中国，改进后取得成功，同样也要付出难以想象的

艰辛。但坦率地讲，不论在研发和技术上，还是在企业管理和品牌营销上，缺少原创性的创新，不仅是我国互联网企业的短板，也是我国企业的通病。

有的创新可以模仿，有的就很难，因为在赢者通吃的互联网规则下，有的领域根本就没有了模仿的空间。比如互联网所用的核心技术、操作系统，PC电脑基本被微软windows系统垄断，移动设备基本被苹果IOS和谷歌的安卓系统霸占；芯片，PC电脑主要由英特尔和AMD控制，移动终端主要由ARM设计，高通等提供。连接国际互联网的13台根服务器，美国占了10台，我国1台也没有。在很多领域，我们都不能做到自主控制，很容易受制于人。

我国互联网企业大多在美国上市，原因也很简单：创始人大多有留洋经历，在美国耳濡目染，将已成功的模式移植到中国，把握更大些，也更容易吸引美国的投资资金。一旦外资掌握了控股权，公司也就无法在国内上市。而在海外，IPO对公司没有盈利要求，有成功模式在先，就能取得当地资本市场的认可，上市成功率高。于是，我国互联网企业扎堆在美国上市也就顺理成章了。

A股市场互联网公司主要集中在创业板，以与现有行业相融相合的"互联网+"企业为主。最有代表性的是创业板龙头公司乐视网，乐视网正尝试走出一条中国本土化特色的互联网商业模式创新之路。

乐视网最为鲜明的标签就是"生态"：笼统地讲，乐视生态系统中最基础的是互联网生态，以互联网为基础来连接内容生态、大屏生态、手机生态、体育生态、汽车生态和互联网金融生态等，并以此递进发展成生态圈、生态链和生态系统。说起来有点眼花缭乱，有讲故事之嫌，能成功落地才是王道。

从实践上来看，在中国视频行业发展早期，盗版泛滥，各家都不愿意花钱购买版权，只有乐视网大批低价购入，坚持正版长视频收费模式，从而聚集了中国最大的内容库。当行业内纷纷效仿购入版权之时，乐视将视线转移至IP（知识产权）购买，通过网络小说、话剧等IP制作内容，率先开创了互联网IP（知识产权）购买转换模式。在互联网体育领域，乐视已将200多项体育赛事版权收入囊中，辅之以自主体育赛事IP的运营，已成功地在互联网体育领域实现了先期卡位布局。

正是有了内容这张王牌，乐视的硬件产品才有机会"接地气"，内容和智能硬件两者形成共生系统，并进一步通过衍生和增值手段，推出满足不同细分市场的独创性和差异化产品，最终将生态系统的概念由空中落到了地上。

需要提醒的是，乐视独创的这套本土化生态系统商业模式，在世界范围还没有成功的先例可供模仿，风险性不比中国第一代互联网企业小。或许正因为此，乐视网的原始股东里面几乎没有外资股东，乐视网的控制权于是牢牢掌握在创始人贾跃亭手中，乐视正好得以不用看投资人脸色，专注于实施其长期发展战略。

当然，至于说乐视网的投资价值，在肯定乐视创新精神的同时，投资者还需结合估值等因素来综合进行价值自主判断。但可喜的是，包括BAT在内的我国互联网企业并没有安于现状，大家都在努力将创新进行到底。

比如，腾讯在原创创新产品微信的基础上，发展出微信支付，联合各细分行业垂直型公司，把自己的"半条命"捆绑在与其他互联网企业的同生共荣上。百度投巨资于生活服务类O2O创新业务，并放下身段亲力亲为，探求线上线下融合这一在美国还没有成功实施过的平台商业模式，于是，新业务不被华尔街所理解在所难免。百度甚至都动了回A股上市的念头。在我国这样一个交通设施条件欠缺的国家，

京东所自建的物流体系连自己的"老大哥"亚马逊也不得不服气，尤其在农村电商领域，京东不怕脏苦累，兢兢业业地做着这一社会效益很大的事情，可以说，在这方面已经超越了亚马逊。阿里巴巴也在酝酿转型，正如马云在给股东的公开信中所称，未来阿里巴巴提供的服务会是企业继水、电、土地以外的第四种不可缺失的商务基础设施资源，阿里巴巴也将其触角伸到了美国，有意与美国巨头在电商领域展开竞争。

凡此种种，都说明我们正处在从互联网大国到互联网强国转变的进程中，虽然还有不小的差距，但前途充满希望。作为曾经通过复制和模仿成长壮大起来的"小兄弟"中国互联网巨头，能否成功挑战并超越"老大哥"美国互联网巨头，非常值得期待。